Psicanálise e Teoria Literária

Coleção Estudos
Dirigida por J. Guinsburg

Equipe de realização – Edição de Texto: Yuri Cerqueira dos Anjos; Revisão: Évia Yasumara; Gerenciamento editorial: Luiz Henrique Soares, Elen Durando e Mariana Munhoz; Sobrecapa: Sergio Kon; Produção: Ricardo W. Neves e Sergio Kon.

Philippe Willemart

PSICANÁLISE E TEORIA LITERÁRIA
O TEMPO LÓGICO E AS RODAS DA ESCRITURA E DA LEITURA

cip-Brasil. Catalogação na Publicação
Sindicato Nacional dos Editores de Livros, rj

w688p

Willemart, Phillipe, 1940-
 Psicanálise e teoria literária: o tempo lógico e as rodas da escritura e da leitura / Phillipe Willemart. - 1. ed. - São Paulo : Perspectiva ; São Paulo : Fapesp ; Brasília : Capes, 2014.
 248 p. : il. ; 23 cm. (Estudos ; 325)

 Inclui bibliografia e índice
 ISBN 978-85-273-1006-2

 1. Psicanálise e literatura. I. Título. II. Série.

14-11423   CDD: 154.22
                                              CDU: 159.923.2

17/04/2014   28/04/2014

[PPD]

Direitos reservados
EDITORA PERSPECTIVA LTDA.

Av. Brigadeiro Luís Antônio, 3025
01401-000 São Paulo sp Brasil
Telefax: (011) 3885-8388
www.editoraperspectiva.com.br

2021

Sumário

Apresentação:
O Manuscrito-Sintoma – *Michel Peterson* IX

Introdução XIII

Parte I:
AS RODAS DA ESCRITURA E DA LEITURA
E A PSICANÁLISE

1. Como Entender o Tempo Lógico na Roda
   da Escritura 3
2. A Literatura, Sintoma ou Sinthoma? 17
3. A Carta de Poe e o Capacho de Proust 31
4. Como Caracterizar uma Literatura Nacional? 41

Parte II
LALÍNGUA, O SUBDISCURSO
E A CRÍTICA GENÉTICA

1. Como se Constrói a Assinatura? 51
2. A Memória da Escritura e o Impensado da Língua .. 65

3. A Virtualidade dos Rascunhos e a Realidade
   da Obra. Relações Estranhas Entre o Virtual
   e a Realidade..................................... 75
4. Dois Modos de Ler o Manuscrito: O "Só Depois"
   e o Pensamento Por Detalhes..................... 83

Parte III
PRÁTICAS E TEORIA PROUSTIANAS

1. Uma Lógica Subjacente à Escritura
   dos Fólios Proustianos........................... 99
2. Os Processos Cognitivos e a Rasura
   nos Cadernos 20 e 21............................ 111
3. A Traição da Cronologia ou o Sentido Real
   do "Só Depois".................................. 127
4. O Falado Fluindo na Escritura: Em Busca
   da Sonoridade na Escritura Proustiana........... 139
5. À Procura de um Ritmo no Início de Combray 147

Parte IV
PRÁTICAS E TEORIA NA OBRA DE HENRY BAUCHAU

1. Primeiras Aventuras de um Crítico:
   Percorrendo os Manuscritos de Henry Bauchau.... 161
2. A Criação Fora do Tempo, uma Escritura Sem
   Fronteiras 177
3. O Que Traz o Romance de Bauchau ao Édipo
   Contemporâneo?................................. 195

À GUISA DE CONCLUSÃO 215

Bibliografia... 219
Índice Onomástico 227

Apresentação
O Manuscrito-Sintoma

Será que foi por acaso que Philippe Willemart sentiu necessidade de voltar à roda para esclarecer as engrenagens que reúnem o escritor, o *scriptor*, o narrador, o releitor e o autor, na construção sempre instável da obra literária? Não acredito.

    Inventada pelos sumérios por volta de 3500 a. C., a roda aparece na humanidade quase no mesmo momento que a escritura. São duas tecnologias que transpuseram a humanidade da pré-história para a História e que se tornaram figuras privilegiadas da evolução do ser humano. Ora, lendo a dezena de obras e os múltiplos trabalhos publicados por Philippe Willemart nos últimos trinta anos, damo-nos conta agora que sua dinâmica interna se empenhava desde o início na descrição de uma engenharia pulsional que tornaria possível, no coração da relação de perfusão mantida pela literatura e a psicanálise, a transmissão e a multiplicação das forças da escritura por meio dos manuscritos. Era, portanto, *lógico* que a riquíssima figura da roda – símbolo entre outros da vida, da morte e do tempo – viesse a constituir a máquina que permite construir uma teoria da criação literária e, mais amplamente, da criação artística, nos impedindo de cair, por sua dinâmica própria, nos mitos do nascimento epifânico do sujeito ou de sua morte definitiva.

Pois a roda não apareceu logo de início, mas se impôs no termo de um percurso do qual este livro assinala provavelmente um fim ao mesmo tempo que uma virada maior, porque radicaliza a noção de "texto móvel", cujas disposições e variações nele inscritas e que dele se desprendem não cessam de se mover. O texto móvel se revela, assim, junto com o objeto complexo que é o manuscrito literário, na medida em que este último, sempre já instável, sem origem absoluta determinada, chama o grão de gozo do escritor, levando-o no seu trajeto não linear da escritura a se tornar autor.

A partir de então, precisa ir mais longe. Enquanto criador crítico, Philippe Willemart, não podendo certamente partir das coordenadas euclidianas do texto, descobre que este famoso grão de gozo – o pedaço de real, segundo Lacan – do texto se manifesta nos interstícios da língua e que pode ser representado com a teoria das cordas da física teórica. Willemart seria acusado de impostura intelectual, como fizeram Alan Sokal e Jean Bricmont, em 1997, quando acusaram pesquisadores em ciências sociais e humanas de utilizar abusivamente e não rigorosamente das ciências "exatas"? Não há nenhuma necessidade de entrar nesse debate do qual as consequências foram bem modestas. O fato é que Willemart, por sua vez, faz prova de uma exatidão radical ao obedecer simultaneamente às leis do inconsciente, da literatura e das ciências ditas exatas em toda sua relatividade. Quando se refere à teoria das cordas, já introduzida em *Além da Psicanálise: A Literatura e as Artes*, de 1995, é porque ela lhe permite pensar as interações elementares entre as cinco instâncias (escritor, *scriptor* etc.) e depreender as pulsões que conduzem à constituição pelo autor do texto móvel, *orientado pela não linearidade.*

Ora, se falei mais deste ensaio como uma virada maior no pensamento do autor, é na medida em que ele constitui um ponto de chagada do enodamento entre literatura, psicanálise e recursos a certos conceitos da física quântica e das ciências cognitivas, por um lado, e que anuncia por outro lado, uma abertura da qual fazemos questão de situar as coordenadas, sem cair na certeza positivista. Levando aos limites a disciplina fundada por Louis Hay e aprofundada por Almuth Grésillon e muitos outros, a crítica genética desenvolvida por Philippe Willemart e os pesquisadores e estudantes do Núcleo de Apoio à Pesquisa em Crítica Genética e do Laboratório do Manuscrito Literário da Faculdade de Filosofia, Letras e Ciências Humanas da Universidade de São Paulo, não remete a um dispositivo que faria dos manuscritos, dos prototextos e dos rascunhos, "fontes" ou lugares de verdade de um processo, talvez até de um traumatismo de nascimento se concretizando segundo a diacronia orientada do passado em direção ao futuro e direcionado ao leitor do presente. Se o inconsciente é com certeza um não sabido (*un-bewusst*), o nascimento do texto literário faz ressoar o impensado do escritor, que aposta num "não sabido genético" que faz funcionar, como mostra Philippe Willemart lendo os manuscritos de *Herodias* de Flaubert, um universo em expansão virtualmente infinito cujas informações contribuem para "fundamentar" o ato literário e as imagens fractais engendradas pela obra.

O psicanalista, o crítico ou o teórico literário que aceita esta base de trabalho, deve cessar de se colocar em sujeito do Saber e deve recorrer à associação livre se quiser escutar o analisante ou o texto. Em vez de orientar a leitura, dirigi-la ou reduzi-la, convém ler de maneira flutuante. Numa entrevista à revista *Manuscrítica* (2010), concedia a Carla Cavalcanti e Alexandre Bebiano, o autor de *Psicanálise e Teoria Literária* explica que, muito cedo na sua juventude, ele se inteirou de como fazer com a não diretividade, quando participava de seminários de dinâmica de grupo inspirados por Carl Rogers. Isto é, sua sensibilidade ao princípio de incerteza e às bifurcações, tão necessária em literatura, se forjou por assim dizer no decorrer de uma "experiência de campo", a qual se conjugou ao seu trabalho na área da alfabetização e, nos anos 1980, ao exercício da escuta no consultório como psicanalista, antes de dedicar unicamente ao estudo da literatura e das artes através do ensino e da escritura teórica. Da sua primeira obra, *Escritura e Linhas Fantasmáticas*, publicada em São Paulo no ano de 1983, a este ensaio, muito mais ambicioso, tanto no plano da síntese de pesquisa que propõe, quanto no da abertura para as ciências que ele convida, Willemart, leitor e auditor atento de Freud e de Lacan, quis compreender, com base na transferência, os processos de criação a partir do que desaparece da obra, sua parte rasurada, esquecida, que não para de voltar no "só depois" sob o lance do desejo. A perspectiva aberta por Willemart não se resume, portanto, à descrição fenomenológica das campanhas de escritura, mas favorece a escuta da liter-rasura em todos seus estados, inacabados e inacabáveis. Voltamos assim a este espaço no qual as fronteiras entre prototexto e texto acabado, sujeito da escritura e autor, produção e recepção, tornam-se inoperantes e clamam por outras leituras.

Será que foi por acaso que Jacques Derrida chegou a observar que Robinson, na sua ilha, tinha "problemas cruciais com a roda", ao ponto que ela "foi sua cruz"? Comentando o texto de Defoe, Derrida acrescenta isto que toca de muito perto o que ocupa Willemart a respeito da ipseidade, constituindo-se na aprendizagem das leis do funcionamento de uma tecnologia, a saber a roda: "Vale dizer que Robinson tinha problemas com o círculo, com o cicloide, portanto com a volta sobre si da roda e da estrada, e não somente com o risco de voltar atrás e de achar que é dele a pegada do passo que [...] o mergulha numa meditação ou numa especulação assustadora."[1] Ora, não é precisamente esta angústia que agita com o gozo, as pulsões do escritor, do *scriptor*, do auditor, do releitor e do autor? Voltar nas suas pegadas, perder-se nelas, não é o princípio mesmo da repetição, do suplemento de origem, do princípio do não originário do texto móvel? É após um terremoto que Robinson desenvolve o terror fundamental – Derrida diz: o fantasma fundamental, o fantasma do fundamental – que o persegue: ser enterrado vivo: "ele só pensa em ser comido ou bebido pelo outro, ele pensa nisso como uma ameaça, mas com tal compulsão que nos perguntamos se a ameaça não é também encarada como uma promessa, como um desejo"[2]. É provavelmente aí que jaz o umbigo da criação, sua roda dos limbos: do olhar à rasura, o apagamento da pegada espreita sempre como sua volta eterna na sua "différance". Não é a roda da escritura, a colocação em movimento da técnica rotatória da literatura, sua lei de reinvenção auto-hetero-biográfica? Ou seja, o manuscrito escreve, com uma mesma pegada a possibilidade da criação e a possibilidade da destruição. Ele é sempre, portanto, ana-crônica, sin-toma do que sobrevive do irrepresentável.

Michel Peterson

1 J. Derrida, *La Bête et le souverain*, v. 2, p. 118.
2 B. Peeters, *Trois ans avec Derrida*, p. 166.

Introdução

A imagem da roda da escritura, presente no título da obra, apareceu somente após vários ensaios visando entender como funcionava a operação da escritura. Esses esforços e as imagens que os acompanharam, são relatados em "Como se Constitui a Escritura Literária?"[1], que resumo aqui. Sabemos que a rasura mexe com as quatro instâncias, as do escritor, do *scriptor*, do narrador e do autor, as quais acrescentei mais tarde, a quinta, a do releitor. Como imaginar seu mecanismo?

Buscando uma figura impressionante que articula suas ações, propus inseri-las em uma roda que seria ativada a cada movimento da escritura, mas uma figura fechada e radiante de perfeição servia pouco para o estudo da gênese aberta às bifurcações e fatalmente às imperfeições.

Em seguida, uma doutoranda, Cristiane Takeda, sugeriu duas imagens: uma da espiral e outra da cadeia de DNA. A primeira ilustraria o movimento das instâncias que não trava em si e, uma vez o ciclo completado, leva à formação de outra volta, mas essa figura supõe a evolução e uma ascensão, aparentemente incompatíveis com a noção de gênese não linear.

1 *Crítica Genética e Psicanálise*, p. 85.

A segunda, que tem a forma de uma hélice dupla tem a vantagem de indicar uma escritura literária que se modifica e se configura de forma diferente dependendo da forma de combinações. Sabendo, porém, que a dupla hélice é bastante direcionada e que "evolução" na linguagem dos biólogos significa apenas "mudança", não retive essa figura.

Por que não combinar a roda à espiral? Inserir as instâncias – escritor, *scriptor*, narrador, releitor e autor – numa roda que por si só constrói a espiral da escritura, permite considerar o conjunto como um operador matemático, já que altera a função ou o valor do que chamei de "texto móvel", a cada movimento de escritura. O que é o "texto móvel"? Que fique tranquilo, meu leitor, o conceito de "texto móvel" será de novo definido na primeira parte.

A escritura literária se constitui de forma gradual e resulta da interação entre as instâncias e o "texto móvel". Diferente do inconsciente que não para de não se escrever e salta continuamente de significante inconsciente em significante inconsciente, a escritura literária não para de ser escrita pelos significantes linguísticos nas campanhas de redação até o autor apor o ponto final na última versão. Nesse momento, e só nesse momento, a escritura literária "total" vai coincidir com o autor que assina o livro, autor que será reconhecido como tal pela sociedade.

A roda de escritura, desenvolvida no livro anterior, é retrabalhada neste ensaio, com ênfase no tempo lógico definido por Lacan, mostrando como ela opera nos manuscritos e textos publicados de Marcel Proust e Henry Bauchau. A roda de leitura, por sua vez, esclarece o caminho do sintoma ao *sinthoma* lacaniano que pode transformar o leitor. Ela identifica dois objetos comuns, uma carta em Poe e um capacho em Proust que se tornaram balizas de leitura e mostra no capítulo seguinte por que a literatura centrada no não dito de uma comunidade mais ou menos ampla não tem nada a ver com a palavra "nacional", muitas vezes atribuída a ela.

Na segunda parte, diferentes conceitos de crítica genética são especificados: a assinatura, o saber genético, o inconsciente genético e o impensado da linguagem; em seguida, a relação entre o virtual e a realidade, bem como são sublinhadas as vantagens de dois modos de leitura do manuscrito, a leitura "só depois" e o pensamento por detalhes.

Nas terceira e quarta partes são analisados textos de Proust e do escritor belga, Henry Bauchau.

O estudo dos manuscritos de Proust evidencia uma lógica subjacente nos manuscritos vizinhos e processos cognitivos de permeabilidade incríveis entre futuro, presente e passado. Em seguida, o geneticista, já alertado da instabilidade da cronologia de rascunhos, é incentivado a usar o "só depois" freudiano na sua leitura e a considerar num primeiro momento, a sonoridade do texto, primeiro motor da escritura proustiana.

O exame dos manuscritos de *Édipo na Estrada* de Bauchau descobre duas gêneses, questiona o número de versões do romance e salienta a distância entre o tempo da criação e da escritura. O estudo do texto publicado, por sua vez, anuncia um Édipo contemporâneo transformado pela arte que excede a personagem de Sófocles. As rodas da escritura e da leitura subjacentes a este ensaio ajudarão o leitor, espero, a compreender um pouco melhor como e por que os escritores e artistas trabalham, e o que acontece quando lemos.

Parte I

**As Rodas da Escritura
e da Leitura e a Psicanálise**

1. Como Entender o Tempo Lógico na Roda da Escritura[1]

Num ensaio anterior, publicado em 2009, distinguia cinco instâncias que, colocadas numa roda, desenhavam o movimento da escritura: as instâncias do escritor, do *scriptor*, do narrador, do releitor e do autor, instâncias ligadas a um grão de gozo que subjaz a toda escritura. Neste capítulo, depois de lembrar o conceito de texto móvel e sua articulação com cada instância, desenvolverei a penúltima etapa da roda, a releitura, que será confrontada com *O Tempo Lógico e a Asserção de Certeza Antecipada* de Lacan[2]. Da confrontação, espero tirar algumas conclusões que ajudarão a entender melhor não só a roda da escritura, mas como funciona a mente do escritor e a nossa.

---

[1] Palestra proferida na disciplina de pós-graduação oferecida por Roberto Zular em 2010 no Departamento de Teoria Literária da Universidade de São Paulo.
[2] J. Lacan, *Escritos*, p. 197-213.

A RELAÇÃO DO TEXTO MÓVEL COM AS INSTÂNCIAS

Como em qualquer atividade, o homem e o escritor procuram satisfazer um prazer que pode se tornar um gozo, isto é, um excesso de prazer. Sustento que qualquer romance, poema, drama ou obra em geral é estimulado por um grão de gozo, acompanhado de dor. O manuscrito expõe este movimento. À medida que o texto se constrói e se desfaz pelas rasuras, supressões e acréscimos, ele passa pela re-apresentação e pelo grão de gozo. Chamei esse conceito "texto móvel"[3], a mobilidade sendo ligada ao texto instável que se faz e se desfaz, e o texto se referindo, ao mesmo tempo, ao grão de gozo estável e à escritura aceita pelo autor. Esta definição me autoriza a supor um grão de gozo idêntico durante a escritura da obra, que some na entrega do manuscrito ao editor, já que não excita mais o escritor.

O grão de gozo que corresponde ao pedaço de Real de Lacan, conduz o jogo, levando o escritor a se dizer, a se dessubjetivar para renascer autor.

O conceito de texto móvel escapa às coações kantianas do tempo e do espaço demais dependentes da geometria euclidiana. Extratemporal, o grão de gozo não se situa em lugar algum senão nas dobras da língua e lembra mais algo de minúsculo comparável à corda dos físicos infinitamente pequena de mais de quatro dimensões[4].

Isolado e esquecido, o texto-corda esconde toda a sua riqueza, mas uma vez apreendido pelo escritor atento ao que vem à mão, o que está "se escrevendo", o "se" pronominal indicando, ao mesmo tempo, o diálogo com o grande Outro e sublinhando o instrumento que se tornou o escritor transformado em *scriptor*, o "texto móvel" espalha suas múltiplas dimensões lineares e não lineares, caóticas ou não, e desencadeia a escritura nos manuscritos[5].

---

3   O conceito foi desenvolvido por mim em *Universo da Criação Literária*, p. 93; e aprofundado em *Crítica Genética e Psicanálise*, p. 67-88.
4   "Nas teorias das cordas, o que se pensava antes em termos de partículas é agora representado como ondas viajando ao longo de uma corda, como as ondas de uma corda de pipa em vibração." S. Hawking, *Une Brève histoire du temps*, p. 198.
5   P. Willemart, *Além da Psicanálise*, p. 101.

A RODA DA ESCRITURA
E AS PULSÕES

Vejamos os movimentos que decorrem da roda da qual o leitor verá a imagem mais tarde[6].

Nessa interação entre com texto móvel, o que acontece com cada instância?

Estimulado pela pulsão do olhar, *o escritor* observa e sente. Ele se deixa impressionar não ainda pela memória, mas pelo que percebe ao redor dele e nele, é a primeira etapa do esquema freudiano de 1896[7]; a percepção envolve o olhar externo, e acrescento, o olhar interno; é o início da partida desta faculdade de reflexão, no sentido de reflexo, ele se faz espelho do espaço que cerca o escritor e que o contém; ele se dispõe e se coloca a serviço dos impactos provocados pelos acontecimentos nele e fora dele.

Embebido como uma esponja pelos acontecimentos, ou sensível como uma placa fotográfica, o escritor passa em seguida à segunda instância e à segunda pulsão.

No segundo movimento, movido pela pulsão de escrever[8], aquela que não para de não se escrever e suscita a escritura, *o scriptor* transcreve o que o impressionou, como testemunha Henry Bauchau:

> O ritmo apaixonado no qual estou arrastado durante um ano, me ensina a reconhecer, sob as palavras de meus personagens, meu som de voz, meus ritmos, as pulsões de minha língua e de meu corpo. Quando eu não os ouço, saberei daqui para frente que não estou na minha verdade e que devo parar e recomeçar.[9]

No terceiro movimento, ajustando seu desejo às dimensões do Outro, isto é, ao Simbólico do qual o escritor faz parte, a linguagem usada, a língua portuguesa, as estruturas sociais, econômicas, culturais, políticas etc., conversando sempre com o texto móvel, o *scriptor* se transforma em uma imensa orelha,

---

6 O que vem a seguir foi desencadeado durante uma conversa com Roberto Zular do Departamento de Teoria Literária da Universidade de São Paulo.
7 S. Freud, *L'Interprétation des rêves*, p. 460.
8 P. Willemart, *Universo da Criação Literária*, p. 87s.
9 *L'Écriture et la circonstance*, p. 12-13.

ouve atento os terceiros e a tradição, exerce a pulsão invocante, a do ouvir, transmite, conta ou *narra* escrevendo.

No quarto movimento, empurrado por uma dúvida, um desejo de ajustar o pensamento ou a frase e de dizer mais, por exemplo, ajustando melhor a construção da personagem e adiando a surpresa reservada ao leitor[10] ou passando da explicação ao anedótico[11], o releitor deixa operar o imenso não dito constituído por todas as possibilidades não escritas na página, mas inscritas na linguagem, e rasura. Em seguida, repetindo a ação de escuta da mesma tradição, dos mesmos terceiros, ele substitui a frase ou a palavra, talvez o capítulo ou rasura de novo; a parada pode ser de segundos ou de anos, para que entre em ação a quinta instância.

No quinto movimento, a instância do *autor* confirma a palavra, a frase ou a página, (atitude masculina) e se torna assim porta-voz da comunidade na qual vive e de tudo o que ele representa e é. Ele decide e vai em frente.

O TEMPO LÓGICO NA RELEITURA, NA RASURA E NA REESCRITURA

O leitor tendo agora em mente o essencial da roda da escritura, gostaria de aprofundar o quarto movimento que, aparentemente rápido, implica uma reflexão esboçada desde 1993 no *Universo da Criação Literária*[12], que se apoiava na parábola

---

10 M. Proust, *À Sombra das Raparigas em Flor*, p. 73. Sobre o gesto do herói querendo beijar as mãos do embaixador Norpois, mas sabendo a reação dele bem mais tarde.

11 "As longas passagens explicativas que Proust dedicava à atualidade em *Jean Santeuil* somem em *Em Busca do Tempo Perdido* em favor de anedotas. [...] essa anedotização parece ter como função, pelo menos como resultado, de evacuar a História de romance. [...] Graças à anedota, um elemento reputado secundário, Proust indexa sua narrativa ao discurso social da época". S. Guez, L'Anecdote proustienne, *French Studies*, v. 4, n. 63, p. 430-442.

12 "Se, por um lado, Flaubert redige de novo e inteiramente o fólio que ele eliminará com uma cruz de Santo André, por outro lado, antes de colocar-se de novo na sucessão irreversível, volta a sua escritura, trabalha na margem, rasura e acrescenta; permite-se 'espacializar' o tempo e transformar o fólio numa cena como Mallarmé fazia com o poema. Um tempo diferente foi introduzido. Entre a escritura e o escritor ata-se uma relação específica, a busca de uma verdade. O autor procura-se ou melhor o escritor busca o

dos três detentos para quem o diretor do presídio propõe uma prova, parábola comentada por Lacan em 1945¹³.

> Vocês são três aqui presentes. Aqui estão cinco discos que só diferem por sua cor: três são brancos e dois são pretos. Sem dar a conhecer qual deles terei escolhido, prenderei em cada um de vocês um desses discos nas costas, isto é, fora do alcance direto do olhar; qualquer possibilidade indireta de atingi-lo pela visão estando igualmente excluída pela ausência aqui de qualquer meio de se mirar.[...] Pois o primeiro que puder deduzir sua própria cor é quem deverá se beneficiar da medida liberatória de que dispomos. Será preciso ainda que sua conclusão seja fundamentada em motivos de lógica, e não apenas de probabilidade.¹⁴

PRIMEIRO MOVIMENTO

Quando o escritor se relê, e aqui vou decompor o movimento em câmera lenta, ele primeiro para e faz silêncio. É "o tempo do olhar interior e da intuição instantânea" repetindo o trabalho da primeira instância, só que agora ele tem que contar com o que já está escrito. Mas presta atenção meu caro leitor, a parada está marcada *não* pelo que o escritor vê, mas pelo que ele não vê. No exemplo de Lacan, os prisioneiros tinham que olhar dois

---

autor. O escritor hesita, escreve dados supostamente contraditórios ou que completam-se e, sem avisar, a um certo momento não anunciado, nem previsto e que espanta o crítico, *alguém corta e conclui*, a verdade está encontrada. Esse processo lembra o tempo lógico e a asserção de certeza antecipada que Lacan descreve em três tempos: o tempo do olhar, o tempo para entender e o momento de conclusão." Talvez possamos afirmar que há uma relação entre o instante de decisão do autor que resolve a dúvida da rasura e o momento de concluir do tempo lógico, entre a instância narrativa que intervém e o sujeito, eu psicológico que desprende-se do transitivismo secular. P. Willemart, *Universo da Criação Literária*, p. 81-82.

13 "O primeiro tempo exprime no 'se', do 'sabe-se que', dá apenas a forma geral do sujeito noético: ele pode igualmente ser deus, mesa ou bacia. O segundo que se exprime em 'os dois brancos' que devem reconhecer 'um ao outro', introduz a forma do outro enquanto tal, isto é, como pura reciprocidade, porquanto um só se reconhece no outro e só descobre o atributo que é seu na equivalência do tempo próprio de ambos. O 'eu', sujeito da asserção conclusiva, isola-se por uma cadência do tempo lógico do outro, isto é, da relação de reciprocidade. Esse movimento de gênese lógica do 'eu' por uma decantação do seu tempo lógico próprio é bem paralelo a seu nascimento psicológico." *Escritos*, p. 207-208.

14 Ibidem, p. 197-198.

colegas na frente deles para deduzir a cor que estava nas suas costas sem utilizar um espelho para isso.

No entanto, contrariamente ao prisioneiro para quem era proibido falar com os outros e que não tinha espelho, o escritor se sente livre para consultar o que tinha feito e que está na sua frente: a página inteira, o parágrafo ou a frase para Flaubert, ou no caso de Proust, outros cadernos.

Orientado para o futuro como todos seus contemporâneos e não podendo voltar para trás como os presos, ele sabe que, ponta de um iceberg, ele representa um passado, formado pelas leituras ou a simples imersão na cultura ambiente. O simbólico lacaniano o cerca por todos os lados. Ele deveria se deixar arrastar pelo passado, o outrora, *le Jadis* de Quignard, a tradição, para deduzir ou traduzir, diria Proust, o que está nas costas dele. Mas como fazê-lo?

Voltamos à roda da escritura para responder. Qual é a pulsão que funciona nessa primeira instância do olhar?

O preso vai exercer a pulsão do olhar lendo os discos nas costas dos dois outros, pois pensando e raciocinando, tenta entender o enigma e encontrar a resposta. Mas empurrado pelo quê? Pela vontade de ser libertado e gozar melhor da vida, supomos.

O escritor parado frente à página, empurrado pelo editor ou pela pressa de acabar, quer resolver logo o problema e aguarda uma dita inspiração. Como pode ele olhar para trás sem se virar?

Haveria três respostas.

Uma, ele imita o narrador de Rabelais, Alcofribas Nasier que, não encontrando lugar embaixo da língua do herói Pantagruel, em um dia de chuva, sobe na língua dele para descobrir a nova língua do Renascimento, novos legumes, novas cidades e campos, outros bandidos etc. e lá vive por seis meses[15]. Relendo o que já está no papel, o escritor descobrirá entre as linhas, a palavra certa, a novidade escondida, e a transcreve. Ele se torna assim *scriptor* a serviço da língua usada e conhecida, a serviço de suas leituras esquecidas ou não, encontra o segredo escondido ou a chave do enigma e a escreve com pressa[16].

---

15 *Pantagruel*, p. 305.
16 "A função da pressa, a saber, essa maneira por que o homem se precipita em sua semelhança ao homem, não é a angústia. Para que a angústia se constitua,

Segunda resposta, o escritor se deixa trabalhar pela pulsão invocante, a de ouvir, isto é, pela música da palavra que facilmente se torna a língua e lhe faz ouvir outros sons que chamam outras associações etc.

Essas duas soluções, a escritura e a escuta, foram trabalhadas por dois gigantes do século XX: Jacques Derrida e Jacques Lacan[17], que se interrogaram sobre o que vem em primeiro lugar. A língua escrita ou a língua ouvida? A escrita ou a oral? O verbo escrito ou a palavra? Temos que escolher entre o logocentrismo ou a escrita?

O logo-fonocentrismo, escreve Derrida, é um "sistema de repressão logocêntrica que se organizou para excluir ou abaixar, por fora e embaixo, como metáfora didática e técnica, como matéria servil ou excremento, o corpo do traço escrito"[18]. Lacan, seguindo Freud, defendia a primazia da palavra ouvida no processo psicanalítico.

O que vai acionar a memória e seu imaginário? Os textos lidos ou as palavras ouvidas? Como se situa nossa civilização da imagem em relação à escrita e à palavra? A imagem não antecede a palavra e a escrita e não engendra o imaginário?

Uma terceira solução recorta as duas primeiras:

Àquele que as transcreve, à música que as canta, à comediante que as articula, ao leitor que as segue sem vê-las e absorve-se na sua significação, as palavras parecem menos ininteligíveis do que para aquele que as escreve. Para escrevê-las, ele as procura. Como esta faca suspensa diante de um bloco de gelo que foge, aquele que escreve é um homem com o olhar parado, o corpo paralisado, as mãos retas suplicando na direção das palavras que fogem. Todos os nomes estão na ponta da língua. A arte é saber convocá-los quando necessário e para uma causa que revivifique os corpos minúsculos e pretos. A orelha, o olho e os dedos esperam em círculo, como uma boca, esta palavra que o olhar procura ao mesmo tempo intensamente e em nenhum lugar, mais longe do que o corpo, no fundo do ar. A mão que escreve é mais uma mão que fuça a linguagem que falta, que tateia

---

é preciso que haja relação com o nível do desejo, e é justamente por isso que os conduzo hoje pela mão no nível da fantasia para abordar o problema da angústia". J. Lacan, *O Seminário, Livro 8: A Transferência*, p. 351.
17 M. Peterson, Coup d'envoi, *Oeuvres et critiques*, v. 34, n. 2, p. 99-100.
18 Cf. *La Carte postale*; *A Escritura e a Diferença*, p. 294.

em direção da linguagem sobrevivente, que se crispa, se enerva, que da ponta dos dedos mendiga.[19]

Nesse mesmo primeiro movimento, porque o prisioneiro parou junto com os colegas? Ele não é forçado a rasurar sua vida anterior, mas é incentivado a fazê-lo pelo diretor da prisão que não quer revelar o motivo; nem o leitor saberá. Podemos dizer que o diretor desempenha a função de grande Outro (A), espécie de reserva das possibilidades, todas executáveis, que supõe um salto do imaginário, do que ele pensa que é, do pequeno "a" lacaniano, para o vazio, a aceitação do risco, a confiança em si mesmo e no diretor. Um pacto subentendido provoca a rasura.

Porque o escritor parou na releitura, nessa palavra ou naquela expressão?

Foi incentivado certamente também pelo grande Outro, embora o trato não seja com uma pessoa só, mas com o público leitor, a comunidade na qual ele vive e com o conjunto da tradição, literária ou não, suas leituras etc. Semelhante ao prisioneiro, ele também tem que esquecer o pequeno "a", o que imagino ser, e ousar fazer o salto nessa falha imensa, rodeada de acontecimentos. Exige um empurrão da libido-texto móvel, passando pela pulsão de escrever.

Mil coisas podem provocar a parada no texto ou fora dele. Uma lembrança de leitura ou de pessoa amada ou odiada, uma paisagem que chamou a atenção como Flaubert que, numa carta do 17 de agosto de 1876 para Caroline, sua sobrinha, dizia imaginar o olhar de Antipas (uma personagem do conto *Hérodias*) deslizando no mar morto a partir da visão que tinha do Sena em Croisset, na Normandia.

Pode ser a ação súbita do grão do gozo vindo da psique que quer se manifestar ou a tentativa de entender a própria escritura – o mesmo Flaubert se queixava de não poder ver num mesmo espaço seu romance para continuá-lo.

Ou a estrutura das personagens, ou a narrativa, uma pressão indefinida do passado do escritor, uma lógica anterior desconhecida, um livro, ou um conto escrito antes, como o *Assassinato da Rua Morgue*, que Derrida relaciona com a

---

19 P. Quignard, *Le Nom sur le bout de la langue*, p. 12-13.

escritura da *Carta Roubada* de Poe. Pode ser um "sistema de antecipações, interesses, hipóteses sobre o trabalho de toda uma lógica" conforme Derrida em "Du Tout"[20].

Ou uma frase escrita sem descontinuidade, na qual falta talvez um marcador que possa coincidir com o momento do inconsciente.

Sabemos, por Jean Petitot, que "desde o tratamento periférico da informação colocada em código (encodée) no sinal óptico, os algoritmos visuais são finalizados de maneira essencial pela detecção das descontinuidades [...] ou das pequenas ondas"[21]. O olhar e o inconsciente compartilham a descontinuidade. Pode ser uma descrição alongada demais e evidente que cansaria o leitor, que a pularia, ou a necessidade de refazer a história para adaptá-la à narrativa, como a história do povo judeu recontada em *Herodias*[22].

Enfim, é difícil dizer, mas os motivos se resumem na constatação de certa *cegueira* diante de uma problema – que não sabe como resolver –, ou a constatação de uma falta que provoca o silêncio, o famoso silêncio comentado por Sergio Fingermann:

> Estou chamando de silêncio o que a palavra não alcança, a impossibilidade de dizer, mas que paradoxalmente está lá. [...] É no silêncio que se ouve as vozes dos deuses? [...] A palavra é limite, é fronteira do silêncio, limite dos caos? [...] O silêncio é sentinela [...] Com o silêncio, aprendemos a ver no obscuro.[23]

20 *La Carte postale*, p. 530.
21 Modèles dynamiques en sciences cognitives, disponível em: <http://www.crea.polytechnique.fr/JeanPetitot/JPmodeles.html>.
22 "O narrador opera um corte na história do povo judeu, o período de 783 a 743 a.C.; distingue o profeta Amós, que se torna objeto de comparação e que justifica a repetição da atitude de um povo. Enfim, e provavelmente sem sabê-lo, o narrador traça um paralelo entre os dois chefes de Estado, Jeroboão II e Antipas para a desvantagem do segundo. Para Antipas, a procura de um exemplo no passado justifica uma ação presente, repete um passado e elimina em consequência a diferença entre as duas épocas. [...] Esses pulos sucessivos na História do povo judeu logificam uma sucessão linear de fatos e traçam uma outra genealogia: Josué, Jereboão, Antipas. Por outro lado, sabe-se que Josué, chefe do povo, desempenhava também a função de profeta, daquele que fala no lugar de Deus, e que, somente a partir dos reis Saulo e David após os Juízes, a função profética se distinguiu da função real com Samuel, Isaías, Elias etc. É como se Josué, rei e profeta gerasse os reis Jeroboão II e Antipas, e, os profetas Amós e Iaokanann, para não falar de Jesus, da mesma etimologia Yahve, salva." P. Willemart, *Universo da Criação Literária*, p. 51 e 54.
23 *Elogio ao Silêncio e Alguns Escritos Sobre Pintura*, p. 9-11.

Ver no obscuro ou no imaginário, as mil combinações possíveis entre o já escrito e o que surge e não apenas "três tempos de possibilidades a partir dos quais os presos vão agir por exclusão". É uma enorme diferença entre o dilema dos prisioneiros e o do escritor. Lembramos a passagem de Mallarmé: "Evitar qualquer realidade de andaime construído ao redor desta arquitetura espontânea e mágica, não implica a falta de cálculos poderosos e sutis; mas eles são ignorados, eles mesmos se fazem misteriosos de propósito."[24]

Outra maneira de ouvir o silêncio, é voltar à sombra, o que é contrário a nossa civilização que ilumina o mais possível para enxergar melhor: a paixão de ver tudo tomou a sociedade inteira[25]. Os sujeitos devem avançar descobertos num mundo esmagado pela claridade até a transparência. A rã transparente de Masayuki Sumida da Universidade de Hiroshima permite ver todos os sistemas fisiológicos, mas aplicada ao homem, a transparência contraria o íntimo, o devaneio e o sonho[26]. Paul Quignard defende a "zézética ou a procura poética secreta do obscuro"[27].

SEGUNDO MOVIMENTO

Em seguida, vem o tempo *não da compreensão*, que é a conclusão, mas *do entender como elaborar a resposta*. "É o tempo da perlaboração e do trabalho psíquico que permite ao sujeito se sobressair"[28], se for em análise.

Para o prisioneiro, trata-se de encontrar o início da resolução quer intuitivamente, quer pelo raciocínio olhando os dois companheiros. O olhar vai levar à solução. Para qualquer um, inclusive para o escritor, este tempo conta com o trabalho psíquico e "os cálculos poderosos e sutis" assinalados por Mallarmé, citados acima. As rasuras mentais se inserem aí.

---

24 Proses diverses, *Oeuvres complètes*, p. 872.
25 G. Wajcman, *L'Oeil absolu*, p. 48.
26 Ibidem, p. 22.
27 *Lycophron et Zétès*.
28 D. Puskas, L'Atelier d'écriture à la Libre Association de psychanalyse de Montréal, *Oeuvres et critiques*, v. 34, n. 2, p. 124.

Rasurar seis vezes e voltar à palavra inicial, significa para Flaubert não a aplicação do velho esquema de Pavlov por ensaios e erros, mas uma luta entre o que tem na mente ou no inconsciente e o raciocínio.

Antes de entender, trata-se de ficar sensibilizado ao que é "soprado" pelo inconsciente, no sentido lacaniano da palavra. Isso supõe uma atitude passiva ou feminina de escuta; é a pulsão invocante que trabalha e exige do escritor uma sensibilidade maior do que a de seus contemporâneos para captar o início da solução. É como o arquivo aparentemente apagado no computador que o perito reencontra, puxando a primeira letra perdida. Aqui se situa o debate proustiano entre a sensação e a inteligência.

Mas de novo, há diversas soluções. A primeira, já citada, estar na escuta do que vem à mente via inconsciente pelos sonhos – Bauchau sonha com suas personagens–, ou pelos lapsos falados ou escritos do cotidiano.

A segunda é tentar lembrar alguns acontecimentos, sabendo que:

> não se trata da memória da estocagem do que está imprenso na matéria do corpo. É da eleição, da coleta, da chamada e da volta de um único elemento no seio do que foi estocado em bloco. O esquecimento não é a amnésia. O esquecimento é uma recusa da volta do bloco do passado sobre a alma. O esquecimento não se confronta jamais com o apagamento de algo de friável; enfrenta o enterro do que é insuportável. Reter é a operação que consiste em organizar o esquecimento de todo o resto que deve cair, a fim de preservar o que desejamos a volta [...] A memória é primeiramente uma seleção no que está para esquecer, em seguida, somente uma retenção do que se quer afastar da influência do esquecimento que a fundamenta[29].

A terceira solução usa muitas vezes a primeira sem saber e foi experimentada por Flaubert e depois por Proust e por Joyce, é a prova do *gueuloir*, que exige do escritor uma ação e uma escuta: ler em voz alta as várias possibilidades, escutando a que soa melhor. É a insistência na musicalidade da escrita e na oralidade. Essa qualidade, crucial para o escritor, o distingue e nos distingue, nós críticos, dos filósofos, dos historiadores,

---

29 P. Quignard, *Lycophron et Zétès*, p. 63-64.

dos sociólogos e dos jornalistas e dos profissionais que usam a língua como instrumento. A língua é nosso tesouro.

Para resolver a substituição da rasura ou a eliminação da palavra, o escritor deve ou deverá ler não somente a palavra, mas talvez o parágrafo, o capítulo, ver o conjunto da obra. Cada rasura supõe, portanto, um enorme trabalho da mente e da voz e a capacidade do escritor de, consciente ou inconscientemente, enxergar a obra já escrita.

TERCEIRO MOVIMENTO

"É o momento de concluir no qual um julgamento é dito, o *Je* põe um ato pelo qual vai se revelar o sujeito do inconsciente."[30] O prisioneiro conclui olhando a atitude dos dois outros: Já que eles não avançam, conclui que os colegas tem um disco branco como ele:

> A *solução perfeita*.
> Depois de se haverem considerado entre si *por um certo tempo*, os três sujeitos dão juntos *alguns* passos, que os levam simultaneamente a cruzar a porta. Em separado, cada um fornece então uma resposta semelhante, que se exprime assim: "Sou branco, e eis como sei disso. Dado que meus companheiros eram brancos, achei que, se eu fosse preto, cada um deles poderia ter inferido o seguinte: 'Se eu também fosse preto, o outro, devendo reconhecer imediatamente que era branco, teria saído na mesma hora, logo, não sou preto.' E os dois teriam saído juntos, convencidos de ser brancos. Se não estavam fazendo nada, é que eu era branco como eles. Ao que saí porta afora, para dar a conhecer minha conclusão." Foi assim que *todos três saíram simultaneamente*, seguros das mesmas razões de concluir.[31]

O escritor não tem diante dele palavras e frases já escritas nos rascunhos ou, se parar um tempo, palavras lidas ou ouvidas e imagens que estão na sua mente. A decisão se imporá pela força sonora ou pela força semântica de uma delas no meio das outras já escritas. Haveria semelhança com os três prisioneiros

---

30 D. Puskas, op. cit.
31 J. Lacan, *Escritos*, p.198.

no sentido que a decisão afetará as outras palavras ou parágrafos já escritos mudando o sentido global.

Por exemplo, no caderno 21, fólio 21, de Marcel Proust, o herói vai pela primeira vez ao teatro e assiste à *Fedra* de Racine, mas volta decepcionado pelo fraco desempenho da grande atriz, a Berma. No entanto, durante a representação, ele se deixa levar pelos aplausos do público e, na primeira e segunda versão do fólio 21-22 rº, conta: "Compartilhei o vinho grosseiro daquele entusiasmo popular", frase à qual foi acrescido no texto publicado: "Compartilhei, ébrio, o vinho grosseiro daquele entusiasmo popular."

Fora a ordem sintática, tudo já estava escrito nas versões anteriores. No entanto, a palavra "ébrio" vai contaminar o resto dando *ao* entusiasmo uma conotação de perda de controle, ou pelo menos, de estado fora do normal acentuando por antecipação a decepção que seguirá. É como se o herói lamentasse não poder continuar nesse estado de ebriedade vivido no teatro.

O enigma resolvido, todo o contexto vai concordar, acompanhar e seguir a solução encontrada, o texto a ser publicado.

Mas às vezes, o escritor não consegue resolver nem achar a palavra, a expressão ou a frase. O que fazer?

Seguimos Quignard mais uma vez e chegamos, assim, à pulsão sexual global da qual fazem parte as outras pulsões parciais

e é quando o todo da linguagem para, na proporção que falhou, que a palavra verdadeira pode surgir. Então, esta palavra diz mais do que significa e mostra mais do que exprime. A palavra verdadeira é a chave que destranca um espaço muito maior do que a fechadura permite, maior do que o espaço da porta. É a palavra reencontrada que é o sésamo. Não enquanto palavra, mas enquanto restituidora da cena intransmissível, que ela abre na "ponta" da língua, que ela compromete com o real[32].

Será que a cena intransmissível ou o coito parental, chamada cena primitiva na teoria psicanalítica, tem seu lugar na roda da escritura?

Lacan lembra que "no sujeito que, alternativamente, se mostra e se esconde, pela pulsação do inconsciente, apreendemos apenas pulsões parciais. A *ganze Sexualstrebung*,

---

32 *Le Nom sur le bout de la langue*, p. 79.

representação da totalidade da pulsão sexual, Freud nos diz que ela não está lá"[33].

O que Lacan completa:

> A pulsão sexual está submetida (ao grande Outro ou) à circulação do complexo de Édipo, às estruturas elementares e outras de parentesco (baseadas na troca por filiação, por consanguinidade, por afinidade (conjugal).[34] É o que se designa como campo da cultura – de maneira insuficiente, porque este campo é suposto se fundar por um *no man's land* onde a genitalidade (relativa ao aparelho reprodutor) como tal subsistiria, ao passo que na verdade ela é dissoluta, não ajuntada, pois, em parte alguma é apreensível, no sujeito, a *ganze Sexualstrebung*.[35]

Da mesma maneira, a pulsão global não aparece na roda da escritura que será apenas movimentada pelas pulsões parciais?

A quais conclusões nos leva esse exercício de comparação entre o tempo lógico vivido pelos três prisioneiros e aquele seguido pelo escritor? Primeiramente, o tempo lógico se vive a cada rasura, a cada substituição e exige do escritor a atitude fundamental de espera da resposta que virá pelos sonhos, os lapsos e os Terceiros, mas também pela releitura, a memória seletiva e o *gueuloir* que implorará as palavras. Em seguida, esta mesma atitude exige uma confiança total na língua utilizada que, juntando todos os possíveis, está sempre pronta a atualizar um deles. Enfim, além da confiança na língua, ela exige tempo, que dará lugar ao silencio, à sombra e à intimidade, virtudes essenciais da criação poética.

---

33 *O Seminário, Livro 11: Os Quatro Conceitos Fundamentais da Psicanálise*, p. 178.
34 *Les Structures élémentaires de la parenté* é o título da tese defendida por Claude Lévi-Strauss, reformulada e publicada em 1948, defendendo a teoria da aliança.
35 *O Seminário, Livro 11*, p. 179.

2. A Literatura, Sintoma ou Sinthoma?[1]

Como a literatura passa do sintoma para o sinthoma? Colocarei entre parênteses o trabalho da escritura e tomarei o ponto de vista do leitor que somos todos quando lemos.

"Escritor, leitor, tradutor, é inconfundivelmente o mesmo."[2] Todo escritor é primeiramente leitor.

Por que lemos um romance policial ou um grande romance como *Grande Sertão: Veredas* ou *Em Busca do Tempo Perdido*? Por prazer ou por divertimento, para conhecer a história? Pelo prazer de ouvi-la, já que agora a maioria dos textos está registrada, pela reflexão que o romance permite?

Para os poucos que leem poesias, por quê? Pelo gosto da música da língua, pela profundeza que recepta, pela surpresa que reserva ou pela capacidade de "escovar as palavras", como fala o poeta Manoel de Barros?

Por que vamos ao teatro? Para nos distrair da escuta dos analisantes, por divertimento, por necessidade profissional, para purgar nossas paixões e substituir o divã?

---

1 Conferência pronunciada no Forum Lacaniano de São Paulo, em 28 de junho de 2010 tendo como debatedores Raul Pacheco e Dominique Fingermann.
2 P. Quignard, *Petits traités 1*, p. 500.

Por que, enfim, lemos ensaios? Para responder a perguntas que surgem na clínica, dos filhos, da vida, dos colegas, dos políticos?

Respostas todas verdadeiras em certo momento de nossa vida, mas que são apenas superficiais no sentido que pertencem a uma aparência, que são prorrogação de um númeno, como escreve René Thom[3], retomando Husserl, ou que são formas vistas como auto-organização da matéria constituída por nosso ser (J. Petitot)[4]. Númeno ou matéria que envolve com certeza o inconsciente freudiano, lacaniano e o nó borromeano.

Para Freud, o sintoma adquire a função de significante[5]. Isto é, a literatura, se tornando significante, adquire o sentido que o leitor lhe dá e não necessariamente o que o autor deu.

Não é assim que devemos ler a literatura como sintoma, um significante que circula através do imaginário, escolhe o que lhe serve e alegra o leitor?

No entanto, a literatura não opera instantaneamente. A primeira, e provavelmente a única, leitura que faremos de um romance, entra no tempo do olhar e quase nunca tem um efeito imediato. Será preciso tempo para concluir se concordamos com o tempo lógico comentado no capítulo anterior.

O LEITOR

Retomarei a roda da escritura, mas a partir da posição do leitor, para construir uma roda diferente, a da leitura e assim responder à pergunta inicial.

Existem pelo menos duas posições do leitor. A do escritor, que talvez não seja a de todos os escritores, representada por Pascal Quignard, e a do leitor comum que a maioria de nós adota, imagino.

Quignard lê para escrever, objetivo de poucos, que eu saiba, mas como a maioria de nós, ele lê para entender o ser falante, tendo prazer ou não; talvez possamos retirar alguns elementos da posição dele para construir a roda da leitura.

---

3 Halte au hasard, silence au bruit, *Le Débat*, n. 3, p.124
4 *Physique du sens*, p. 9.
5 Ver *Escola Letra Freudiana*, n. 17/18 (Do Sintoma…ao Sinthoma).

Em primeiro lugar, Quignard lê para tentar escutar o *bruire* ou a fonte sonora, origem da escritura. Ele sustenta que a linguagem recobre uma zona de esquecimento, que não tem a ver com o recalcado, mas com a memória definida como a retenção de algumas lembranças, que recobrem elas mesmas uma zona obscura:

> Na língua, desde que aparecem adjetivos numerosos, é o signo de sem linguagem. É o sintoma que trai a parte materna, que assinala a nostalgia do real de antes da linguagem, que indica o foco radiante, isto é, a cena violenta, isto é, o real antes da realidade, isto é, o coito, isto é, a hiperestesia. É a nostalgia em ato do outro da linguagem, do objeto desencontrado, da imagem intransmissível e do nome na ponta da língua.[6]

Este momento tem a ver com a Coisa de Lacan? Como Quignard se diz pós-lacaniano, vale a pena ressaltar a nova perspectiva inventada, sem renunciar ao passado lacaniano[7], e nos interrogar sobre "os laços que entretém a música com o sofrimento sonoro"[8].

Se atrás de cada palavra, de cada frase, se encontra uma fonte sonora mais ampla do que a voz, como ouvi-la? Como distinguir "a pegada do inaudível na escritura"[9]? Como ouvir "a interrupção do sentido"[10]? Cada leitor ouvirá a sua fonte. São as sirenas que cada um de nós ouve atrás das palavras e que repetem sons da infância ou do antes de nascer: "barulhos,

---

6 *Le Nom sur le bout de la langue*, p. 76-77.
7 "A escritura barroca de Pascal Quignard, admirador de Freud e de Lacan, se situa após a psicanálise. Orientada pelo fracasso da linguagem que fez para o autor trauma de gozo, ela presta homenagem a uma tradição literária marginal que se interessa ao fundo marginal silencioso abrigado pela littera. *Le Nom sur le bout de la langue* e *Terrasse à Rome* se aproximam, pela via da ficção, das bordas da linguagem e da letra como enigma ao litoral do sentido. O savoir-faire do artista, em eco com 'A instância da letra' (1957) e 'Lituraterre' (1971), nos quais Lacan mostra uma carta que desligada da dimensão significante pode cavar para o gozo, ilumina por sua vez ambos os lados da transferência como ficção e como 'fazer' com o real." J. Paccaud-Huguet, Pascal Quignard et l'insistance de la lettre, *Transferts littéraires*, n. 6, v. 1, disponível em: <http://www.cairn.info/revue-savoirs-et-cliniques-2005-1-p-133.htm>.
8 P. Quignard, *La Haine de la musique*, p. 16.
9 Ibidem, p. 23.
10 D.C. Lévinas, Les Icônes de la voix, em P. Bonnefis; D. Lyotard (orgs.), *Pascal Quignard, figures d'un lettré*, p. 188.

lambiscados de ratos, de formigas, gotas de água da torneira ou da goteira, respiração na sombra, queixas misteriosas, gritos sufocados, silêncio, despertador, galhos batentes ou crepitar da chuva no telhado, galo"[11]. Em 2010, num colóquio em Paris, Quignard definiu a literatura como o mistério da oralidade silenciosa: "uma voz do fundo da garganta endereçada a outra voz do fundo da garganta"[12].

Em segundo lugar, ler, para Quignard, é "traduzir na obra a submissão à palavra dos autores preferidos[13], lidos como pegadas do obscuro, dos quais a leitura se fará escritura"[14].

A atitude fundamental de Quignard é uma atitude de submissão ao livro lido, mas "essa submissão consentida é a astúcia da presa que sabe que é uma presa"[15]. Ela supõe que "a gênese da escritura é situada no olhar fascinado em direção ao obscuro, ao mesmo tempo vago e esquecido [...] A escritura é leitura *in abstentia*, leitura do que o texto é pegada"[16].

Em terceiro lugar, escreve Quignard,

há duas verdadeiras escutas: a leitura dos romances, porque a leitura de um ensaio não suspende nem a identidade nem a desconfiança, e a música erudita, isto é, os melos (partes de uma melodia) compostos por aqueles que passaram pela iniciação da linguagem individual e silenciosa [...] A enunciação desaparece, a recepção vacila e se confunde com a fonte, o transtorno nasce e a perda de identidade testemunha disso [...] O leitor esquece o argumento, busca apenas o desconcertante psíquico, a estética (o sentir) e não mais o conhecimento semântico, temático, noético, visual, contemplativo[17].

---

11 P. Quignard, *La Haine de la musique*, p. 28.
12 "Os dois homens (Quignard e o tocador de viola de gambe Jordi Savall) concordaram em definir a literatura como o mistério da oralidade silenciosa: uma voz do fundo da garganta fala para uma voz do fundo da garganta. Eles também concordaram sobre a capacidade da escrita a dessocializar o escritor antes de perguntar se era verdadeiramente o mesmo para o leitor". P. Assouline, Ferveur et viole de gambe autour de Pascal Quignard, *Le Monde (Livres)*, Paris, 25 jun. 2010.
13 Particularmente de três: a de Licofron (poeta do séc. IV a.C., autor de *Alexandra*), de Maurice Scève (poeta francês, 1501-1564) e de Leopold Von Sader-Masoch (escritor e jornalista, 1836-1895).
14 C. Lapeyre-Desmaison, Genèse de l'écriture, em P. Bonnefis; D. Lyotard (orgs.), op. cit., p. 337.
15 Ibidem, p. 336.
16 Ibidem, p. 335.
17 *La Haine de la musique*, p. 130.

A CONSTRUÇÃO DA RODA DA LEITURA

Com esses elementos, podemos começar a construir a roda da leitura, nos limitando, no entanto, ao romance lido. Mas antes, quero sublinhar o clima e o lugar da leitura. Quando queremos ler, nos isolamos se possível no gabinete, na biblioteca, num local silencioso, embora muitos de nós consigam ler no metrô, no ônibus e até parado no trânsito. Mas o isolamento mental é necessário e nos retira do convívio social, diferente da televisão que nos coloca em contato com o mundo. E embora "aqueles que leem ainda [sejam] bichos fósseis", segundo Quignard[18], direi que, fósseis ou não, quando pegamos um romance, adotamos normalmente a leitura individual e silenciosa, aquela "inventada" por Ambrósio, bispo de Milão e mestre de Agostino do século IV[19].

A roda será constituída aos poucos e será visível após o quinto movimento

PRIMEIRO MOVIMENTO

Primeiro movimento: o leitor escolhe um livro. Empurrado por qual pulsão? Podemos falar da pulsão do saber? Embora Freud anuncie a pulsão quando comenta a vontade da criança de saber a sua origem, trata-se aqui de um desejo de saber, ligado a um encontro com o Outro, o S^2. Nesse sentido, não haveria um desejo de saber em toda pulsão já que a pulsão implica a intervenção do Outro ou de um significante?

Pergunto também se não há intervenção da pulsão oral na escolha de um livro, uma vontade de engolir o saber do outro, saber, não como conhecimento, mas como procura de uma verdade paralela com a vontade de ser engolido ou vampirizado conforme Quignard, sublinhando assim a voz passiva e ativa da pulsão.

Por exemplo, a vontade de ser Madame Bovary, Swann, Diadorim, Riobaldo ou Brás Cubas, ou uma personagem de

---

18 *Petits traités II*, p. 29.
19 Ibidem, p. 33.

novela etc., vontade de ser um ou vários significantes, no caso da poesia, ou vontade de sentir como *Fedra*, no caso do teatro. Vontade enfim de "reivindicar algo que está separado de nós, mas nos pertence, e do qual se trata do que nos completa"[20].

SEGUNDO MOVIMENTO

Lemos exercendo a pulsão escópica, não apenas desejamos, mas nos fazemos personagens, situações, significantes e nos tornamos o objeto olhado:

> O que o sujeito procura ver [...] é o objeto enquanto ausência, (no entanto), o que ele procura e acha é apenas uma sombra detrás da cortina. Aí, ele vai fantasiar não importa que magia de presença [...] O que ele procura não é, como se diz, o falo – mas justamente sua ausência, donde a preeminência de certas formas como objetos de sua pesquisa.[21]

TERCEIRO MOVIMENTO

Ele se confunde com o segundo, dependendo de cada leitor, mas acrescenta a pulsão invocante, o que faz a diferença. Às vezes, lemos em voz alta como Flaubert, que testava sua escritura com o *gueuloir*, costume que Proust retomou e que, para nós, é cada vez mais possível, já que os grandes textos são gravados por atores e atrizes e vendidos como tal, ou divulgados gratuitamente na internet. Deixamo-nos levar pela música da palavra que facilmente se torna alíngua, ouvimos outros sons que chamam outras associações etc.

Entretanto, lendo Lacan ou Quignard, ou ouvindo Proust, não consigo ler nem escutar sem parar, não pelo cansaço, o tédio ou a dificuldade de entender, mas porque algo chamou minha atenção ou me fascinou.

A parada na leitura é parecida à do escritor quando rasura. A descontinuidade constatada na leitura obriga a olhar outras

---

20 J. Lacan, *O Seminário, Livro 11*, p. 185.
21 Ibidem, p. 173.

redes de significantes e a dar outro sentido à minha leitura, isto é, para retomar mais uma vez Manoel de Barros, paro porque acho, sem tomar muito consciência disso, que dá para *escovar mais esta palavra*, esta expressão ou a situação contada.

E se não parar, significa que o inconsciente não intervém? Exato, já que uma das qualidades do inconsciente é a descontinuidade ou a surpresa.

QUARTO MOVIMENTO

A parada da leitura no quarto movimento vai acentuar o exercício da pulsão invocante.

Muitas vezes involuntária, esta parada na leitura não é parecida com o que acontece quando o escritor se relê, já que ele é o primeiro leitor de que está escrito?

Não, é bem diferente. Enquanto o escritor parado frente a sua página, empurrado pelo editor ou pela pressa, quer resolver logo também o problema e aguarda uma dita inspiração, o leitor ou se deixa levar pelas associações ou, furioso de não poder prosseguir, quer resolver logo a parada, no duplo sentido da palavra, para continuar, sobretudo se for um romance e não quiser saber desse algo que o parou.

Como Swann que, ouvindo a pequena frase de Vinteuil fica emocionado, mas não quer saber a origem desse sentimento, o leitor quer apenas saber o fim da história e corre até o ponto final. No entanto, Quignard separa nitidamente o leitor dos efeitos da leitura: "a alma do leitor não vê o corpo lendo, mas já saiu a cavalgar, navegar no mundo que a intriga narra"[22], apesar da pressa do leitor. A novela televisionada tem essa vantagem. Vista todos os dias, ela força o espectador a parar e ficar num estado de tensão.

Se não estiver apressado, o leitor colabora com sua alma, para, faz silêncio e aguarda. É o silêncio lembrado no capítulo anterior, silêncio que "a palavra não alcança, [que é] a impossibilidade de dizer"[23].

---

22 *La Barque silencieuse*, p. 76.
23 S. Fingermann, *Elogio ao Silêncio e Alguns Escritos Sobre Pintura*, p. 9-11.

Ver no obscuro ou no imaginário ajudaria a detectar as mil combinações possíveis entre o já lido e a última frase ou episódio lido, mas não será necessário para o leitor. Por que recusar a claridade? Porque, repito, a "sombra é essencial ao íntimo"[24], ao devaneio e ao sonho.

O que acontece nessa parada?

Incentivado pela escritura, o sujeito-leitor volta ao grande Outro (A), espécie de reserva das possibilidades, todas executáveis, que supõe um salto do imaginário, indo do que ele pensa que é, do pequeno "a" lacaniano, para o vazio. Há um pacto subentendido nessa parada que age como uma rasura ou, pelo menos, uma bifurcação inesperada ou, melhor, uma volta também inesperada para o campo do Outro.

Detalhando essa parada, podemos supor mil coisas, uma lembrança de leitura ou de pessoa amada ou odiada, a ação súbita do grão do gozo que já interveio na escolha do livro e que quer se manifestar de novo ou a tentativa de repensar a própria leitura. Pode ser uma pressão indefinida do passado, uma lógica anterior desconhecida, um livro ou um conto lido anteriormente. Enfim, mesmo se os motivos são difíceis de distinguir, eles manifestam certa cegueira diante de um problema impossível, um encontro com o vazio.

Parado alguns segundos ou um dia, talvez mais, o leitor se transforma como o teatro cujos efeitos se fazem sentir horas ou dias após a representação, segundo Agostinho de Hipona. Um saber inconsciente disfarçado pelos significantes penetra, se insinua e modifica o imaginário do leitor e chegando a sua razão e a seus sentimentos, muda suas referências.

Como explicar esse movimento? Retomarei mais uma vez Quignard:

Escrever, (ler) é ouvir a voz perdida [...] É primeiro achar a chave do enigma, de preparar a resposta. É procurar a linguagem na linguagem perdida. É percorrer sem cessar o fosso entre a mentira ou o *Ersatz* e a opacidade ininteligível do real, entre a descontinuidade da linguagem dedicada à dissidência dos objetos na identificação dos

---

24 G. Wajcman, *L'Oeil absolu*, p. 48. "A associação nacional para a proteção do céu noturno se constituiu em 1995 para revezar na França a ação internacional contra a poluição luminosa". Ibidem, p. 50.

indivíduos – o rosto visto pelo espelho – e o contínuo materno, o rio, o jato de urina materna – o rosto visto de frente.[25]

Lacan já havia feito a mesma pergunta: "A questão é antes saber por que um homem dito normal não percebe que a fala é um parasita, que a fala é uma excrescência, que a fala é a forma de câncer pela qual o ser humano é afligido [...] É certo que Joyce nos dá uma pequena suspeita disso."[26]

QUINTO MOVIMENTO

Neste movimento, o leitor continua ou abandona o livro. Assim completamos a roda, representada a seguir.

A RODA DA LEITURA

- O leitor escolhe um livro / desejo de saber / acoplado à pulsão oral
- O leitor mergulha no texto / atitude feminina / pulsão escópica
- Grão de gozo
- O leitor continua ou abandona
- O leitor ouve / pulsão evocante
- O leitor para / perde suas referências e, transformado, goza

Situo o surgimento do sintoma no terceiro movimento e seu impacto, no quinto. Se o leitor abandona a obra e recebe "o sintoma [...] como contrassenso, desvio, impedimento, entrave, conforme o discurso social, as exigências sociais em que [ele] vive"[27], agirá como Swann que não quer saber do porquê da

25 *La Barque silencieuse*, p. 94.
26 *O Seminário, Livro 23: O Sinthoma*, p. 92.
27 M.-M.C. de Brancion, Diálogo Com o Sintoma, *Escola Letra Freudiana*, n. 17/18, p. 177, disponível em: <http://www.escolaletrafreudiana.com.br/UserFiles/110/File/artigos/letra1718/019.pdf>.

emoção que sente ao ouvir a frase de Vinteuil e então ou abandonará ou continuará a leitura como um celibatário da arte.[28]

Se, pelo contrário, o leitor lendo em voz alta entende, por exemplo, o equívoco de algumas palavras, aceita o impacto e o introduz no discurso com amigos ou no divã, tem mais chance de saber a verdade do que está por trás do sintoma.

O texto está aqui no lugar do psicanalista que manda o recado para o leitor, embora prefira dizer que o texto é psicanalista pela metade já que precisa do discurso do leitor para ter efeito.

Chegamos assim ao sinthoma com "h", bastante ambíguo em francês, já que tem a mesma ressonância que *saint homme* – santo homem, com resíduo de pecado em inglês, *sin*, ensina Lacan.

Por que não traduzir e falar santoma (santo + homen)? Embora haja o risco de perder o *sin* do inglês, a vantagem é lembrar Tomás de Aquino, que Lacan aproxima de Joyce porque no final de sua vida e, segundo Lutero, Tomás de Aquino comparou sua principal obra, a *Suma Teológica*, a estrume ou resíduos ("*sicut palea* ou *comme du fumier*"[29]).

Antes de prosseguir, temos que concordar com o conceito de sinthoma com "h", de Lacan: "A boa maneira de ser herético é aquela que, por ter reconhecido a natureza do sinthoma, não se priva de usar isso logicamente, isto é, de usar o sinthoma até atingir seu real, até se fartar [...] ou até não ter mais sede."[30]

O sinthoma com "h" seria a via real ou excelente para atingir e mergulhar no Real? Freud já tinha dito que o sonho é a via real para o inconsciente, Lacan desloca a estratégia e acrescenta o sinthoma com "h" ou substitui o sonho pelo sinthoma. Não seria interessante comparar o sinthoma em Joyce com o sonho em Freud?

Voltando ao assunto, há pelo menos duas maneiras de usar o sinthoma com "h" em literatura.

A primeira será aproveitar a equivocidade da língua escrevendo. Joyce parece ser o maior representante desse tipo de

28 Esse conceito de Marcel Proust define os eruditos que sabem tudo, mas são incapazes de escrever uma linha ou de compor ou de pintar etc. Isso não quer dizer que o impacto não possa operar na surdina e ter efeito, como o teatro segundo Santo Agostinho e Quignard, quando distinguem o corpo da alma. Ver A. Artaud, *O Teatro e Seu Duplo*, p. 20-21.
29 G. de Villers, Litter – letter – littoral, *Quarto*, n. 92, abr. 2008.
30 *O Seminário, Livro 23*, p. 16.

escritura com *Finnegan's Wake*. Entretanto, não podemos afirmar que todo escritor e, *a fortiori*, todo poeta use o sinthoma desta maneira. Talvez, haja mais chances de encontrar o *pun* ou a equivocidade na poesia e em *Grande Sertão: Veredas* de Guimarães Rosa, mas muito menos no romance de Machado, de Proust ou no teatro clássico.

Isto é, o leitor não vai parar ou rasurar o texto (o que é o equivalente) somente nas poucas ocasiões em que Machado ou Proust usam a equivocidade.

Os psicanalistas ou os leitores de Lacan conhecem a segunda maneira de usar o sinthoma com "h" como via de acesso ao Real. Não é no discurso analítico que qualquer letra, palavra ou expressão pode levar a uma parada e pode reenviar o leitor a outra rede de significantes e a um grão de gozo? Chamarei essa maneira de bifurcação.[31]

Portanto, qualquer leitura pode ser sinthoma com "h" para o leitor, reenviá-lo a seu real ou de sua comunidade e liberá-lo.

Estava assistindo à missa de sétimo dia de um tio de minha esposa e me perguntava: onde está a equivocidade ou o *pun* dessas leituras bíblicas? Por que um fiel vai parar e viajar nele mesmo ao ouvir uma carta de Paulo ou um trecho do evangelho? A resposta veio logo. Porque, se conseguir sair da atitude passiva de ovelha ou da atitude cartesiana de tentar entender a lógica do texto, ele vai ouvir um discurso totalmente diferente do texto lido, vai ser teleguiado em direção a outras redes e tem chance de descobrir pedaços de gozo. Será bifurcado.

Nesse sentido, discordo ligeiramente de Lacan quando afirma brutalmente:

temos apenas como arma contra o sintoma, o equívoco [...] A segunda etapa [da supervisão] consiste em tirar proveito desse equívoco que

---

31 "Há duas causas de instabilidades estruturais: a degenerescência de pontos críticos(seus pontos mínimo e máximo), correspondendo às catástrofes de bifurcação e a igualdade de dois valores críticos catástrofes ditas de conflito [...] às quais correspondem dois tipos de instâncias de seleção ou convenção: a do atraso perfeito segundo qual o sistema S fica num estado interna (um mínimo de fw) enquanto existe; há somente catástrofe quando um mínimo desaparece por fusão com outro ponto crítica (bifurcação) e a convenção de Maxwell segundo qual o sistema S ocupa sempre o mínimo absoluto de fw: não há, portanto, catástrofe quando um outro mínimo se torna por sua vez o mínimo absoluto (conflito)". J. Petitot, op. cit., p. 12.

poderia liberar algo do sinthoma com H. Com efeito, é unicamente pelo equívoco que a interpretação opera. É preciso que haja alguma coisa no significante que ressoe[32].

Uma coisa que ressoe, sim, mas não necessariamente pelo equívoco. Pode ser pela semelhança das cenas narradas: leio o texto da madeleine de Proust e lembro de cenas parecidas na vida, pela identificação a uma personagem ou a uma relação entre personagens etc.

De qualquer maneira, algo será liberarado como se estivesse preso, por meio da música da palavra.

A leitura será santomática se ela puder levar a um grão de gozo por meio da equivocidade ou da bifurcação: "ensinamos o analisante a emendar, a fazer emenda entre seu sinthoma e o real parasita do gozo. O que é característica de nossa operação, tornar esse gozo possível, é a mesma coisa que o que escreverei como gouço-sentido (*j'ouis-sens*). É a mesma coisa que ouvir um sentido"[33].

Ler é procurar um sentido, um gozo suplementar, um dizer de outra maneira.

Quando encontro esse dizer emergente, paro, penso retroativamente à vida vivida.

Dar um sentido a um grão de gozo particular é o alvo do escritor e do leitor. Uma vez com um sentido diferente, o grão de gozo some ou é repassado ao leitor se ele continua se questionando.

Respondendo, enfim, à pergunta do título, "A Literatura Sintoma ou Sinthoma?", sugiro que a literatura será sinthoma para o leitor na medida em que fica chocado, revoltado ou surpreso. Nesse instante, se sentirá elevado à dignidade da Coisa, "perdendo a consciência da duração"[34] e fora do tempo.

Deslocado literalmente de sua leitura, o leitor entreverá o gozo, pelo menos, como Moisés no arvoredo ardente ou gozará de experiências privilegiadas como aquelas descritas pelo narrador proustiano no *Tempo Redescoberto* (a Madeleine

---

32 *O Seminário, Livro 23*, p. 18.
33 Ibidem, p. 71.
34 P. Quignard, *La Barque silencieuse*, p. 65.

em Combray, o pavimento de São Marcos em Veneza, o restaurante em Balbec etc.)[35]

Nessas condições, a literatura passará de sintoma (que marca a relação do leitor "a uma estrutura significante que o determina"[36]), índice de algo quando o leitor escolher o livro, para o sinthoma com o surgimento de um grão de gozo.

Assim funciona a roda da leitura que completa a roda da escritura e a passagem do sintoma para o sinthoma.

---

35 "O ente que em mim renascera quando, com tal frêmito de felicidade, ouvira o ruído comum à colher esbarrando no prato e ao martelo batendo na roda, sentira sob os pés a pavimentação igualmente irregular do pátio dos Guermantes e do batistério de São Marcos, tal ente só se nutre da essência das coisas, só nela encontra subsistência e delícias." *O Tempo Redescoberto*, p. 448.
36 J. Lacan, *A Psicanálise e Seu Ensino*, p. 444.

3. A Carta de Poe e o Capacho de Proust[1]

O que posso dizer sobre *A Carta Roubada* que ainda não tenha sido dito? Devo repetir meu comentário[2] e o de outros leitores? Devo repetir, isto é, de acordo com a leitura lacaniana da *Wiederholungszwang* que segue o comentário de *A Carta Roubada*, não me submeter a um automatismo, mas insistir significativamente?[3]

Enfatizar o quê? Minha insistência será sobre as relações literatura e psicanálise. Não é nossa maneira de ter prazer ou até de gozar como crítico? Como ler *A Carta Roubada* e o comentário de Lacan a partir da posição de crítico literário? Perguntando a cada frase, se possível, como fazer a aproximação com a leitura crítica a partir da psicanálise.

Será que posso, não aplicar, mas aproveitar para minha leitura do conceito de insistência significativa que define a ação

---

1 Conferência pronunciada em 2009 para o grupo Crítica Literária e Psicanálise coordenado por Cleusa Rios Pinheiro Passos e Yudith Rosenbaum da FFLCH-USP.
2 *Além da Psicanálise*, p.88.
3 "O para além do princípio do prazer está expresso no termo *Wiederholungszwang*. Este termo está impropriamente traduzido em francês por *automatisme de répétition*, e creio estar dando-lhe um melhor equivalente com a noção de insistência, de insistência significativa." J. Lacan, *O Seminário, Livro 2: O Eu na Teoria de Freud*, p. 259.

do inconsciente, mas vale somente para ele? Parece que sim. Sabendo que tudo o que fazemos ou escrevemos tem um lado inconsciente, isto é, tem a ver com o gozo, arrisco tocar também nessa dimensão, insistindo significativamente sobre tal ou tal elemento.

MAS ANTES DE SUBLINHAR MINHA INSISTÊNCIA, PERGUNTO: SOBRE O QUE INSISTE LACAN?

Como saber? Felizmente, esta não foi a primeira vez que Lacan comentou o texto de Poe. Ele já havia dedicado duas palestras ao conto no seu segundo Seminário, *O Eu na Teoria de Freud e na Técnica Psicanalítica,* em 1954-55. Esta primeira escritura, que de fato é a transcrição de um discurso oral construída a partir de anotações e editada por Jacques-Alain Miller, permite comparar o texto transcrito de 1955 e o manuscrito dos *Escritos* de 1966.

A insistência de Lacan com quase dez anos de diferença e o primeiro lugar dado ao comentário do conto no seu livro de 1966 mostra, sem nenhuma dúvida, a importância atribuída ao conto e às descobertas da primeira interpretação. É, portanto, uma análise "só depois" que lemos nos *Escritos*.

Primeiramente, qual é o lugar dado ao conto em 1955 e 1966?

No Seminário, *A Carta Roubada* ocupava apenas duas aulas entre as quatorze daquele ano, a de 23 de março de 1955 intitulada "Par ou ímpar? Além da Subjetividade, Introdução à *Carta Roubada*" e a de 26 de abril, dedicada inteiramente ao texto de Poe, intitulada "*A Carta Roubada*". Na aula seguinte, como decorrência, Lacan já definia o automatismo de repetição como a insistência significativa.

As duas aulas se enquadravam na terceira parte intitulada "Além do Imaginário, o Simbólico ou do Pequeno 'a' ao Grande Outro", enquanto que a primeira parte tem por título: "Além do Princípio do Prazer, a Repetição", o que tem a ver com o automatismo na análise de *A Carta Roubada*.

Na primeira aula, Lacan chega ao conto através da cibernética das máquinas de calcular. Uma destas máquinas joga o jogo de par ou ímpar e Lacan constata que "em cada lance, há sempre tantas chances de ganharem quanto de perderem". Em outras palavras, voltamos a zero a cada lance; é a mesma posição ocupada pelo S^1 ou o conjunto zero de Gottlob Frege, do qual falaremos mais tarde. Lacan pensa demonstrar assim a primazia da rede simbólica sobre a intersubjetividade que "reflete de certa maneira o automatismo de repetição visto que está além do princípio do prazer, para além das ligações, dos motivos racionais, dos sentimentos de amor e de ódio"[4].

Na segunda aula, Lacan retoma o jogo de par ou ímpar, alude à teoria das probabilidades e insiste no "jogo do símbolo [que] representa e organiza, em si mesmo, independentemente das particularidades de seu suporte humano, este algo que se chama um sujeito"[5].

Podemos deduzir que, qualquer que seja a vontade de um poeta ou escritor, "o símbolo já funciona, e gera por si próprio suas necessidades, suas estruturas, suas organizações"[6]. Em seguida, Lacan avança na análise que ele repetirá nos *Escritos*.

No conjunto de conferências que são os *Escritos*, o conto está no primeiro capítulo como se o leitor devesse seguir esta pista e entender a obra de Lacan, aí condensada até 1966, através do prisma ou do filtro da literatura: "Qual seja a mensagem de Poe decifrada e dele, leitor, retornando para que, ao lê-la, ele diga a si mesmo não ser ela mais fingida do que a verdade quando habita a ficção."[7]

Qual filtro? O da primazia da cadeia simbólica ou do registro do Simbólico sobre o do Imaginário. Mais tarde, no entanto,

---

4   Ibidem, p. 238.
5   Ibidem, p. 243.
6   Ibidem, p. 244.
7   "Condescendêmo-lhe [ao leitor] um patamar na escala de nosso estilo, dando a *A Carta Roubada* o privilégio e abrir sua sequência, a despeito de sua diacronia.
    Cabe a esse leitor devolver à carta/letra em questão, para além daqueles que um dia foram seus endereçados, aquilo mesmo que ele nela encontrará como palavra final: sua destinação. Qual seja, a mensagem de Poe decifrada e dele, leitor, retornando para que, ao lê-la, ele diga a si mesmo não ser ela mais fingida do que a verdade quando habita a ficção [...]
    A esse lugar que, para Buffon, era marcado pelo homem, chamamos de queda desse objeto, reveladora por isolá-lo, ao mesmo tempo, como causa do desejo em que o sujeito se eclipsa e como suporte do sujeito entre verdade e saber. Queremos, com o percurso de que estes textos são os marcos e com o estilo que seu endereçamento impõe, levar o leitor a uma consequência em que ele precise colocar algo de si". Idem, *Escritos*, p. 10-11.

Lacan valorizará o terceiro registro, o do Real inventado por ele, em seguida, o nó borreomeano e, por fim, insistirá sobre o gozo que cobre e une os três registros[8].

Não será o sentido ou a compreensão que importam em primeiro lugar, mas o deslocamento da carta qualificando as cinco personagens: o Rei, a Rainha, o Ministro, o Chefe de Polícia e Dupin. Todos eles são portadores de sentido diferente ou modificável de acordo com um critério que não gostaríamos de ter se estivéssemos em seu lugar. Não é segundo a identidade social ou a função deles que se colocam na sociedade embora sejam distinguidos por ela no conto, salvo Dupin, o único a ter um nome. Não é também, segundo a identidade pessoal, o que eles imaginam ser ou o que eles pensam do eu deles[9]. Não, não é pelo fato de que eles são Rei, Rainha ou Primeiro-Ministro que eles são portadores de sentidos, mas segundo o lugar ao longo de um eixo que os fazem repetir o mesmo conteúdo, é a insistência da cadeia significante, empurrada por um pedaço de Real representado pela carta no conto.

Imagine, caro leitor, ser informado de que sua importância na sociedade resulta unicamente de seu lugar numa cadeia

[8] "É a isso chamamos, num certo nível, sintoma. Em outro, automatismo, termo pouco apropriado, mas do qual a história pode dar conta. Na medida em que o inconsciente existe, vocês realizam a todo instante a demonstração na qual se baseia a inexistência como preliminar do necessário. É a inexistência que está no princípio do sintoma, desde que esse termo, por ter emergido com Marx, adquiriu seu valor. O que está no princípio do sintoma é, a inexistência da verdade que ele supõe, como quer que ele marque seu lugar [...] No segundo caso, é a inexistência do gozo que o chamado automatismo de repetição faz vir a luz, pela insistência desse marcar na porta que se designa como saída para a existência. Só que, para além dela, o que os espera não é, em absoluto, o que se chama uma existência: é o gozo tal como funciona como necessidade de discurso, e ele só funciona, como vocês estão vendo, como inexistência. [...] que haveria com isso certa substância – o gozo, a verdade-, tal como seria promovido em Freud. Mesmo assim, limitando-se a isso, vocês não podem referir-se ao núcleo da estrutura." Idem, *O Seminário, Livro 19: ...Ou Pior*, p. 49-50.

[9] "Esta convicção ultrapassa a ingenuidade individual do sujeito que acredita em si, que acredita que ele é – loucura bastante comum, e que não é uma loucura total, pois faz parte da ordem das crenças. Evidentemente, temos todos tendência a acreditar que nós somos nós [...] A ideia de um desenvolvimento individual unilinear, preestabelecido, comportando etapas que vão aparecendo cada qual por sua vez conforme uma tipicidade determinada é pura e simplesmente o abandono, a escamoteação, a camuflagem, a denegação, propriamente falando, e inclusive o recalque, daquilo que a análise trouxe de essencial". Idem, *O Seminário, Livro 2*, p. 20-23.

comportando os lugares de estudante de doutorado, professor ou pesquisador, titular, talvez chefe de departamento e diretor de Faculdade, e que seu discurso decorre somente de sua posição, pouco importa seu projeto, sua inteligência ou suas qualidades. Istso o agradaria?

O efeito da carta é duplo.

Primeiramente, ela é portadora de uma ruptura entre o Rei e a Rainha, entre o Chefe de Polícia a serviço do Rei e seu Rei, entre o Primeiro-Ministro e o Chefe de Polícia, normalmente a serviço do Primeiro-Ministro, e enfim, entre o Primeiro-Ministro e Dupin, pretensos amigos.

Em segundo lugar, vinda de um amante e endereçada à Rainha, marcada pela dimensão amorosa, a carta tem o dom de feminizar seus portadores ou dar-lhe *um odor di femina*, diz o texto[10].

Desde o início, a carta inverte a posição masculina transformada em atitude feminina e provoca o rompimento das promessas e a sucessivamente a cegueira do Rei, do Ministro e do primeiro Dupin. A carta age exatamente como o amor que ela representa e tem o dom de converter a atitude inicial do Primeiro-Ministro, do Chefe de Polícia e do primeiro Dupin em paixão, amorosa ou vingativa.

Em outras palavras, a origem da ruptura está localizada no ponto de partida necessário, uma carta que quebra as alianças e faz avançar as personagens na cadeia.

Perguntei-me então quem ou o que tem este poder de transformação? Na teoria lacaniana, é o S^1, o significante Mestre que anula o que vem anteriormente para dar outro sentido ao mesmo discurso ou manda a personagem ter um discurso diferente. A alteração das personagens é devida a esta aniquilação do que eles acreditavam ser, mediante a introdução na cadeia. Nesse sentido, Lacan concorda com Frege para quem a passagem pelo conjunto zero [0] facilita ou autoriza a progressão.

---

10 "Do mesmo modo, a aura de displicência que chega a afetar uma aparência de languidez, a ostentação de um tédio próximo do fastio em suas palavras, a ambiência que o autor da filosofia do mobiliário sabe fazer surgir de observações quase impalpáveis, como a do instrumento musical sobre a mesa, tudo parece arranjado para que o personagem marcado por todos os seus ditos com os traços de virilidade exale, ao aparecer, o mais singular *odor di femina*." Idem, *Escritos*, p. 39.

Em outras palavras, a carta atualiza ou permite respirar ao movimento que "não para de não se escrever" do inconsciente ou do gozo ou do S^1 ou do conjunto zero, conceitos que se recobrem para mim.

Jean-Paul Gilson, psicanalista da Escola Lacaniana de Montréal e autor de *A Topologia de Lacan*, distingue dois Lacan no decorrer dos seminários e vê na leitura de *A Carta Roubada* um segundo Lacan que valoriza a letra identificada ao gozo feminino que quebra qualquer estrutura simbólica regimentada pelo falo[11].

Se, no conto de Poe, o pedaço de Real ou de gozo que mostra a ponta do nariz na carta é visível e observável, não é sempre o caso nos textos que lemos, o que deixa várias perguntas.

Nos contos ou romances que analisamos, será que podemos por certos objetos ou personagens numa cadeia e observar sua transformação, independentemente do que são no mundo da ficção e do que eles representam?

Será que há sempre uma espécie de carta que tem o papel de atrator ou de filtro transformador?

Ler no romance analisado, e *a fortiori* nos manuscritos, um corpo que se constitui, como o nome de um país num mapa, é possível, embora se leia dificilmente por causa da distância entre as letras. O corpo será somente visível se soubermos juntar "simplesmente" as letras, segundo Dupin, e mostrar a coerência. É uma das imagens usadas por Dupin para mostrar a diferença entre um bom leitor de mapas e o Chefe de Polícia, excelente no seu ofício, mas imbecil porque raciocina sempre segundo o mesmo modelo aprendido, supomos, na escola de polícia.

Ou devemos imitar essa criança de oito anos que contrariamente ao mesmo Chefe de Polícia, tentava se identificar ao intelecto do adversário e avaliar sua inteligência para deduzir a resposta no jogo de par ou ímpar.

Ou nos tornamos poeta e matemático como o Ministro para fazer nossas leituras e análises. Ou usamos as três possibilidades como o superpoeta Dupin.

---

11 "Vemos então a letra tomar o lugar da tragédia ou do mito na teoria psicanalítica lacaniana que, num outro tipo de ficção, tentavam produzir o saber cênico do que a não relação sexual deixa filtrar de um gozo não totalmente domado pela exigência simbólica do Falo." J.-P. Gilson, *La Topologie de Lacan*, p. 148.

Não posso dizer se isso é possível nas obras que o leitor analisa, mas em *Em Busca do Tempo Perdido*, podemos confirmar a leitura do superpoeta... Lacan e não da personagem Dupin.

Antes de saber que esta aproximação seria possível, tinha observado a importância de alguns objetos em *O Caminho de Guermantes*[12] e, particularmente de um objeto tão banal quanto uma carta, e que, em princípio, só serve para limpar os sapatos antes de entrar numa casa, o capacho. Pouco importa seu conteúdo ou sua matéria, se é de fibra ou de algodão, é sua função e seu símbolo que interessam.

Tanto quanto a carta é sinônimo de mensagem e liga duas pessoas, assim o capacho significa a passagem entre o exterior e o interior, o público e o privado ou ainda, entre um mundo e um outro; ele é marca de uma passagem ou de uma fronteira entre um mundo e um outro, ele separa e une.

Um dos maiores desejos do herói de *Em Busca do Tempo Perdido* era participar do mundo das lendas e dos castelos que cerca a duquesa de Guermantes, descendente da duquesa de Brabant que dominava Combray na Idade Média. O herói associa o Combray da infância à Geneviève de Brabant assassinada por Golo na época dos Merovíngios da qual via a história na lanterna mágica.

Poderia montar uma cadeia tendo como elos, o herói, a duquesa, seu marido, os aristocratas enumerados no salão e ver as transformações sofridas por essas personagens desde que o herói, convidado enfim pela duquesa, atravessou este famoso limiar. Todos transpõem o limiar pisando no capacho. No entanto, diferente do conto de Poe, as mudanças de atitude acontecem apenas na cabeça do herói, nenhuma outra personagem é afetada. É provavelmente uma das grandes divergências do conto de Poe com o romance proustiano no qual a complexidade do homem se desvela e no qual cada personagem tem nome e discurso próprio.

É o herói que, aplicando o efeito do capacho sobre todos os convidados, os transforma porque os vê de outro ângulo. Todas as ações se resumem em transpor ou não o limiar, esquecer ou não seus sonhos, a partir do capacho.

---

12 P. Willemart, *Educação Sentimental em Proust*, p. 35s.

Não contarei o fim da história, mas o herói, pisando nesse objeto, é obrigado a transformar-se. Será que podemos dizer que o capacho lhe mostra também a predominância do simbólico sobre o imaginário ou da estrutura sobre o sentido dado ao mundo encantado?

Está o herói submetido ao objeto capacho como o Primeiro-Ministro à carta? Será que o gozo subentendido ao objeto manifesta a insistência significativa ou o automatismo de repetição inerente à aparição do objeto? Será que o objeto o obriga a dobrar-se e a mudar de posição, da masculina em feminina ou vice-versa? Sim, de certa maneira. Se eu respondesse, daria a chave do enigma.

Quem ganha e quem perde nesse jogo com o capacho? Quem ganhava e quem perdia em *A Carta Roubada*?

Apostando na ciência ou no modelo matemático, a Polícia perde; apostando no esquecimento, no semblante ou na identidade subjetiva, o Primeiro-Ministro perde de Dupin, o superpoeta. Apostando na vingança, que é da mesma ordem da identidade subjetiva, o primeiro Dupin perde e arrisca uma resposta igual. Somente o segundo Dupin, porque superpoeta e matemático, sabendo juntar e trabalhar com a ciência, a identidade subjetiva e o inesperado ou o bizarro (*odd*) ganha. Notamos que Lacan interpreta esse *odd* baseando-se no cálculo das probabilidades para sustentar o determinismo inerente à cadeia da insistência significativa do gozo/verdade. O segundo Dupin ganha também sabendo mostrar ao Chefe de Polícia que nada se faz por nada e que nenhuma consulta é gratuita. Assim, recebe a soma considerável de 50 mil francos-ouro contra a carta. Pagando, o Chefe de Polícia facilita dois fatos: ele anula primeiramente a dependência da Rainha para com seu Ministro, da mesma maneira que um analisando faz com seu analista ao pagar a sessão e, em seguida, compra, ou melhor, redime o gozo da Rainha, não pela supressão da carta, mas a reenviado ao seu destinatário. No jogo de par ou ímpar, ganha aquele que se faz de tolo ou que segue um processo poético ou uma ordem caótica e não aquele que se identifica com o adversário (identidade subjetiva). Lacan refere-se ao cálculo de probabilidades para apoiar o determinismo inerente à cadeia de insistência significativa do gozo/verdade, e manda jogar seus alunos para convencê-los de que o determinismo tem uma aparência aleatória.

Voltando à narrativa proustiana, quantas vezes o herói se deixa levar pelo jogo do amor à duquesa sem que o leitor possa afirmar sua resolução? Deveríamos enumerar estas ocasiões levando em conta os manuscritos que preparam a solução e suspeitar do narrador quanto a seu conhecimento da cadeia e de seus revezamentos, adiantando Lacan, portanto, na experiência literária somente, mas não na teoria.

Provavelmente foi o erro do herói que identificando-se à duquesa, não podia encarar outra solução. Uma vez pego pelo capacho como Dupin ou o Primeiro Ministro pela carta, tudo muda, ele se torna objeto, ele também, está envolvido pelo efeito capacho e reenviado a seu destino que não quer saber de seu Imaginário.

Onde está nesse caso a riqueza da literatura? Não na constatação da mesma lei que decorre do conto de Poe, em *Em Busca do Tempo Perdido* e provavelmente em muitas outras narrativas. Seria apenas a averiguação do achado teórico de Lacan. A riqueza da literatura se encontra no caminho que leva e sustenta isso, tão variado quando o número de narrativas que existem.

4. Como Caracterizar uma Literatura Nacional?[1]

Se a literatura nacional existe ou não existe, se pertence a um povo ou a uma língua, o que é melhor, não me preocuparei com isso por enquanto. Pretendo limitar-me a interrogar a natureza do que compõe o campo que antecede esta questão crítica e em seguida, dar uma resposta possível à questão da existência ou não de uma literatura nacional.

Na preocupação de dizer algo de novo ou de diferente, e acredito que qualquer artista está marcado por esse desejo, o escritor não se coloca somente a serviço de sua língua, da história ou da geografia de sua comunidade, mas deixa também se manifestar a dimensão inconsciente de tudo o que ele toca. Não falo aqui do Imaginário – o sentido que o autor dá às palavras e que o leitor lhe empresta, conscientemente ou não –, nem do Simbólico – as estruturas de todo tipo que o cercam, ele e seus leitores que eles saibam ou não –, mas do Real, o terceiro registro inventado por Lacan a partir do "isso" de Freud.

---

1 Conferencia pronunciada na Faculdade de Letras da Universidade do Porto, no dia 3 de dezembro de 2009 para o colóquio Literatura Nacionais: Continuidade ou Fim. Resistências, Mutações & Linhas de Fuga, organizado por Maria-João Renaud.

No entanto, distinguirei dois registros do Real, o do escritor e o da comunidade à qual ele pertence, pouco importa sua dimensão nacional ou internacional. O que é o Real? É o que não pode ser dito ou traduzido em palavras. É o que é vivido e sentido, mas que fica no ar, sem que se saiba como introduzir a coisa na língua, esse "se" significando os seres falantes habituais da língua. É o que já em 1920, Paul Klee chama o invisível e que o artista deve tornar visível.

Seus sintomas podem ser, por exemplo, a angústia causada por um sentimento de insegurança constante nas grandes cidades, o que é comum no Brasil, ou por uma enchente duradoura, por um cataclismo, pela solidão ou por um assassinato inexplicável ou, pelo contrário, por um excesso de alegria, de prazer ou de felicidade na ocasião de uma descoberta científica esperada há anos, por uma vitória ou a derrota do outro, por um prêmio ou por um lucro extraordinário, por um convite além das esperanças, por um acontecimento familiar surpreendente etc.

Mas não é durante os acontecimentos que o artista vai intervir, mas bem depois. O tempo vivido durante os fatos vai ficar nas memórias, mas ao contrário de seus concidadãos, o artista registrará mais e melhor não somente os fatos e as circunstâncias, mas o tempo vivido, conscientemente ou não[2]. A angústia ou o excesso de felicidade terão desaparecido ou terão sido minimizados, mas não o tempo que é um significante mais ou menos vazio para os leitores, ao qual o artista dará um sentido.

O gozo inicial ou o excesso de prazer ou de desprazer cobre o Real e permite ao artista ou ao escritor extrair um pedaço desse Real e simbolizá-lo na sua linguagem. Se "gozar de" quer dizer dispor de uma coisa (a bel-prazer), não se trata no início para o escritor, de dispor à vontade da língua e, em seguida, do tempo da angústia do qual já falei?

Há outros momentos de gozo do escritor durante sua escritura? Podemos apenas suspeitar ou interrogar o escritor. É quando termina seu trabalho? Talvez! Não é quando lhe é

---

2 "O que não quer dizer que o tempo da angústia seja sempre tão inacessível. Em muitos níveis, ele é fenomenologicamente identificável. A angústia, portanto, é um termo intermediário entre o gozo e o desejo, uma vez que é depois de superada a angústia e fundamentado no tempo da angústia que o desejo se constitui." J. Lacan, *O Seminário, Livro 10: A Angústia*, p. 193.

revelado (observa a atitude passiva do escritor) alguma coisa de novo quer na maneira de articular sua escritura, quer no ineditismo do achado após uma parada significada pelo silêncio da rasura, quer quando vê as personagens ampliar-se etc.? Mas é o gozo, o prazer ao extremo, como o definiu Lacan[3], ou um simples prazer? Ficamos com hipóteses. Mas que o artista trabalha a partir de um grão de gozo que o empurra a começar e a continuar sua obra, não deixa dúvidas. Cada aparecimento do gozo constituirá uma rede ligada a este grão inicial e atravessará secretamente seu trabalho.

Acrescentarei um segundo tempo de angústia, paralelo ao primeiro, que é o da escritura. Ao mesmo tempo que o artista ou o escritor faz ressurgir o tempo da angústia vivido na sua comunidade, sua própria escritura lançada pelo gozo é pipocada de momentos de espera angustiantes não sabendo o que escrever ou o que fazer, momentos que podem vir após os ressurgimentos de gozo e que ele vai vencer substituindo tal palavra, tal frase ou tal capítulo, trocando as situações e as personagens, acrescentando episódios etc. Tempo que vai lhe fazer esquecer, em grande parte, o conjunto de seu romance, como testemunha Flaubert que se queixava de não ter uma visão geral da obra, e que ele preenchera numa segunda, numa terceira versão etc., até entregar o texto ao editor. No mesmo tom, Henry Bauchau se queixava: "Não tenho mais uma visão completa de meu romance. Não estou mais nele, procuro entrar nele sem sucesso. Para fazê-lo, não há outro meio do que retomar o fio [da escritura]."[4]

Voltemos aos leitores, ou seja, você que me lê, eu que escrevo. Quando desfrutamos de uma obra de arte? Nós sabemos? Uma resposta espontânea levaria a confundir a cultura e o gozo que Barthes distinguia, a primeira dando o prazer do reencontro e o segundo, o prazer em pedaços, a destruição próxima do infinito ou do abismo sem fundo, mas podemos pelo menos esboçar uma resposta.

Grosso modo, responderei que o gozo seguido de uma angústia ou o prazer seguido de um sentimento de conforto

3   *Escritos*, p. 776.
4   *La Grande muraille*, p. 111.

ocorre – cada um decide de que lado se situa o sentimento – quando a obra fala, isto é, quando ela desperta em nós lembranças antigas, ou ecoa no que temos sentido ou pensado um dia, ou quando ela avança resposta, ou acorda velhas perguntas não resolvidas.

Mas para onde nos leva o gozo, quer do escritor quer do leitor? Ele conduz ao desejo, mas o desejante sabe o que ele quer? Se o leitor não sabe o que espera na sua leitura a não ser um prazer difuso primeiramente, que se define em seguida, o escritor também não sabe, mas o pouco que sabe, ele não o manterá frequentemente e, no desenrolar da escritura, construirá seu romance. Lembremos de Marcel Proust, que pensava em escrever três volumes e escreveu sete.

Analisando a *Interpretação dos Sonhos*, Lacan sustenta que "este objeto [do desejo da histérica] é idêntico a esses [seus] meandros"[5] e não é algo de determinado como gostaria de ter o discurso científico. O desejo reenvia sempre a outro desejo pelo significante invocado. Argumentando a partir desta definição do objeto, Yves Depelsenaire sustenta a identidade do objeto artístico a seus meandros[6].

O MEANDRO NAS ARTES

O urinol batizado *Fountain* e *Le nu descendant l'escalier*, de Duchamp, a coleção de caixas de fósforos de Prévert ornamentando a chaminé "revelando a Coisa para além do objeto"[7] são exemplos.

O MEANDRO EM LITERATURA

Para o escritor, é uma coisa, para o leitor, é outra. O escritor constrói sua narrativa não sabendo muito bem aonde vai, se deixando guiar não somente por uma lógica cartesiana, mas

---

5   *Escritos*, p. 626.
6   *Un Musée imaginaire lacanien*, p. 48. "*Ambitus*" quer dizer desvio, lembra Lacan, *Escritos*, p. 21.
7   J. Lacan, *O Seminário, Livro 7: A Ética da Psicanálise*, p. 144.

sobretudo pelas associações que sua própria escritura suscita, como atesta o narrador proustiano: "Pois, pregando aqui e ali uma folha suplementar, eu construiria meu livro, não ouso dizer ambiciosamente como uma catedral, mas modestamente como um vestido."[8]

O meandro consistiria em se desfazer do querer comunicar e a fugir da linguagem de todos os dias? Não, evidentemente, mas em situar a linguagem num outro contexto e em desviá-lo de situações habituais. O que há de mais banal do que falar da sopa que come ou do quarto onde dorme? No entanto, Ionesco atribui esses assuntos a suas personagens na primeira cena de *La Cantatrice chauve*.

O que há de mais comum do que o despertar? Entretanto, o narrador proustiano fez dele uma estrutura de *Em Busca do Tempo Perdido*. São sete despertares dos quais o primeiro, o mais conhecido, introduz o leitor no mundo do herói perdido entre Francisco I e Carlos Quinto, pendurado ao trabalho de seu pensamento, apesar do sono, e acordando enfim "recuperando a vista [...] ouvindo o apito dos trens"[9]. Da mesma maneira, Philippe Minyama enquadrou e faz representar uma de suas peças num supermercado. A linguagem do discurso cotidiano e o quadro banal são desviados da função habitual.

Outra maneira de desviar do habitual reenviará à ruptura dos níveis entendidos como o rebaixamento das exigências do herói que, por exemplo, viajaria a Veneza para admirar de perto os quadros de Carpaccio e que, entretanto, prefere encontrar a arrumadeira da Sra. Putbus[10].

Outros exemplos de meandro constam na atmosfera de *umheimlich* ou "inquietante estranheza" ou "estranho familiar" que cerca os contos de Cortázar[11], em *A Câmara Clara* de Barthes e em muitas obras contemporâneas. O fenômeno foi também discernido e interpretado por Freud na sua análise de *O Homem de Areia,* de Hoffmann[12].

---

8   M. Proust, *O Tempo Redescoberto*, p. 280.
9   Idem, *No Caminho de Swann*, p. 20.
10 G.I. da Silva, *Marcel Proust Escreve "Em Busca do Tempo Perdido" ou da Arte de Erguer Catedrais de Sorvete*, p. 187.
11 Cf. C.R.P. Passos, *O Outro Modo de Mirar*.
12 *Essais de psychanalyse appliquée*, p. 163

Estes espécies de meandros não provocam necessariamente o gozo, mas o roçam pelo menos e são susceptíveis de deixar passar um pedaço de Real que fará reagir o escritor escrevendo ou o leitor lendo.

O REAL EM LITERATURA

Mediremos o Real carregado pelo autor a partir das repercussões que sua obra terá em círculos cada vez mais largos. É certo que mais o artista será sensível aos acontecimentos de seu tempo, mais tocará seus contemporâneos, entendendo a palavra acontecimento no sentido largo do termo e incluindo nele tanto os fatos históricos como as guerras quanto às descobertas nas ciências humanas e nos campos científicos. Não é sem motivo que Proust é ainda muito lido hoje há mais de noventa anos de sua morte. Considerando os dois extremos, ele estava a par tanto das descobertas de Einstein quanto das inquietações psicológicas sobre os sonhos e o inconsciente, mesmo não tendo jamais lido Freud.

O jovem escritor Flaubert é outro exemplo. Apesar de seus dezesseis anos, já tinha escrito *Passion et vertu*, no qual tinha explorado o gozo feminino que relido hoje parece sair de uma leitura lacaniana. Por outro lado, o caráter voraz que caracteriza sua personagem Mazza tanto quanto sua escritura era provavelmente de sua geração e não somente dele[13].

Se Proust inventou uma nova psicologia, a do espaço, muito próxima da revolução dos astros, se tinha pensado intitular sua obra de *Romances do Inconsciente*[14], se Flaubert desenhou uma personagem que, não podendo viver a ternura do amor, revela o horror assassino do gozo, não podemos negar um Real que aflora por meio das situações descritas. O Real não somente explora o novo da época, mas anuncia uma leitura possível do ser humano nos anos seguintes.

Rousseau é outro exemplo que, graças à sua estrutura psíquica próxima da paranoia, contrabalanceou o cartesianismo

---

13 Cf. B. Moreto, *Desejo e Escritura Num Flaubert de Juventude*.
14 M. Proust, *Contre Sainte-Beuve*, p. 558.

ambiente com *La Nouvelle Héloïse* na qual ele conseguiu descrever a paixão amorosa de tal maneira que seu século se encontrou nela. Conseguiu extrair um pedaço de Real, "traduziu-o" nas cartas de suas personagens e permitiu pelo menos a seus contemporâneos simbolizá-lo e vivê-lo.

Barthes não dizia outra coisa na sua primeira aula no Collège de France. Ousava afirmar que a literatura inclui todas as ciências nos seus interstícios, mas que todo escritor é realista se tomarmos esta palavra no sentido do Real lacaniano[15]. Ele não distinguia o tempo da angústia do gozo.

Voltando à questão inicial: há uma literatura nacional ou literaturas nacionais ou não? Acho que eu respondi em parte. A literatura não será assim qualificada pelo capricho do escritor, mas uma vez que conseguirá saltar além ou através de seu registro do real, para mergulhar num tempo da angústia mais amplo.

Qual tempo da angústia? O da comunidade na qual mora ou no da língua? Se o Real é o registro que difere dos outros dois por não saber ser dito em palavras, a questão não se coloca. O que é diferente é que o artista, como o escritor, deverá simbolizar ou dizer em palavras o que a comunidade, seja local, nacional e internacional sente e ainda não disse. Em outras palavras, é na medida em que a mesma coisa está experimentada por uma comunidade e traduzida em escritura que a literatura tomará um tamanho menor, nacional ou internacional. A literatura será nacional na medida em que uma mesma angústia mesmo difusa, a funda.

Por exemplo, a angústia diante do problema pouco resolvido da pedofilia em nossa sociedade ou a apreensão diante da ameaça de dispersão de um país, como na Bélgica, em três comunidades. Ou com a dificuldade de viver entre tantos regimes políticos diferentes no século xix na França, pergunta à qual Flaubert tentou responder criando seu personagem Frédéric Moreau em *Educação Sentimental*. Ou a angústia de viver à qual o narrador proustiano respondeu construindo uma psicologia diferente daquelas desenvolvidas anteriormente, na qual se reconhecem uma grande quantidade de leitores do mundo inteiro.

---

15 *Aula*, p. 18-22.

Então, pouco importa que Proust seja francês ou Guimarães Rosa, brasileiro ou português, Henri Michaux, Georges Simenon, Hergé, Brel, belga ou francês? Isso não faz diferença para o leitor. Não lemos Bauchau, Simenon ou Hergé porque são belgas. O conceito de nação não interfere em nosso prazer. Isso significa que, para o leitor, a literatura nacional existe muito pouco. Ele não associa um ao outro necessariamente. Terminando este capítulo, lembro que eu não dei o ponto de vista da psicanálise, mas o meu, a partir da psicanálise. A literatura será local, nacional ou mundial, na medida em que se baseia num problema ou numa angústia comum a essas comunidades, que excede o drama do escritor. Não será, portanto, a língua que será crucial nesse caso, mas as questões tratadas e não ditas na língua.

Parte II

**Lalíngua, o Subdiscurso
e a Crítica Genética**

1. Como se Constrói a Assinatura?[1]

Não é sem audácia que redigi o capítulo sobre a assinatura. Não sendo linguista nem especialista em análise literal, defenderei o ponto de vista de alguém que estuda o manuscrito literário e particularmente a figura do autor, não todavia do ponto de vista do leitor, mas do escritor que constrói a instância.

Jacques Derrida já declarava que "o 'sujeito' da escritura não existe se entendemos por isso alguma solidão soberana do escritor. O sujeito da escritura é um *sistema* de relações entre as camadas: o bloco mágico, do psíquico, da sociedade, do mundo. No interior desta cena, é impossível encontrar a simplicidade pontual do sujeito clássico"[2].

Preferiria, no entanto, não falar de sujeito, conceito que faz referência demais à pessoa física, mas de outra instância que se descobre no manuscrito. Saussure que se interessava pela poesia latina, entre outras, já falava de assinatura, mas de outro tipo.

---

1 Texto solicitado por Federico Bravo para o livro *La Signature*, publicado nas edições universitárias de Bordeaux (França) em 2012.
2 *A Escritura e a Diferença*, p. 332.

A ASSINATURA EM SAUSSURE

Retomarei alguns argumentos de uma tese defendida por mim há bastante tempo[3], a partir da qual vou confrontar ousadamente a tese de Saussure[4] à crítica genética e mostrar como podemos entender de outra maneira os anagramas e os hipogramas dos poetas latinos, que poderiam receber o nome de assinatura, mas de assinatura sob as palavras.

Na procura de leis regendo a poesia saturnina, Saussure acreditou ter achado enfim a chave e, numa carta datada de 14 de julho de 1906, anuncia sua vitória total sobre o monstro: "é pela aliteração que cheguei a obter a chave do saturnino [...] O resultado é tão surpreendente que somos levados a nos perguntar, antes de tudo, como os autores desses versos [...] podiam ter tempo para se dar a este tipo de quebra-cabeça"[5].

Saussure, tomando o lugar do poeta ou do epígrafo, imaginou um verdadeiro cenário preparatório ou uma iniciação, se preferir: o poeta se reveste das sílabas e das combinações fônicas de qualquer espécie que decorrem de um tema – o nome próprio escolhido. É somente nesse momento que o poeta compõe observando a paridade das letras e deixando um resto de consoantes que reproduzem as do nome fixado de antemão. Aliando os fonemas e os sons deste nome, o poeta deixa correr sua pena que fia seu texto seguindo os ecos suscitados.

Confessamos que esta situação supõe no poeta uma capacidade contábil de alto nível e uma escuta musical fora de série. Devemos atribuir ao poeta tanta genialidade e talento para que coincidam seu nome e a assinatura?

Prosseguindo a pesquisa, Saussure inventa novos conceitos. No caderno *Cicéron, Pline le Jeune*, ele substitui o termo anagrama por hipograma porque o segundo tem a vantagem de "sublinhar por meio da pintura os traços do rosto". O poeta sublinha um nome, uma palavra "esforçando-se por repetir-lhe as sílabas, e dando-lhe assim uma segunda maneira de

---

3 *A Pequena Letra em Teoria Literária*, tese de livre-docência defendida na Universidade de São Paulo em 1981 e revista para a publicação em Montreal com o título *De l'inconscient en littérature* pela editora Liber em 2008.
4 Cf. J. Starobinski, *As Palavras Sob as Palavras: Os Anagramas de Ferdinand Saussure*.
5 Ibidem, p. 17.

ser, fictícia, acrescentada, por assim dizer, à forma original da palavra"[6].

Implicitamente, Saussure se refere à mulher e aos atores de teatro que se maquiam ou ao palhaço que se mascara. A poesia seria uma máscara que cobre um original, ou, melhor ainda, uma assinatura dissolvida na multiplicidade dos significantes. Original-nome, metáfora de uma pessoa; significantes, metáforas de um corpo, a palavra sob as palavras, a assinatura sob a assinatura.

A preferência de Saussure para essa "segunda maneira de ser", o hipograma, lembra três coisas: os rebentos do recalque originário na teoria freudiana, os elementos manifestos ligados aos elementos latentes dos sonhos e, enfim, o eu definido como uma projeção do isso. Dois níveis com relações metonímicas, geradoras ou de projeção são distinguidos. Estes fenômenos são muito parecidos com a relação existente entre o nome ou o tema e a poesia, salvo que, para Saussure, os dois níveis são conscientes.

Aproximando-nos da psicanálise, sabemos que a lalíngua com a qual coabita o inconsciente[7], age por homofonia e que sua unidade mínima não é clara embora seja indispensável que estas unidades se associem. Por outro lado, Saussure sublinha que todas as sílabas aliteram, ressoam ou são inseridas numa harmonia fônica. A música dos sons dominaria tanto a lalíngua quanto a poesia. O que me faz concluir que mesmo se as sílabas não decorram de um nome, mesmo se não haja recalque originário ou outro significante que, na sua materialidade, reúna as sílabas inteiramente ou em parte, a associação operará pelo som. Isso revela talvez que, numa primeira etapa, a presença de um som atraia outros que se repercutem um no outro e que, em seguida, numa segunda etapa, o nome ou o tema surgirá.

6 Ibidem, p. 24.
7 "Mas o inconsciente é um saber, um 'saber-fazer' com a lalíngua. [...] é porque há inconsciente, isto é, lalíngua no que é por coabitação com ela que se define um ser chamado falante, que o significante pode ser chamado a fazer sinal [acenar]." J. Lacan, *O Seminário, Livro 20: Ainda*, p. 190-194; e "Lalíngua é feita de qualquer coisa, daquilo que vagueia nas latrinas como nos salões. O mal-entendido está a todas as páginas, porque tudo pode fazer sentido, imaginário com um pouco de boa vontade. Mal-entendido é a palavra certa. Ele disse 'dizer' ou 'Deus'?, 'croata' ou 'gravata'? 'Wat ist das?' A homofonia é o motor da língua. E é porque, imagino, Lacan não achava algo melhor para caracterizar uma lalíngua do que evocar seu sistema fonemático." J.-A. Miller, Théorie de la lalangue, *Ornicar*, n. 1, p. 32.

A primeira etapa, que se traduz num primeiro som agradável ou dilacerante, se verá relegada no mistério da vida do escritor e ficará desconhecida[8] para sempre, salvo se o poeta tenta reconstituir a história da poesia na qual o significante emergirá "só depois" ou retrospectivamente. O "acaso" será para outros a fonte desse primeiro som. De um eco inicial, nasceria um nome que retoma as consoantes, as vogais ou as sílabas tiradas da harmonia fônica e acentua a componente musical do nome que se repercutirá sobre a assinatura. Este se amplifica assim e reúne todos os esforços do escritor para chegar à sua última versão.

No entanto, Saussure que não admite o acaso facilmente, formula a lei do *locus princeps* que o poeta devia observar deliberadamente e que será "o único meio decisivo para a prova geral" porque ele não é submetido ao "cálculo das possibilidades"[9].

O *locus princeps*, ou manequim, engloba grupos de palavras que começam pela letra inicial e terminam pela letra final da palavra-tema. O *locus princeps* perfeito acrescenta o silabograma completo da palavra-tema entre duas letras. Entre os versos 268 e 297 da *Eneida* de Virgílio, por exemplo, Saussure encontra dez manequins "Priamidés". Mas antes de levantar estes últimos, ele encontra "Hector", que, pobre em sílabas, não tinha sido escolhido por Virgílio, mas em seguida, ele escreve: "de repente compreendi que era a solicitação de Hector que meu ouvido recebia inconscientemente, solicitação que criava esse sentimento de 'alguma coisa', que tinha relação com os nomes evocados nos versos"[10].

Pela primeira vez, Saussure admite a posição do leitor, a posição dele como leitor, e mitiga um pouco a lei que o poeta se obrigaria a seguir escrevendo.

Isso confirma, de qualquer maneira, que a "média das impressões acústicas" está subordinada a um desejo de encontrar um nome específico, desejo que pode ser compartilhado por várias pessoas ou mesmo um público, mas que em primeiro lugar se refere a um desejo singular.

8 B. Cyrulnik, *Parler d'amour au bord du gouffre*.
9 J. Starobinski, op. cit., p. 37.
10 Ibidem, p. 40.

Querendo provar sua tese a todo custo, Saussure percorre não somente a poesia, mas a ficção e todos os tipos de escritura e conclui:

> os hipogramas correm e jorram no texto de César [...].
> A ocasião e o tema das cartas [de Cícero] – cartas de negócio, cartas de brincadeira, cartas de amizade, cartas de política –, mais que isso: o humor do escritor, qualquer que ele seja [...] – tudo isso não exerce nenhuma influência sobre a regularidade verdadeiramente implacável do hipograma e leva a crer que esse hábito era uma segunda natureza para todos os romanos educados que tomavam a pena para dizer a palavra mais insignificante.[11]

Ele admite, no entanto, que não era difícil para os romanos:

> E somente sob a condição de que ele não constituísse um grande quebra-cabeça [...] que esse jogo pôde tornar-se o acompanhamento habitual, para todo latino que tomasse a pena, da forma que dava ao seu pensamento quase no instante em que ele jorrava de seu cérebro e quando pensava colocá-lo em prosa ou em verso.[12]

Não bem convencido ainda, Saussure faz várias hipóteses e se pergunta se a "massa de sílabas" não realiza inevitavelmente o hipograma por acaso? Não haveria uma homofonia indispensável para escrever dois versos qualquer que sejam? Ele mesmo responde que não: "as equivalências consonantais ou vocálicas [...] parecem unanimemente fundadas numa regra muito mais precisa do que a vaga permissão de imitar, e todas dão por números a ideia de um equilíbrio regular"[13].

Em seguida, ele retém a hipótese matemática e reforça: "a homofonia regulada por números, dependendo desta ou daquela consideração – por exemplo, a implosividade dos fonemas"[14]. Todavia, ele mesmo refuta esta hipótese porque ela não é universal.

Num outro caderno, ele duvida ainda dos hipogramas, comenta os paradoxos da teoria e admite o acaso como causa, o que leva a um "cálculo das probabilidades [chances] como

---

11 Ibidem, p. 79.
12 Ibidem, p. 81.
13 Ibidem, p. 88.
14 Ibidem.

recurso final"¹⁵. Em outros cadernos ainda, ele suspeita da possibilidade de uma tradição oculta ou de regras métricas não mencionadas nos manuais e descobre alusões em Suetono e em Marcial mas, como aponta Starobinski, um pesquisador tão escrupuloso quanto Ferdinand de Saussure não podia se considerar como satisfeito. Ajudado por um discípulo, ele estuda Ângelo Policiano, do século xv, e descobre nele o nome da amante de Fra Filippo Lippi. Mais tarde, ele detecta uma chuva de anagramas numa tradução em latim de epigramas gregos feitos por Thomas Johnson¹⁶, professor no King's College, de Cambridge, de 1683 a 1695. Continuando a pesquisa, lê poemas de Pascoli, professor na universidade de Bolonha, encontra anagramas e acredita que finalmente encontrou alguém que pudesse lhe dizer se tinha ou não a intenção de "anagramar". Embora tinha respondido uma vez, Pascoli cessa qualquer correspondência em seguida: "o silêncio do poeta italiano foi interpretado como um sinal de desaprovação, a investigação sobre anagramas foi interrompida"¹⁷.

As causas prováveis dos anagramas teriam sido no inicio uma tradição literária desconhecida, uma intenção poética ou o acaso? Desaprovado pelo poeta italiano, Saussure eliminou os dois primeiros; sobra o acaso, que não dispensa necessariamente o rigor matemático. Mas há provavelmente outra solução que vou prosseguir.

Saussure notou uma repetição binária e, posteriormente, a repetição de nomes no poema. Em seguida, ele pressente uma homofonia proporcional que Antoine Meillet, seu discípulo, aproxima da escritura musical de Johann Sebastian Bach¹⁸. A homofonia proporcional da poesia e da prosa, subjacente ao discurso poético aparente, traduziria uma estrutura e uma duração das formas e das leis "dedicadas a lembrar-nos diretamente, uma, a formação do universo, a outra, sua ordem e sua estabilidade", se seguirmos Valéry em *Eupalinos*¹⁹.

15 Ibidem, p. 89.
16 Ibidem, p. 103.
17 Ibidem, p. 106.
18 Ibidem, p. 113.
19 *Oeuvres complètes*, p. 105.

Os artistas, escritor ou arquiteto, buscam a harmonia em suas respectivas formas estéticas. Harmonia não muito distante do corpo humano. Corpo humano que, por sua vez, suscita o desejo amoroso. Desejo amoroso ligado a significantes que mobiliam a poesia. Procurar as proporções que produziam a estética greco-latina e não especialmente a métrica, dispensa mergulhar nos arquivos da educação romana. O desejo amoroso que, porque opera pela transferência e em total ignorância do escritor, lembrava ao auditor por meio dos nomes de deuses, de chefes ou de heróis, os de uma pai, uma mãe, um irmão ou uma irmã, uma mulher ou uma amante. Esses desejos, esses significantes, e a beleza subentendiam a poesia e causavam os mecanismos levantados por Ferdinand de Saussure e a assinatura subjacente.

Em segundo lugar, a mesma escansão poética permitia ao público situar-se de novo na sua cultura, lembrando-lhe tanto o real do universo quanto os nomes de seus heróis e deuses.

A poesia, a literatura e a escritura não se limitam a enumerar significantes numa cadeia sintagmática, pois elas condensam (*dichten*) os sentidos de uma maneira exemplar segundo as três leis importantes do código poético levantadas por Julia Kristeva: a infinidade do código poético, a dualidade do texto literário, ao mesmo tempo escritura e leitura e a rede de conexões que ele constitui[20]. A literatura e em particular a escritura e a poesia se distinguem da língua de comunicação justamente porque elas estão enraizadas em uma forma única na dimensão inconsciente da linguagem. Em outras palavras, a riqueza poética, concentrando os efeitos de sentido e conotando os significantes ao máximo, permite a aparição da lalíngua em seu grau mais elevado. A capacidade do poeta de questionar a linguagem e a cultura abre a comporta dos sentidos e, como uma chuva caindo do semblante das nuvens, enche o leitor.

A poesia *ouvida* ou *cantada* será, para o ouvinte, o componente sonoro de sua dimensão inconsciente. Cada ouvinte, incluído o poeta, se espelhará nele e escutará uma voz que lhe revelará seus mistérios.

Assim, inverteremos os termos. A intenção poética existe, mas não na escrita imediata, o poeta não escreve seus versos

---

20 Cf. *Introdução à Semanálise*, p. 170.

para acumular anagramas e talvez hipogramas. Levado pelo seu desejo do belo, harmonia e equilíbrio bem como a língua e sua música, enraizada na sua cultura e tradições bem como empurrado a renová-los, o poeta escreve, pouco importa sua origem latina, francesa, portuguesa ou outras.

Saussure procurava as leis que ordenariam os anagramas numa teoria literária aplicada pelo escritor, quando na realidade, a escritura combinava nomes, ou mesmo discursos, dando assim a oportunidade para o leitor ou ouvinte. As leis implícitas descobertas por Saussure e sintetizadas por Kristeva não afetam o escritor, mas valorizam "as palavras sob as palavras". A escritura poética não precisa de intervenção expressa do poeta para mostrar haver uma segunda maneira de ser, uma correspondência entre os elementos em pares e rimas e da presença de um subdiscurso. Saussure que, no início das pesquisas, não se preocupava com o agente da combinação, mudou de ideia, ou melhor, foi levado a questionar o poeta. Não podendo confiar em qualquer teoria de comunicação adequada nem limitar-se a seu objeto científico, Saussure precisava de uma lei "subjetiva" e não podia sequer suspeitar seu olhar no início da pesquisa. Entretanto, ele era contemporâneo de Einstein que estava descobrindo a importância do observador na teoria da relatividade bem perto de Genebra.

A análise dos anagramas descartou a necessidade de um inconsciente para justificar um subdiscurso e as repetições. Embora haja relações possíveis e necessárias entre o inconsciente do poeta e o fantasma do qual o texto é o guardião, o ouvinte, (posição que o poeta, autor dos versos, assumirá em primeiro lugar) estabelecerá *suas* relações possíveis e necessárias e distinguirá seu subdiscurso. O ouvinte, determinado simbolicamente a tal momento por tal significante, entenderá sua língua e seu discurso. O pesquisador Saussure lia, ele também, a partir de seu lugar na cadeia simbólica. Além disso, o texto literário sendo uma produção resultando da combinação das palavras, o escritor torna-se instrumento da lalíngua, da língua e da linguagem. Este é o futuro do conceito de *scriptor*, tão valorizado em crítica genética e que me permite encadear na segunda parte, não sem enfatizar todavia a dimensão sonora da assinatura muito próxima da instância do autor.

A ASSINATURA NO MANUSCRITO LITERÁRIO

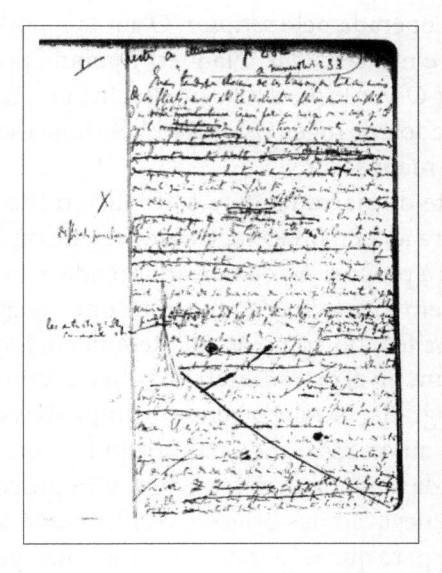

Estudando os manuscritos de Flaubert e de Proust (vejam aqui o fólio 5 do Caderno 15 de *Em Busca do Tempo Perdido*) particularmente, notamos a diferença óbvia entre o escritor que começa a escritura e o autor que remete o manuscrito ao editor. Essas duas instâncias se opõem no tempo e na escritura, cada rasura aprofundando progressivamente a distância entre o escritor e a lente formação do autor; a assinatura, que significa a entrega do manuscrito ao editor, se elabora portanto pouco a pouco.

Como é que isso aparece no manuscrito?

Correndo o risco de me repetir, eu retomo de outra maneira as cinco instâncias listadas na primeira parte. O exame do manuscrito distingue três instâncias a mais que, acrescidas às duas primeiras, revezam-se como numa corrida: o escritor tem uma ideia, o *scriptor* a coloca no papel ou na tela, o narrador a formaliza numa história, o primeiro leitor relê e o autor a confirma. Todavia, nenhuma destas cinco instâncias age uma vez por todas; após cada rasura, que se define como a porta de entrada do futuro e da criação, a corrida revezada retoma seu curso.

Insisto na instância do autor. Paralelamente à formação da escritura, se constrói a última instância que aprova ou não a substituição operada pelo *scriptor*. O autor é, portanto, o fruto da escritura e não seu "pai". Flaubert é gerado por *Salammbô*, Stendhal por *O Vermelho e o Negro*, Racine por *Fedra* etc. Foucault, retomado por Inger Østenstad[21], já tinha escrito isso sem conhecer os manuscritos.

Diferente do narrador que centraliza o foco narrativo e cede a palavra ao personagem, o autor rejeita ou aceita, rasura ou prescreve a proposição do narrador relida pelo primeiro leitor. O autor em formação não morreu como alegava Foucault, não é o autor fictício como M. de Renoncourt, mesmo se ele se situa em um nível extradiegético, nem o escritor delimitado por uma biografia. No decorrer das campanhas de redação, a instância do autor, rasurando e destruindo o que vem espontaneamente da pena do escritor, entra num processo de negação ou de denegação das origens, confirmando a sentença de Julien Gracq para quem "o trabalho da arte não gera nada, traz nele mesmo a rejeição implícita de sua filiação"[22]. A rejeição das palavras, parágrafos, até de capítulos, é similar à formação do sujeito freudiano que, por um processo inconsciente de rejeição e de aceitação, libera-se ou aceita as qualidades ou os modos de viver e pensar provindo da família. A instância do autor da gênese que surpreende o pesquisador do manuscrito, se situa numa extradiegese que mergulha a pulsão de escrever em todos os tipos de memórias do escritor, para emergir recolhendo respingos da cultura do momento e do passado e, convencido pelo narrador, aprova ou não a escritura.

---

21 Østenstad explica, citando Foucault: "'A ligação do nome próprio com tal indivíduo e a ligação do nome do autor com o que ele nomeia não são isomorfas e não funcionam da mesma maneira' (796-97). Ele [Foucault] sustenta que o nome próprio 'Pierre Dupont' refere-se a uma pessoa independentemente das propriedades que lhe são emprestadas, enquanto que o nome de autor 'Shakespeare' é aquele que escreveu as obras que atribuímos a este nome e que sua identidade seria outra se a obra fosse outra." I. Østenstad, Quelle importance a le nom de l'auteur?, *Argumentation et analyse du discours*, n. 3, par. 4, disponível em: <http://aad.revues.org/index665.html>.
22 J. Gracq, Il n'y a que des cas d'espèce: Entretien avec Bernhild Boie, *Genesis*, n. 17, p. 182.

A quinta instância, a do primeiro leitor já foi comentada por Grésillon e Lebrave[23] e, depois, por outros geneticistas[24], mas eu a entendo de outra maneira. O narrador se relê quando ele retoma a escritura, antes de entregar a palavra ao autor. Relendo, o escritor sintoniza com o público-leitor do qual o narrador proustiano já reconhecia a importância:

porque há maiores analogias entre a vida instintiva do público e o talento de um grande escritor, que não é senão um instinto religiosamente ouvido em meio ao silêncio a tudo o mais imposto, um instinto aperfeiçoado e compreendido, do que entre este e a verbosidade superficial, as normas flutuantes dos juízes oficiais[25].

Para chegar à vida instintiva, o artista deve remover todo o ruído externo e ouvir a vida de uma maneira extremamente atenta, como se estivesse ouvindo a um deus que profere uma verdade. O instinto fala, anuncia e exige a escuta como um oráculo. O talento consiste em estar disponível para exercer a exigente pulsão invocante e receber a mensagem. Não se trata de um projeto estético intelectual provendo da pertença a um grupo como o OuLiPo de 1960 se opondo à escola anterior, mas de uma habilidade aguda para ouvir e captar a mensagem lançada "à la cantonade", que reencontra o desejo do leitor[26].

O exercício desta instância geralmente dura alguns segundos, mas às vezes leva anos, como Valéry, que trabalhou *La Jeune Parque* de 1892 a 1917[27]. Mas é só após esta intervenção que a instância do autor ratifica a informação ou a forma apresentada.

A gênese do "primeiro leitor" deve interessar aqueles que querem saber como funciona nossa mente. Por quê? Porque o escritor na posição de *scriptor* está batalhando com a linguagem, a tradição e todos os interventores externos que chamei

---

23 Avant-propos, *Languages*, n. 62, p. 9.
24 P. Willemart, *Universo da Criação Literária*, p. 67; C. Salles, *Gesto Inacabado*, p. 43; C.A. Pino; R. Zular, *Escrever Sobre Escrever*, p. 79-89.
25 M. Proust, *O Tempo Redescoberto*, p. 170.
26 Alain Prochiantz distingue o instinto que obriga o indivíduo a agir de certa maneira. Por exemplo, o girassol que inclina suas flores em função da posição do sol, da inteligência que aproveitando da indeterminação do cérebro, abre múltiplas possibilidades de ação. Ver A. Prochiantz, *Machine-Esprit*, p. 167.
27 *Oeuvres complètes*, v. 1, p. 1621.

os Terceiros, e não é mais o senhor absoluto de sua escritura. Em outras palavras, a razão e a inteligência não são os únicos envolvidos, mas sob a influencia de outros fatores, o geneticista assiste à uma série de hesitações e bifurcações muitas vezes inexplicáveis.

Retomando as cinco instâncias, o escritor, o *scriptor*, o narrador, o primeiro leitor e o autor, acrescentarei um verbo, seguindo nisso Lucien Tesnière que sustenta a posição hierarquicamente mais elevada do verbo porque rege os complementos, o predicado e o advérbio, inclusive o sujeito[28]. É a ação que determina o eu e o *je* e não mais um ser único como definia Aristóteles.

Assim, o escritor "observa", é o primeiro passo na formação das ideias, segundo Condillac[29], embora prefira dizer como Proust que o artista não somente observa, mas sente. A qualidade do artista se define por seu sentir e não primeiramente por sua razão. A assinatura tem sua origem na sensação.

Numa segunda etapa, uma ideia simples ou uma representação da língua do escritor, vinda da observação, se transforma em imagem dela mesma, isto é, entra na linguagem, torna-se ideia complexa e é inscrita pelo *scriptor*, que traça uma marca na sua folha ou na tela. A partir desta primeira inscrição, "o mundo é apenas representação, não tem mais relação com a realidade; as ideias não representam mais as coisas, elas se representam entre elas, como argumentam os sensualistas"[30]. Em seguida, o narrador escreve e narra, é a terceira etapa, o primeiro leitor relê a palavra, a frase, o capítulo, é a quarta etapa e, enfim, o autor confirma a substituição ou o branco e repassa a mão ao escritor: observar ou sentir, inscrever, contar, reler, confirmar.

O autor ou a assinatura resultante do estudo do manuscrito literário será, portanto, a soma lógica de todas as conclusões que, adicionadas gradualmente, formarão o texto ou a última versão enviada ao editor.

---

28 *Éléments de syntaxe structurale.*
29 *Traité des sensations.*
30 A descrição do nascimento da ideia complexa segundo Condillac, lida por François Recanati (em J. Lacan, *Le Séminaire, Livre 19: ... Ou Pire*, p. 157) é muito próxima do nascimento da escritura.

Uma das maiores fontes da confirmação pelo autor não será, portanto, como Saussure pensava, uma regra pré-estabelecida que dirigiria a escritura para encorajar os poetas a trabalhar anagramas ou hipogramas, um subdiscurso ou palavras sob as palavras, mas a escuta pelo primeiro leitor da frase escrita pelo narrador. O parâmetro será a melodia à qual será sensível o autor na releitura. A assinatura, que dará o "verniz" da frase como dizia Proust, decorrerá mais da pulsão invocante sem desprezar todavia a estrutura narrativa.

Ainda há questões a serem resolvidas nesse contexto que eu apenas enumero, questões que não decorrem mais das relações entre psicanálise e literatura, mas mais precisamente entre o escritor e sua escritura. Provavelmente, elas interessam outros leitores.

As camadas que constituem o ser do escritor, do biológico ao psíquico, são rearranjadas a cada rasura ou há uma remodelação global? O compromisso do escritor com a escritura faz dele outro homem que lhe empresta uma parte de seus talentos ou é um só homem que alia a escritura à sua pessoa? Como o escritor se desliga da instância do autor? Ele retoma sua autonomia uma vez o livro devolvido ao editor? Em outras palavras, há restos ou efeitos de sua escritura no seu ser?

2. A Memória da Escritura e o Impensado da Língua[1]

No que segue, redefinirei três conceitos, já comentados anteriormente, que ajudam a entender o andamento do pensamento do escritor quando escreve e que têm relação com a memória da escritura: o saber genético, o inconsciente genético e o impensado da língua[2].

O CONCEITO DE MEMÓRIA

Antes de examinar essa problemática, todavia, retomaremos o conceito de memória, sem alusão à escritura, de dois especialistas, um psicólogo e um escritor.

Iván Izquierdo, tendo estudado por mais de quarenta anos este aspecto da vida psíquica, alista várias espécies de memória na sua relação com outros fenômenos psíquicos e torna a noção bastante complexa. Selecionei uma das definições que

---

1 Conferência de abertura na 3ª Jornada de Crítica Genética: Memória da Escritura/Memória e Escritura/Memória do Escrito, evento ocorrido em 24 e 25 de maio de 2011 na PUC do Rio Grande do Sul.
2 A Crítica Genética e as Ciências da Mente, *Os Processos de Criação na Escritura, na Arte, e na Psicanálise*, p. 23-35.

pode ajudar-nos a entender a memória da escritura: "Enquanto Norbert Bobbio dizia que 'somos constituídos do que nos lembramos', tenho o hábito de acrescentar: somos também o que decidimos esquecer."[3]

Por sua vez, Pascal Quignard a define como segue:

A memória não é o armazenamento do que é impresso no material do corpo. É o da eleição, da coleta, da chamada e do retorno de um único elemento no seio do que foi estocado em bloco. O esquecimento não é amnésia. O esquecimento é uma recusa da volta do bloco do passado para a alma. Esquecer não se confronta jamais com o apagamento do algo frágil e enfrenta o enterramento do que é insuportável. Reter é a operação que consiste na organização do esquecimento de todo o resto que deve cair a fim de preservar o que desejamos que volte [...] A memória é primeiramente uma seleção do que é para esquecer, em seguida, uma retenção apenas do que se quer afastar da influência do esquecimento que a fundamenta.[4]

As informações chegam a nossa mente de todos os lados, exatamente pelos cinco sentidos, sejamos escritores ou não, e, em seguida, passam pelo inconsciente antes de chegar à consciência, como mostra o esquema do aparelho psíquico imaginado pelo fundador da psicanálise em 1900 quando tentava explicar os fenômenos da mente[5]. Quignard fala de impressão numa matéria biológica; não é, portanto, algo de aéreo ou de espiritual, é corporal; Freud não falava outra coisa quando tentava ligar o psíquico ao corpo com a teoria das pulsões.

Cruzamos aqui em parte o campo das neurociências. O progresso na descrição do cérebro, utilizando várias técnicas bem como a capacidade para testar seja os efeitos de uma droga ou uma deficiência localizada[6], levaram alguns cientistas a acreditar que iriam chegar à origem do pensamento. No entanto, apesar das técnicas de medição ou de captação bastante fina dos

---

3 La Psyché humaine, *Multiciência*, n. 3, disponível em: <http://www.multiciencia.unicamp.br/arto1_3_f.htm>.
4 *Le Nom sur le bout de la langue*, p. 63-64.
5 S. Freud, *L'Interprétation des rêves*, p. 455-460. Ver o esquema no primeiro capítulo da primeira parte.
6 O processo procura determinar a quantidade de energia usada pelo cérebro pela emissão de pósitron (TEP) ou perceber as partes do cérebro que trabalham durante uma atividade pela ressonância magnética (RMN) ou pela magnetoencefalografia (MEG).

movimentos do cérebro, ou das tentativas de identificação de um neurônio para uma imagem, a complexidade do cérebro é tal que a passagem do neural ao mental continua um mistério.

O estudo por imagens confirmou o funcionamento holístico do cérebro e permitiu que cientistas identificassem a função das zonas do cérebro desde 1859, como o médico Paul Brocas[7], mas mesmo assim, até hoje, nenhum aparelho pode dizer como funciona o pensamento[8].

Em contrapartida, convencido que nosso pensamento e as atividades dependem do conjunto da mente e do meio ambiente e não de um gene específico, Denis Noble, um pioneiro da biologia dos sistemas, é claro:

> O código DNA que é somente uma sequência de base, não tem sentido enquanto não está interpretado funcionalmente, primeiro pela máquina celular (célula/proteína), que inicia e controla a fase de transcrição, em seguida pelos sistemas de interação entre o nível mais elevado de proteínas, os quais geram as funções fisiológicas superiores. Um gene é impotente sem essa interpretação pelo sistema. Um pedaço de DNA é como uma palavra privada do quadro semântico da linguagem na qual está expressa. O sistema fornece o quadro semântico e dá ao gene sua funcionalidade própria, seu sentido.[9]

Voltando à definição de Quignard: "Reter é a operação que consiste na organização do esquecimento de todo o resto que deve cair a fim de preservar o que desejamos que volte", a memória teria por função organizar o esquecimento e separar as informações que queremos reter das outras que nos interessam menos.

A afirmação de Quignard merece duas nuances. Primeiro, o "querer preservar" pode decorrer tanto do consciente quanto do impensado e, em segundo lugar, daria uma autonomia relativa às informações porque elas se auto-organizam.

Podemos suspeitar que as informações que entram na mente se juntariam segundo critérios de simultaneidade ou de semelhança, e não somente segundo nosso bem querer. A memória não dependeria, portanto, de nossa vontade, mas da

7   M. Moura, Visões Íntimas do Cérebro, *Pesquisa Fapesp*, n. 126, p. 38.
8   J.-P. Changeux et al., *Le Cerveau*, emissão da France Culture dos dias 4, 11, 18 e 25 de março de 2004.
9   *La Musique de la vie*, p. 47.

auto-organização das informações na mente, o que leva a reconhecer certa autonomia à circulação das informações.

Não é o que observamos em nossos trabalhos de pesquisas ou de redação de teses? Raramente, conseguimos terminar um artigo no mesmo dia. O tempo não somente amadurece a reflexão, mas também deixa pensar e trabalhar a mente sem nossa intervenção. Bastará, em seguida, ouvir para se tornar, por sua vez, instrumento da pesquisa e não mais seu condutor.

Tomamos o exemplo do escritor. A memória da escritura corresponde realmente à definição de Izquierdo: "somos também o que decidimos esquecer"? O "decidimos" incomoda porque não conta com a parte da memória que está lá, mas que ignoramos. Não é que nunca soubemos que essa parte não seja nossa, mas, caída no esquecimento, ela volta sem querer, chamada por uma palavra, uma lembrança, uma sensação ou uma situação, como na canção "La Petite note de musique"[10], de Yves Montand.

Quando o escritor escolhe um assunto, e é raro que não saiba sobre o que ele quer escrever, uma memória seletiva se constitui, memória que chamei memória da escritura.

Quando inicia a escrita, todas as informações coletadas na sua mente sobre o assunto escolhido, frutos de leituras, anotações, cadernos, por tudo o que ele viu, ouviu ou sentiu, chegam em massa e querem entrar na página. A memória da escritura é, portanto, constituída das informações que tocam o assunto escolhido, mas ainda não transcritas na tela ou no papel.

É uma operação de transferência entre a mente e o manuscrito ou o computador que acontece numa zona invisível em que trabalha o escritor durante o tempo que dedica ao assunto.

O que deve ser feito senão colocar as informações no papel ou no computador uma por uma, para ordená-las, classificá-las, sentir sua importância e as desenvolver se for necessário, para escrever uma narrativa que cative o leitor. Por ensaios e erros, escreverá, deixará suas personagens e os acontecimentos à vontade, de acordo com as circunstâncias para escrever o romance. Assim, Flaubert escreverá uma média de cinco vezes mais do que publicou e Proust, noventa e seis cadernos de rascunhos e

---

10 A letra da canção pode ser encontrada em: <http://www.vagalume.com.br/nana-mouskouri/trois-petites-notes-de-musique.html>.

vinte e um preparados para a edição (passados a limpo), mais ou menos 9 mil fólios para 3 mil páginas editadas.

Na medida em que o tempo passa, cinco anos em média para Flaubert, sete a quinze anos para Proust, funciona uma seleção que consistirá a se distanciar da memória da escritura.

Uma vez transcrito, o manuscrito se divide em saber genético, ou memória do contexto[11], e inconsciente genético que funcionam juntos.

Qual é a diferença entre os dois saberes?

O primeiro será utilizado visivelmente e trabalhado até chegar ao texto publicado de uma forma ou outra. Vejam como "le rideau tomba" ("ao baixar a cortina") passa por duas transformações: primeiramente, "A peine la Berma fut-elle sortie?" ("Mal Berma saiu de cena") e, posteriormente, "la représentation finie" ("a representação terminada"). A informação "ao baixar a cortina" mantém na memória os elementos que ela substitui "Mal Berma saiu de cena" e "a representação terminada". O texto publicado será assim a metonímia das diferentes versões.

O saber genético pode também desaparecer definitivamente ou reaparecer discretamente no texto publicado. Alguns fatos dispersos no manuscrito vão constituir assim uma reserva para o escritor e uma fonte de saber para o crítico. Eles passaram da memória da escritura para o computador ou o caderno, mas o escritor adia sua colocação ou os elimina.

Cito dois exemplos que fazem parte da "genética da desaparição" como chama E. Le Calvez[12]. O primeiro já é mencionado no primeiro capítulo da primeira parte. É Flaubert que nos manuscritos de *Herodias* inventa uma história do povo judeu diferente, que desaparece durante as campanhas de redação, mas ressurge durante uma discussão entre Antipas e Herodias numa frase apenas.[13] Le Calvez traz um acontecimento também esquecido do manuscrito da *Educação Sentimental* que "para nossa felicidade (de geneticista), mostra sempre lados insuspeitos da obra"[14].

---

11 D. Ferrer, *Logiques du brouillon*, p. 109.
12 *Genèses flaubertiennes*, p.274.
13 P. Willemart, *Universo da Criação Literária*, p. 47.
14 Op. cit., p. 294.

Com o inconsciente genético, deixamos a ciência da informação. O conceito

não é (somente) um espaço circunscrito, onde se engolfam informações afastadas e palavras rasuradas ou substituídas, mas um conceito, uma virtualidade que autoriza os estudiosos da gênese a sonhar e a localizar o real do manuscrito [...] Entretanto, a memória documentária não funciona somente no nível da informação intelectual que registraria um disquete, mas ela é sensível no nível dos afetos. Um saber fez certamente parte da consciência fenomenológica do escritor e foi usado durante a redação do romance ou do conto, mas mesmo se atribuamos ao autor uma memória extraordinária, algumas informações transcritas na memória afloram e outras não. Uma escolha se faz sem saber e, onde há escolha, há necessariamente "razões" que resultam do coração diria Pascal, ou do desejo e de pulsões, dirá o psicanalista [...] Além desses motivos afetivos que afetam qualquer escritura e que não aparecem necessariamente, vejo o inconsciente genético também como um acúmulo de lógicas, às vezes contraditórias, que articulam-se aos poucos nos manuscritos [...] às quais não temos normalmente acesso, mas que agem à revelia do artista na arte e do crítico no texto[15].

O inconsciente genético é como um disco rígido fragmentado onde os arquivos estão dispersos na imensa extensão do disco de x gigabytes, [...] O manuscrito não permite supor a lógica que o guia como ocorre com a obra publicada que segue a ordem da narrativa [...] Ao decifrar os *Cadernos* de Proust, ou mesmo as margens do manuscrito flaubertiano, o leitor fica desorientado e vê um pensamento em formação, precisamente um pensamento impensado em ação.[16]

Meus livros sobre a obra proustiana se resumem numa tentativa de encontrar uma lógica nos trechos analisados. Analisando, por exemplo, o *Caminho de Guermantes*, na *Educação Sentimental em Proust*, procurei encontrar objetos banais, o pião, o capacho, o pereiro etc. que falam muito mais do que se fossem puros adornos de um quarto, de um salão ou de uma paisagem.

O impensado que deve se tornar pensado na escritura, decorre da memória da escritura e contribui à formação da escritura, mas será que faz parte do inconsciente genético? No estudo sobre o ritmo na frase proustiana na terceira parte do

---

15 P. Willemart, *Educação Sentimental em Proust*, p. 21-22.
16 Ibidem, p. 25.

ensaio, veremos que o ritmo resulta provavelmente do impensado para Proust e seria uma das dimensões inconscientes da memória da escritura. Além da gramática, o impensado também contém um ritmo que se constrói no decorrer da escritura que não está dado desde o início como numa melodia ou em certa poesia. A força rítmica dessa memória abdica, no entanto, na frente do sentido, da frase, da sintaxe após certo momento de resistência, como mostra a análise dos fólios do capítulo.

Há certamente outros elementos que fazem parte do impensado não previsto e que atribuímos facilmente ao acaso. A memória da escritura que integra o impensado não é, portanto, somente um conjunto de lembranças e imagens, mas cultiva e mantém reservas, entre outras, de ritmo que tentam se impor aos poucos na escritura.

A MEMÓRIA DA ESCRITURA, O SABER GENÉTICO E O INCONSCIENTE GENÉTICO

Enquanto a memória da escritura é somente acionada durante as campanhas de redação, quando desencadeia, muitas vezes inesperadamente, frases ou fatos novos passíveis de integração à narrativa, o saber genético e o inconsciente genético estão sempre lá à disposição do escritor ou do crítico genético a serviço dos processos de criação ou da lógica do texto. Assim aprendemos a estratégia de Marcel Proust, quando retira fatos do manuscrito do primeiro volume, ou deixa o leitor acreditar em outros, para desmenti-los em seguida, ou recolocá-los nos últimos volumes, como deixa entrever a carta de 6 de fevereiro de 1914 para seu editor, Jacques Rivière: "Esta evolução do pensamento, não quis analisá-la abstratamente mas recriá-la, fazê-la viver. Estou, portanto, forçado a pintar erros, sem acreditar que devo dizer que são erros: pouco importa para mim se o leitor acredita que acho que é verdade."[17]

Pouca gente distingue a memória da mente da memória da escritura. Assim, o psicanalista Contardo Calligaris quando comenta seu último livro, confunde as duas: "Minha

17 M. Proust, *Correspondance*, v. 13, p. 99-100.

memória é uma espécie de comédia *dell'arte*, na qual as lembranças ganham vida própria e vão, aos poucos, compondo uma história".[18]

A memória da escritura nunca será definitiva e continuará a juntar informações que se auto-organizam nos dois sentidos, ascendente e descendente[19] transformando o escritor em instrumento de sua escritura, isto é, em scriptor. A acumulação de informações durará até a última rasura, e às vezes transbordará o romance, o conto ou o poema do momento. Uma vez na memória, a informação entra no sistema à procura de outras por caminhos desconhecidos do escritor que, atento a este jogo, traduz e/ou transpõe na página o que lhe convém. A operação exigirá do escritor uma escuta atenta ao que vem sob sua mão; não será uma obediência a um mensageiro que dita como, segundo a lenda, aconteceu com os evangelistas, mas uma atitude humilde de submissão ao que sugerem as palavras que antecedem no contexto já escrito.

Como entender o trabalho da memória no manuscrito dos escritores ou, em outras palavras, quando o escritor abandona uma versão, sua frase inicial ou a palavra para bifurcar e integrar na escritura um elemento ou uma lembrança não prevista?

Visualmente é bastante simples responder: no momento da rasura. Mas por que rasurar? Só podemos especular sem prova. Uma palavra ou um conjunto de palavras pode provavelmente

18 Entrevista, *Lançamentos*, p. 5.
19 "A auto-organização é habitualmente pensada numa só direção: estúpidos pequenos agentes que geram o todo, e isto para lá. Aqui, apontamos uma dupla curva. O que é importante é essa dupla direção entre dois níveis. O que aparece a um nível superior não é somente uma espécie de alma que flutuaria num Nirvana desencarnado, é com certeza um agente causal que vai, portanto, mudar de base para o que é de suas possibilidades de manutenção. O que se descobre na autopoiesis é como um tema wagneriano: um leitmotiv que se repete em vários níveis e que encontramos, por exemplo, na resolução do problema da consciência. É preciso entender a consciência, por exemplo, não simplesmente como um fenômeno de emergência do cérebro, mas como uma coisa clara e demonstrável que vai agir, a partir de um sujeito consciente, no âmbito concreto e material da atividade cerebral. Vocês percebem ainda lá que é exatamente sempre a mesma revolução conceptual que temos que manter. O erro de muitos, nos meios do auto-organização, é de conservar somente uma direção, a ascendente e esquecer a direção descendente." R. Benkirane, Autopoïese et émergence: Entretien avec Franscico Varela, em R. Benrikane (org.), *La Complexité, vertiges et promesses*, p. 166.

chamar outras, uma ou outra lembrança. Mas isso basta? Não acredito.

Mesmo se aparentemente nos manuscritos de *À Sombra das Raparigas em Flor*, a frase "Compartilhei o vinho grosseiro daquele entusiasmo popular" chama, num caderno desconhecido entre o caderno 21 e a releitura da última versão, o adjetivo "ébrio", procuraremos mais do que o simples acréscimo de uma circunstância através de uma palavra próxima semanticamente do que antecede; lemos aí um novo sentido ou um acréscimo de sentido.

O estudo dos cadernos na terceira parte do ensaio mostra que a ordem das sequências já estava clara na penúltima versão. Portanto, a palavra "ébrio" não irá reordenar o texto, mas contaminá-lo dando ao entusiasmo uma conotação de perda de controle ou, pelo menos, fora do estado normal e acentua por antecipação a decepção do herói que seguirá à representação da peça. A comparação passou para o desapontamento. É como se o herói lamentasse não ser capaz de continuar a viver nesse clima de ebriedade permanecendo indefinidamente no teatro. O acréscimo engrossa o sentido. O eixo semântico não depende somente do eixo sintagmático, mas, pelo contrário, serve-se dele.

Nesse trecho, o escritor não se lembra de um fato e força o crítico a admitir que a memória da escritura que, lembro, é constituída de tudo que quer forçar a porta da página para ser escrito, não se limita a lembranças nem a imagens, mas inclui palavras próximas semanticamente da frase já escrita.

Este exemplo me obriga a dizer que o sentido não decorre forçosamente de uma versão anterior, mas da última conforme comentei na primeira parte do ensaio: "o depois se fazia de antecâmara para que o antes pudesse tomar seu lugar"[20]. Podemos imaginar que a circunstância "ébrio" já fazia parte da memória da escritura e aproveitou a última cópia para inserir-se na escritura e transformar o sentido global da página.

Algumas questões permanecem sem resposta, no entanto e merecem alguns comentários. Definimos a memória da escrita

---

20 J. Lacan, *Escritos*, p. 197; "O que se realiza em minha história não é o passado simples daquilo que foi, uma vez que ele já não é, nem tampouco o perfeito composto do que tem sido naquilo que sou, mas o futuro anterior do que terei sido para aquilo em que me estou transformado." Ibidem, p. 301.

como uma memória virtual de eventos ou memórias que se relacionam com o tema escolhido pelo escritor. São, portanto, imagens das quais sobram pedaços suficientes para recordar sua totalidade. Mas essa memória tem de contar com a riqueza das palavras que têm elas próprias uma história cujo significado se multiplica dependendo do contexto da frase ou até mesmo do livro em que estão inseridas.

O termo mais comum, a mesa, com o qual Ponge intitulou um de seus livros, pode me lembrar tanto as mesas da minha infância quanto as do colégio, da faculdade ou da universidade. É a palavra "mesa" e não a imagem que lembra os lugares familiares dessas mesas cuja imagem muda à medida em que um dos lugares onde vivi, desfila em minha mente. Nesse sentido, as palavras têm uma memória ligada com quem se lembra; esta memória é privada e particular e não compartilhável. No entanto, uma mesa real vista numa loja de antiguidades ou na casa de um amigo também pode lembrar não as mesmas mesas, mas as que lhe são parecidas e por associação, as que a palavra lembra.

Em outras palavras, a palavra, tanto quanto a imagem, chama a cadeia de mesas nas quais comi, estudei, fiz amor etc., mas a palavra parece mais poderosa porque acessível a todos, não isentando-me da imagem.

E o fonema em si pode chamar lembranças? Eu digo que não normalmente, exceto para o poeta e romancista, às vezes. Mesmo se este último trabalha a prosa poética, ele não será obrigado, como um poeta, a uma técnica de rimas e aliterações que enfatize a melodia. O poeta não utilizará a memória, nesse caso, mas outras palavras ou fonemas.

3. A Virtualidade dos Rascunhos e a Realidade da Obra. Relações Estranhas Entre o Virtual e a Realidade[1]

Para ilustrar as relações complexas entre o virtual e a realidade, partirei da foto de uma obra de Acácio Sobral[2] tomada numa exposição temporária na Casa das Onze Janelas quando passei por Belém do Pará em 2009.

---

1 Conferência pronunciada em 2010 no X Congresso Internacional da Associação dos Pesquisadores em Crítica Genética (APCG) na PUC do Rio Grande do Sul em Porto Alegre.
2 Acácio Sobral (1943-2009).

Nesta primeira imagem, temos uma mesa cheia de pedaços de madeira, de restos de outras construções, fragmentos, diria Benjamin, ruínas ou obra, diria Quignard[3], que aparentemente não significam nada.

No entanto, a segunda imagem deixa adivinhar um projetor colocado no chão que ilumina a mesa para desenhar na parede o perfil de um navio. Retemos as palavras, resíduos ou restos que, iluminados, formam o perfil de um navio virtual. Não é extraordinário, no sentido de sair do ordinário?

Será que é somente uma reciclagem da arte? À primeira vista, vemos aí uma metáfora do manuscrito dos escritores ou dos esboços dos artistas que acumulam resíduos materiais nos rascunhos ou em cadernos, é a realidade empírica, mas que projeta no futuro uma obra ainda virtual que, no entanto, exigirá a mais a intervenção do projetor e o tempo da luz para eclodir, enquanto nossos manuscritos exigem frequentemente anos para exibir a última versão. Aparentemente, a obra ou a forma definitiva nasce na velocidade da luz enquanto a obra

---

3   Lettre à Dominique Rabaté, *Europe*, n. 976-977, p. 12.

plástica ou literária no computador aparece da mesma maneira, mas com meses até anos de demora.

Se formos mais devagar para acompanhar o aparecer da obra, o que veremos? Bem diferente do pião citado por Proust em *O Caminho de Guermantes* que, visto em câmera lenta, permitia ver as cores e os desenhos que fazem dele um belo objeto, o observador poderia ver não as milhares de ondas eletromagnéticas que percorrem este espaço de alguns metros a uma velocidade de 300.000 km/s, mas as vê refratadas eventualmente num objeto e, admirado, poderá exclamar-se: como é bonito!

Mas para que serviria para mim, crítico, ver essas ondas refratadas, se, comparando a observação a meu trabalho, meu objetivo é desprender um sentido ou me deixar atingir pelo objeto além do aspecto físico do manuscrito?

Será que podemos seguir Gérard Wajcman que goza dos "físicos, engenheiros, óticos, técnicos dos laboratórios do museu do Prado que [pelo Google] acreditam nos mostrar arte, e [que] na verdade dão a ver uma visão pretensamente 'científica' dos quadros"? Eles pensam, diz o autor, "desvendar os segredos da arte porque mostram todos os detalhes das *Meninas* de Velásquez, por exemplo, melhor do que se estivéssemos lá, mas eles estão eles mesmos fora do assunto [...] dando-se a ilusão de arrancar a verdade (pelo número de pixels) à pintura enquanto dão somente uma verdade da imagem"[4].

O virtual deslocaria nesse caso o alvo da arte fazendo acreditar em uma verdade real, isto é, "científica", mas será que é isso o alvo da arte, será que é isso nosso alvo? O que fazemos, decifrar, classificar e publicar os manuscritos, não é alargar o espaço da criação do livro publicado para ver os detalhes e a composição, para eventualmente oferecer uma outra interpretação? É somente uma primeira resposta. O virtual, isto é, os manuscritos, seriam apenas um engano que desvia o público da verdade da obra?

O mesmo Wajcman estranhou quando participou de "um colóquio no Louvre sobre a atualidade da pesquisa ao redor da *Santa Ana* de Leonardo da Vinci"[5]. "Esquecendo que para Da Vinci, 'a pintura é *cosa mentale*', uma coisa do espírito, somente se preocuparam de tecnologia e de ciências, de todas

4   *L'Oeil absolu*, p. 65.
5   Ibidem, p. 60.

essas máquinas que veem e dispensam pensar, já que esperam delas que elas nos façam ver diretamente a verdade."⁶

Não é isso que nos tenta com nossos manuscritos, ao ficarmos preocupados com o zoom, a reprodução, os microfilmes para ver mais e melhor e frequentemente adivinhar sob a rasura a escritura do autor?

Wajcman distingue a verdade da imagem que se oporia à da arte, à do fazer acreditar ao público em uma verdade tecnológica que dispensaria o encontro da verdade na arte. Como se "zoomar" um quadro de da Vinci satisfizesse o espectador e o desviasse de receber o choque estético que poderia perturbá-lo.

Reponho a pergunta para nós. Nosso trabalho de genético favorece ou desvia o leitor do choque estético eventual? Será que é uma sorte que nossos trabalhos não sejam acessíveis ao grande público? Mas se eles fossem, ou para nós mesmos, o virtual assim visível nos toca mais do que o texto publicado? Passamos horas debatendo com colegas ou adivinhando sozinho no escritório uma palavra sob a rasura, se é uma vírgula ou o início de uma letra. Fazemos isso para ter um documento que ajudará a entender um pouco mais o texto publicado, e acompanhar os desvios do autor para chegar lá ou para poder dizer num espírito bastante positivista, "a transcrição é integral, você sabe!"?

Voltemos à apresentação de Sobral. Seu virtual não dá nenhuma explicação científica da composição da obra, mas deixa ver o mecanismo final que faz com que o público possa pensar em uma ligação direta entre a obra do autor e o escritor invocando a inspiração; o geneticista sabe o número e o volume de páginas entre as duas instâncias, espaço que define o objeto de nossos trabalhos, mas refuta também os argumentos do que pretendem ver uma ligação direta entre o primeiro instante da criação e a obra, como se um clique mental explicasse a obra.

Sustentar esta hipótese seria repetir Jean-Paul Weber que "explicava a obra inteira de Mallarmé pela persecução de um passarinho hipotético jogado fora do ninho"⁷. Seria negar o tempo e situar o escritor num mundo fora do tempo e do espaço. Seria esquecer que a obra entregue ao editor decorre por pouco da origem, que ela precisa de tempo porque, a todo momento, o

---

6   Ibidem, p. 61.
7   Apud C. Mauron, *Des Métaphores obsédantes au mythe personnel*, p. 213.

inventor pode criar e inovar, ajudado por seus próximos, pela comunidade que o cerca e pela tradição que o apoia.

No entanto, aqui, os restos engendram diretamente a obra como se a origem mental explicasse inteiramente a obra e desse razão aos defensores do laço intrínseco entre a obra e o primeiro jato e ao estudo para uma modelização dos processos de criação. Não seria desprezar a ordem que os resíduos sofrem e que os distingue de uma acumulação primária?

Se, no início, os pedaços de madeira eram apenas restos de outros objetos, provavelmente catados num marceneiro dos arredores ou das próprias obras de Sobral, sua posição foi modificada e, de monte informe, tornaram-se uma forma aparentemente caótica, mas de fato ordenada e estudada para engendrar o perfil do navio. A forma gera um sentido.

Os pedaços de pau são como letras que isoladas não significam grande coisa, salvo na era pré-galileana, mas que, recolocadas numa sintaxe, tornam-se significativas, podem ser lidas e adquirem a dignidade de uma obra de arte. É como se os pedaços de pau pertencessem ao registro do Real lacaniano e foram transferidos para os registros do Imaginário ou do Simbólico para significar. É, portanto, a ordem ou a forma ou o relacionamento entre eles que constitui a ideia criadora e não os restos em si.[8] Observamos, no entanto, que a forma não é dada de uma vez, mas deve ter sido objeto de muitas pesquisas para responder ao desejo do artista e querer representar um navio na parede. Mas será que ele queria essa representação no início? Não sabemos e é "só depois" que o deduzimos. Da mesma maneira, Flaubert não tinha uma plano já traçado quando começou *Madame Bovary*, nem Picasso sabia no início, como ele ia pintar *Les Demoiselles d'Avignon*; o vídeo de Clouzot nos convencerá disso[9].

8   O texto de R. Nicolau e A. Guerra, intitulado "O Fenômeno Psicossomático no Rastro da Letra" (*Estudos e Pesquisas em Psicologia*, v. 12, n. 1, 2012), me ajudou a pensar a aproximação entre a letra e o significante.
9   *O Mistério de Picasso*, 1955. Qual um matador confrontando um touro, o artista aproxima-se do seu cavalete. Pablo Picasso, o mais influente artista do século XX, está fazendo arte, e Henry-Georges Clouzot, o famoso cineasta francês (*As Diabólicas, O Salário do Medo*), está fazendo um filme. Em 1955, Clouzot conseguiu convencer seu amigo Picasso a fazer um documentário de arte, onde ele registrava o momento da sua misteriosa criatividade. Para o filme, o mestre criou vinte telas. Usando uma tinta e papel especial, Picasso criou rapidamente

Devemos, portanto, esquecer a visão do artista voluntário que sabe o que quer, desde o início; ainda que ele tenha uma ideia preconcebida, a ideia vai mudando no decorrer da elaboração do trabalho. Como escreve Quignard, tanto quanto "a lagarta ignora a borboleta para quem ela constrói a casa de metamorfose"[10], assim é o escritor e o artista do livro e da obra de arte.

É, pois, inútil querer pesquisar o primeiro momento da criação do seu DNA, como alguns cognitivistas gostariam quando "esperam descobrir quais são os componentes bioquímicos, os impulsos elétricos e as regiões acionadas do cérebro quando Picasso pintou *Guernica*"[11].

Os rascunhos da forma na obra de Sobral, se existirem, devem ser bastante numerosos com tantos pedaços de madeira. Quis saber isso do próprio artista e lhe mandei uma mensagem por e-mail que, infelizmente, ficou sem resposta devido a seu falecimento no mesmo ano. Só nos resta especular! Podemos, assim, imaginar ou milhares de cálculos que o quadro exigiu para projetar exatamente a forma que vemos ou os numerosos ensaios e erros realizados até chegar a um alvo virtual.

Um espectador inadvertido poderia dizer que a obra é totalmente virtual já que ela não pode ser tocada nem materializada, e que é apenas uma sombra chinesa a partir da base material. Contrariamente às obras que começam pelo virtual do computador, esta termina também pelo virtual e poderíamos traçar o caminho genético da obra: do virtual para o material ao virtual.

Questão falsa, todavia, já que a obra não é unicamente o navio projetado na parede, contrariamente à primeira

---

fantásticos desenhos enquanto Clouzot filmava no lado inverso da tela, capturando sua criação em tempo real. Quando o artista decidiu pintar em óleo, Clouzot mudou a cor do filme e usou a técnica de animação em stop-motion. Pelo contrato, todas as telas pintadas foram destruídas quando o filme foi finalizado. Em 1984, o governo francês declarou este documentário um tesouro nacional.

10 *La Barque silencieuse*, p. 135.
11 "Eles esperam descobrir precisamente quais compostos bioquímicos, impulsos elétricos e regiões foram acionados quando, digamos, Picasso pintou 'Guernica'. Usando tomografias por ressonância magnética (MRI), os pesquisadores estão monitorando o que ocorre no cérebro de pessoas durante tarefas criativas. Mas as imagens dos sinais brilhando nos lóbulos frontais levaram os cientistas a reexaminar a própria forma como a criatividade é mensurada em laboratório." P. Cohen, No Meio do Cérebro, o Enigma da Criatividade, *Folha de S. Paulo* (texto selecionado do *New York Times*), 17 mai. 2010, disponível em: <http://www1.folha.uol.com.br/fsp/newyorktimes/ny1705201001.htm>.

impressão, mas é o arranjo dos resíduos que exigiu tempo e trabalho, a sombra chinesa sendo apenas uma consequência. Se a faísca da criação chega "no minuto liberado da ordem do tempo"[12], como sublinha o narrador proustiano, o trabalho lento da escritura, aqui do arranjo dos restos, implica bastante tempo, rasuras e rascunhos ao infinito. Por mais que os cognitivistas quisessem reencontrar o enigma da criatividade no meio do cérebro[13], eles somente podem chegar a isso através da produção do cérebro que para nós, manifesta-se nos manuscritos.

Faço questão ainda de sublinhar que Sobral soube juntar à obra o que habitualmente é considerado como resíduo para torná-la ao mesmo tempo material e virtual. Se as frases ou as palavras rasuradas vão ou iam ao lixo habitualmente em literatura, aqui os resíduos são valorizados e marcam seu lugar na constituição da obra, um lugar indispensável do ponto de vista genético, o que tira deles sua qualidade de provisórios, habitual nos escritos. A virtualidade, poderia dizer, é inamovível e sem ela a obra não existiria. É, portanto, um outro sentido ou outra função do virtual que deduzimos e que é aplicável às obras estudadas. Elas são completas somente incluindo os rascunhos. O virtual e o material têm as mãos atadas e não podem ser estudados separadamente.

Essa obra de Sobral é, portanto, para nós, um modelo de integração do material e do virtual, provavelmente não como pensávamos no início, mas original pelo menos.

Última conotação do virtual, indiretamente, Sobral dá também uma definição da memória, se a concebermos como um virtual em espera, e vai de encontro com a definição de

---

12 "Mas, como um ruído já ouvido, ou um odor outrora aspirado o sejam novamente, ao mesmo tempo no presente e no passado, reais sem ser atuais, ideais sem ser abstratos, no mesmo instante a essência permanente e habitualmente oculta das coisas é liberada, e nosso verdadeiro eu que, às vezes há muito tempo, parecia morto, mas não o estava totalmente, desperta, se anima ao receber o celeste alimento que lhe trazem. Um minuto liberado da ordem do tempo recriou em nós, para podermos senti-lo, 'o homem livre da ordem do tempo'. E é compreensível que este, em sua alegria, esteja confiante em seu regozijo, ainda que o simples gosto de uma madeleine não pareça conter logicamente as causas de tal alegria, é compreensível que a palavra 'morte' não tenha sentido para ele; situado fora do tempo, o que poderia temer quanto ao porvir?" M. Proust, *O Tempo Redescoberto*, p. 152.

13 P. Cohen, op. cit.

Quignard que a via não como pertencendo a um ciclo longo, mas como "da eleição, da coleta, da chamada e do retorno de um único elemento no seio do que foi estocado em bloco [...] Reter é a operação que consiste na organização do esquecimento de todo o resto que deve cair a fim de preservar o que desejamos que volte"[14].

A seleção dos restos de pedaços de pau para construir a obra simboliza a memória da retenção que mantém apenas o que pode servir para um futuro projeto. Nesse sentido, o virtual da memória se traduziu na realidade dos pedaços de pau; outro paradoxo no qual o virtual se torna material para engendrar o virtual.

---

14 *Le Nom sur le bout de la langue*, p. 63-64.

4. Dois Modos de Ler o Manuscrito: O "Só Depois" e o Pensamento Por Detalhes[1]

Se a crítica genética quer se distanciar da filologia, que tenta rastrear o caminho do manuscrito para o texto, ou pelo menos, encontrar a origem do texto, um dos meios sugeridos será a leitura "só depois". O pesquisador fará o caminho contrário ao do filólogo e partirá do texto publicado para desembocar no manuscrito. Este modo de leitura decorre da hipótese de que o conjunto dos manuscritos, as versões e os rascunhos de qualquer natureza, conduzem ao texto publicado e que, portanto, é possível traçar o caminho de um para o outro para tirar uma lógica que emergirá gradualmente através das rasuras e substituições. O texto publicado iria comandar assim "só depois" o trabalho de scriptor e do autor sem eles saberem. No entanto, este método de leitura não é inteiramente seguro, o que salientarei progressivamente. Vejamos primeiro qual é seu uso na clínica freudiana, de onde vem.

O analisando conta sua história a partir do que sente no dia e encontra, assim, um sentido em muitos eventos de seu passado. Freud dá o exemplo de sua paciente, Emma.

---

1 Este texto tem por origem o projeto de pós-doutorado de Samira Murad, elaborado em junho de 2012 e que se apoiava no "só depois" freudiano.

Emma está agora assombrada pela ideia de que ela não deve entrar sozinha em lojas. Ela culpa uma lembrança que remonta ao décimo terceiro ano (logo após a puberdade). Tendo entrado numa loja para comprar algo, viu dois vendedores (ela se lembra de um deles) que zombavam dela. Em pânico, ela correu para fora. Daí a ideia de que os dois homens haviam zombado de seu vestido e que um deles teria exercido nela uma atração sexual. [...] A análise então destaca outra lembrança, que, segundo ela, não estava presente em sua mente no momento da cena 1, presença, no entanto, que nada confirmou. Com a idade de oito anos, ela tinha vindo duas vezes em uma mercearia para comprar doces e o lojista tinha colocado a mão no tecido de seu vestido em seus órgãos genitais. Apesar desse primeiro incidente, ela voltou para a loja, depois parou de ir.[2]

O primeiro evento terá sentido depois de muitos anos a partir da narrativa no consultório de Freud, quando percebeu a gravidade do incidente. Não houve acaso, mas a determinação do sentido "só depois". Emma não só colocou os acontecimentos do passado em certa ordem, mas deu-lhes um sentido que lhe evitará a repetição. Levando os eventos em consideração, ela reconhece sua participação e se libera do medo de entrar em lojas. Seu desejo pode voltar e retomar seu percurso.

No campo literário, Jacques Rivière, querendo se opor ao romance psicológico, apoiava o romance de aventura e cruzava as ideias de Freud de certa maneira:

> A aventura é o que acontece, isto é, o que é adicionado, o que acontece apesar de tudo, o que não foi esperado, o que poderia não ter sido. Um romance de aventura é a história de eventos que não estão contidos um no outro. Em nenhum momento, o presente inteiro sai do passado, em nenhum momento, o progresso da obra é uma dedução. Cada capítulo se abre muito mais do que nos anteriores, não no sentido de que é mais intenso, mais violento, chocante, mas, simplesmente, que os eventos relatados, os sentimentos descritos, vão além daqueles do capítulo anterior. Eles prorrogam, [...] são a continuação deles, mas não podem de forma alguma, ser reduzidos a eles ou ser o resultado deles [...] Assim, o sentido da obra não é imediatamente bem definido: ele muda conforme cresce, não há nenhuma seta para indicar para onde vai, é formado gradualmente, melhorando, ele se corrige. Nunca o passado explica o presente, mas o presente explica o passado, não quero dizer simplesmente que ele ilumina os enigmas,

---

2   *La Naissance de la psychanalyse*, p. 364s.

mas o que acontece modifica constantemente a intenção e o alcance do que aconteceu.[3]

Não podemos encontrar afirmação mais clara quanto à força do presente da escritura sobre seu passado. Como usar esta ferramenta na leitura do manuscrito?

Os fólios do manuscrito correspondem aos eventos do analisando, mas eles são mais o resultado do acaso e do pensamento que trabalham contra ou a favor de uma ambição arquitetural do escritor que acredita saber para onde vai.

O autor Proust reuniu os fólios no texto publicado para dar-lhes um sentido no quadro geral de uma catedral. A distinção entre a instância do escritor e a do autor é bastante óbvia nesse percurso. O autor se deixa levar pela escritura e lembra-se, sem o conhecimento do escritor, da existência de peças de ficção excelentes em seus cadernos, como as anedotas[4] ou como as micronarrativas, que formarão um vestido remendado. O escritor, entretanto, faz de conta que ignora os acasos e, bastante feliz do reconhecimento de seu plano global por seu primeiro editor, Rivière, escreveu-lhe: "Senhor, finalmente, encontrei um leitor que acha que meu livro é uma obra dogmática e uma construção."[5]

Flaubert era diferente, já que numa primeira etapa ele trabalhou por página e não ia para a próxima antes de estar plenamente satisfeito. Em seguida, ele começava a segunda versão, na qual o processo começava novamente.

Bauchau, como veremos na terceira parte, pouco rasurava, mas tendo também um plano em mente como Flaubert, tinha até cinco versões, dependendo do romance, que podem ser consideradas como imensas rasuras que se sobrepõem como um palimpsesto.

Esses três autores confirmam a ideia de Rivière sobre a força do presente que obriga os escritores a considerar o que virá para dar coerência e significado para o romance.

3   Apud A. Goulet, *André Gide, Les faux monnayeurs: Mode d'emploi*, p. 49.
4   "As longas passagens explicativas que Proust dedicava à atualidade em *Jean Santeuil* desaparecem da *Busca do Tempo Perdido* e são substituídas por anedotas". S. Guez, L'Anecdote proustienne, *French Studies*, v. 4, n. 63, p. 430-442.
5   M. Proust, *Correspondance*, v. 13, p. 98.

Uma vez ratificada pelo autor, ou seja, aceita e aprovada como pertencente ao romance, a frase ou o parágrafo, tornam-se causa do que antecede porque oferecem ao leitor uma coerência que convém.

Não vou usar o conceito de causa embora ele cruze o de causa final em Aristóteles ou de finalidade prosseguida durante a escritura. A diferença não está no objetivo que a maioria dos escritores determina no início de seu projeto, finalidade raramente alcançada, pois submetida a bifurcações numerosas. O diagrama de um único fólio proustiano que consiste em encontrar a origem das palavras ou frases em outros fólios, não incentiva a crítica a seguir um caminho linear[6]. Essas bifurcações não participam de forma alguma da causa final de Aristóteles e, muitas vezes, operam sem o conhecimento do escritor. Em outras palavras, a teleologia ou um caminho seguido religiosamente não existe no manuscrito. Uma dimensão inconsciente muitas vezes transforma sem avisar a estrutura do romance. O exemplo do manuscrito da *Fugitiva* descoberto por Nathalie Mauriac em 1987 não só enfraqueceu a estrutura de *Em Busca do Tempo Perdido* publicada pela Gallimard, mas também mostra o número de invasões do inconsciente ou do acaso ou do pensamento que obrigou o escritor Proust a modificar o texto.

QUEM INTERVÉM NO TEXTO, O ACASO OU O INCONSCIENTE?

Mandelbrot, o fundador da teoria dos fractais, faz uma distinção entre o acaso benigno ou laplaciano, que, sendo controlável, permite as previsões, e o acaso não benigno cuja presença não implica uma diminuição das previsões[7]. René Thom, o autor da teoria das catástrofes, disse a mesma coisa em outras palavras: "a noção de causa é um conceito enganoso; intuitivamente, parece claro quando, na realidade, é sempre feito de uma rede sutil de interações"[8].

---

6 N. Dyer, D'Hypo-Proust en hyper-Proust?, *Recherches et Travaux*, n. 72, 2008, disponível em: <http://recherchestravaux.revues.org/index103.html>.
7 Formes nouvelles de hasard dans les sciences, *Economie appliquée*, p. 319.
8 *Paraboles et catastrophes*, p. 133.

Em outras palavras, os cientistas continuam a acreditar na relação de causa a efeito, mas admitem sua ignorância sobre a possibilidade de determinar as causas, hoje chamadas, condições iniciais, bifurcações ou flutuações.

Em seu último poema, "Um Lance de Dados Jamais Abolirá o Acaso", Mallarmé vai ao encontro dos dois cientistas de alguma forma, com esta proposta estranha: qualquer pensamento emite um jogo de dados, frase que parece dizer que qualquer pensamento nunca vai abolir o acaso. O pensamento será sempre objeto de alterações imprevistas. É o que Meissalloux ilustra perfeitamente em sua interpretação do poema e principalmente do acaso:

> Identidade de opostos, um movimento que não é (talvez) um, uma imobilidade que não é (talvez) uma. Um infinito dialético, portanto, incluindo o seu outro, mas nada de dinâmico – dialética nesse sentido não hegeliano, sem progresso, sem ultrapassagem de uma etapa para o seguinte. Um não andar que não seria um atropelamento, mas a pulsação do eterno – uma hesitação de ser [...] Tantos signos, que nos lembram, mais ou menos adequadamente, a estrutura do Acaso: ficar em casa perto de seu contrário, conter virtualmente o absurdo, estando em ambos os lados de seus próprios limites.[9]

Nesse sentido, o manuscrito é um terreno fértil no qual o acaso, especialmente visível em cada rasura, abunda e já que o releitor pode afirmar o contrário do que havia sido escrito a cada palavra, frase, parágrafo, embora deva frequentemente levar em conta o que precede. Nem sempre, porém, ele o faz, tal como está evidenciado pela descoberta de Nathalie Mauriac mencionada acima. De qualquer forma, a coerência global está ameaçada em qualquer mudança. O manuscrito inclui ambas as possibilidades, a coerência e a inconsistência e é, por isso, o lugar do acaso mallarmeano definido por Meissalloux.

O PENSAMENTO

É preciso ainda esclarecer o que é o pensamento e lembrar-se primeiramente de sua base, de acordo com Lacan: "É pela realidade sexual que o significante entrou no mundo, o que quer

---

9 *Le Nombre et la sirène*, p. 134.

dizer que o homem aprendeu a pensar."[10] O pensamento está profundamente enraizado nas pulsões, o que justifica o texto móvel colocado no centro das rodas da escrita e da leitura.

Em segundo lugar: "O pensamento só funda o ser ao se vincular à fala [...] nada é falado senão apoiando-se na causa. Ora esta causa é o que é abarcado pelo *soll Ich*, pelo *devo* [eu] da fórmula freudiana, que, por inverter seu sentido, faz brotar o paradoxo de um imperativo que me pressiona a assumir minha própria causalidade."[11]

Assim como Emma, que assume o que aconteceu durante a sua infância, o autor conclui após a rasura, endossa a nova palavra ou a supressão. Isto é, ele assume a causalidade da escritura do scriptor que dá o sentido e a consistência. Esta causalidade às avessas é bem diferente de causa final de Aristóteles que implica uma primeira intenção visível ou subentendida.

Em terceiro lugar:

> As palavras não são termos, e como tal semelhante a baldes e barris onde acharíamos um conteúdo existente. As letras são fontes que o dizer alarga mais, fontes que devemos sempre encontrar novamente, escavar de novo, que entopem facilmente, mas que de vez em quando, também surgem inesperadamente. Sem um retorno constante às fontes, baldes e barris ficam vazios e seu conteúdo envelhecido.[12]

A escritura substitui o dizer no manuscrito e cava a língua ao longo dos fólios para oferecer algo de novo a cada parada. A poesia se presta mais a este jogo do que o romance. Como recorda Manoel de Barros, o poeta deve "escovar as palavras", mas o romance que conta uma história, também faz surgir novas circunstâncias e relações inéditas entre os personagens modelados ou não sobre a realidade, que renova a visão do mundo do leitor.

Finalmente, "o livro *Des Mots à la pensée, essai de grammaire de la langue française* de Damourette e Pichon rompe com a posição tradicional, que parte do pensamento para chegar à língua e se aproxima do trabalho dos linguistas para os

---

10 *O Seminário, Livro 11: Os Quatro Conceitos Fundamentais da Psicanálise*, p. 144.
11 *Escritos*, p. 879.
12 M. Heidegger, *Qu'appelle-t-on penser?*, p. 142.

quais não há anterioridade do pensamento categorial sobre a linguagem"[13].

A língua leva ao pensamento e é somente através do discurso que o pensamento é conhecido. Da mesma forma, será apenas pela escritura que o pensamento do escritor se revelará nas primeiras versões e a do autor no texto publicado.

O pensamento que emite um lance de dados só pode passar pela linguagem na fala ou na escritura. Seu resultado raramente será determinado, imitando nisso o número que será lançado com os dados, o que causa uma reescrita da causa às avessas para cada movimento de escritura. A contingência costeará a necessidade de escrever e a necessidade da causa dependerá da contingência do movimento da escritura. Causa engraçada que depende de movimentos anteriores à sua eclosão para se fixar.

OS CONCEITOS DE ACASO E DE INCONSCIENTE SE OPÕEM?

Freud não inclui o acaso na sua teoria, já que argumentava que qualquer ação tem uma dimensão inconsciente. Lacan, ao contrário, analisando *A Carta Roubada*, levantou a possibilidade de controlá-lo[14] e, apesar de reler Freud, traduz o conceito de *tuché* de Aristóteles, a sua maneira – "como por acaso"[15].

O "por acaso" dá uma figura de imprevisto ao evento que surgiu sem avisar, que é de fato determinado pelo inconsciente. Mas lá onde podemos confundir a causa aristotélica e a causa freudiana, devemos decididamente ficar fora da linearidade e admitir pelo menos duas linhas de força paralelas em momentos diferentes que são sobrepostas raramente, senão reconhecer bifurcações contínuas que impedem uma perspectiva ou um horizonte de expectativa determinado. Enquanto consideramos os acontecimentos um após o outro, encadeando-se pelo menos no tempo, o inconsciente chega inesperadamente,

---

13   E. Roudinesco, *Histoire de la psychanalyse*, v. 1, p. 310.
14   J. Allouch, *Freud, et puis Lacan*, p. 49. Ver supra, A Carta de Poe e o Capacho de Proust, p. 31-39.
15   J. Lacan, *O Seminário, Livro 11*, p. 56.

reinando no seu espaço, sem dimensão temporal. Portanto, não há antes nem depois para sua intervenção. Parecido com o grão de gozo que suporta a escritura de um romance por um ou dez anos, o inconsciente ou o real lacaniano não se move do seu lugar como causa psíquica de eventos nos quais está envolvido o sujeito.

O "só depois" ocorre apenas no discurso ou na escritura, como a causa às avessas, mantendo, todavia, a outra cena, a do inconsciente que opera constantemente.

O QUE ACONTECE COM O "SÓ DEPOIS" NO MANUSCRITO SE FOREM LEVADAS EM CONTA AS RELAÇÕES ENTRE ACASO, PENSAMENTOS E INCONSCIENTE?

Ser a causa de um evento não significa que ela transmite um sentido ao sujeito. Enquanto o efeito da outra cena é sentido somente "por acaso", o efeito da fala ou da escritura só faz sentido para o sujeito, às avessas. Na análise, os efeitos deveriam coincidir, mas na escritura, eles são diferidos fólio por fólio numa fuga contínua como em *Em Busca do Tempo Perdido*, que, "por mais que faça a narrativa da fuga do sentido, não impede o seu próprio sentido de ser, incessantemente em fuga"[16].

Sob a aparência de uma ciência positivista que vê no texto publicado a causa do manuscrito e deduziria os efeitos passados e não futuros, o texto publicado coloca em linhas pedaços de manuscritos para dar-lhe uma consistência plausível tanto quanto a paciente de Freud articulou o abuso sexual que sofreu ao seu medo de entrar lojas.

FORA A LEITURA "SÓ DEPOIS", OUTROS OPERADORES EXISTEM?

Novas abordagens da realidade oferecem outras maneiras, não de ler, mas de entender o manuscrito, que chamei de filtros,

16 P. De Man, *Allégories de la lecture*, p. 106.

já discutidas em outro lugar[17]. Retomo apenas um, as estruturas dissipativas, e acrescento outro, a plasticidade.

As Estruturas Dissipativas

Proust, que a partir de 75 cadernos aparentemente sem ordem construiu o trabalho exemplar que conhecemos[18], define, com cinquenta anos de antecedência, a teoria desenvolvida por Ilya Prigogine e a Escola de Bruxelas, que defendia a relatividade das condições iniciais e, portanto, a imprevisibilidade de um projeto, de arte ou não, apostando na auto-organização dos elementos.

As condições iniciais ou o programa prévio estabelecido pelo escritor, são apenas índices (índices em ambos os sentidos da palavra, como um traço ou no sentido de Pierce) que impedem de ler o manuscrito como a sequência cronológica de peças de escritura onde iríamos procurar uma evolução, um movimento global, um caminho linear.

Além disso, considerar o manuscrito como um lugar de movimentos estáveis e instáveis, objeto de reorganizações contínuas numa mesma região, e constantemente reabastecidos pelas adições, recorta as teorias das estruturas de não equilíbrio ou estruturas "dissipativas"[19]. Esses sistemas "existem desde que dissipem a energia e permaneçam em interação com o mundo exterior"[20]. Em outras palavras, eles dependem da dimensão temporal, e não apenas espacial.

Os fólios que lemos não são em profundo desequilíbrio e alimentados constantemente pelo releitor que, aberto à tradição e aos Terceiros, rasura e substitui gradualmente à medida que o tempo passa?

---

17 Os Processos de Criação nas Ciências Exatas, *Os Processos de Criação na Escritura, na Arte e na Psicanálise*, p. 18-21.
18 "Pois, pregando aqui e ali uma folha suplementar, eu construiria meu livro, não ouso dizer ambiciosamente como uma catedral, mas modestamente como um vestido". M. Proust, *O Tempo Redescoberto*, p. 280.
19 I. Prigogine, *Les Lois du chaos*, p. 27.
20 Ibidem, p. 28. "É lá um contraste evidente com as estruturas de equilíbrio tais quais os cristais que, uma vez formados, podem ficar isolados e são estruturas 'mortas' sem dissipação de energia." Ibidem.

A Segunda Abordagem: A Plasticidade

A neuroplasticidade é parecida com a anterior na sua visão do funcionamento da realidade empírica, mas se aplica ao cérebro. Articulados entre outros pelo psicanalista François Ansermet e o neurocientista Pierre Magistretti[21], ela "reúne o único do sujeito ao evento inesperado e envolve um novo paradigma baseado na contingência"[22], frase que resume bem a sua finalidade.

Imprevisibilidade, singularidade e contingência também fazem parte do arsenal de conceitos relativos aos manuscritos e devem ir ao encontro de seu estudo.

A singularidade do sujeito que escreve, o *scriptor*, somente é bem-sucedida após a ratificação da frase pelo autor e, portanto, leva tempo antes de emergir. Não se nasce autor, no máximo, *scriptor* que, no decorrer da composição, deixa-se pegar por um estilo que gradualmente o constitui. Como o manuscrito demonstra amplamente, é preciso contar com o tempo da escritura para a formação do autor. Nesse sentido, cada romance é como o *Werther*, um romance de formação, não do personagem, mas de quem assina.

A imprevisibilidade é quase natural na escritura dos fólios. Os leitores dos manuscritos de Zola sabem que, pensando prever tudo, Émile Zola foi surpreendido ao eliminar e alterar o seu plano original. A dialética entre a catedral que Proust desejava construir e o vestido remendado que define a *Busca do Tempo Perdido* é conhecida. Essa luta mostra suficientemente a força da escritura, isto é, as palavras que escrevemos, sem aviso, diria, sugerem ao escritor outra coisa e forçam o *scriptor* a deslizar sobre os outros sentidos e reorientar a sua história. É a pulsão do escrever ativada[23].

A contingência, base da plasticidade do cérebro, coloca em risco a certeza dos adeptos da localização. Sem negar a atribuição de tal atividade em tal área do cérebro, a atividade holística da mente quebra a independência dessas áreas, uma vez que

21 *A Chacun son cerveau.*
22 Y. Dimitriadis, Aristote et les concepts psychanalytiques de "L'effet après coup" et de la répétition, *Recherches en Psychanalyse*, n. 9, 2010, disponível em: <http://www.repsy.org/articles/2010-1-aristote-et-les-concepts-psychanalytiques-de-l-effet-apres-coup-et-de-la-repetition/>.
23 P. Willemart, *Universo da Criação Literária*, p. 91.

leva em conta o momento presente, as circunstâncias da vida cotidiana e do passado.

Não falaremos de localização para o manuscrito, obviamente, mas insistiremos na relatividade da sintaxe e das associações de eventos no enredo do romance. Diríamos que nada é necessário no romance? Realmente não. A sintaxe, último bastião da língua de acordo com Mallarmé, deve ser preservada. Mas o necessário ou o texto publicado depende profundamente do contingente que o constrói.

ESQUECENDO O "SÓ DEPOIS"

Ambos os filtros acima não constituem um método de leitura do manuscrito como o "só depois", mas compartilham a mesma visão do mundo. Outro método possível de interpretação do manuscrito foi elaborado por Jean-Claude Milner que não pensava de jeito nenhum na crítica genética, mas que a crítica genética pode utilizar, o pensamento por detalhes:

> Freud, em *A Interpretação dos Sonhos*, *A Psicologia da Vida Cotidiana* ou em *Cinco Psicanálises*, usa as entidades que a psiquiatria do século XIX lhe legou [...] mas ele as discute em detalhes. No final desse processo, as categorias, histeria, neurose, psicose têm o mesmo nome, mas a sua estrutura mudou; a universalidade que elas suportam também mudou [...] Costumávamos dizer que uma frase de Lacan esclarecia dez casos; é característica de uma proposição universal. Mas este universal não é obtido por identificação sistemática do que é comum para cada caso [...] O universal ilumina os dez casos como nenhum se assemelha a outro. É isso o universal difícil [...] Meu método pressupõe um profundo parentesco entre pensamento por detalhes e o fato de que o universal seja difícil.[24]

O pensamento por detalhes lembra o crítico de arte Giovanni Morelli (1816-1891) que ressalta a importância do detalhe, as unhas, o lóbulo da orelha ou dos pés, para detectar a atribuição do quadro a um artista ou a um falsificador[25]. Freud toma emprestado esse processo para analisar os sonhos

---

24 *Clarté de tout*, p. 33.
25 S. Freud, *Essais de psychanalyse appliquée*, p. 23.

de seus analisandos e encontra, assim, um método de leitura de sonhos.

Esses dois casos são semelhantes e diferentes. Eles se assemelham porque Morelli e Freud não ficam bloqueados ou parados sobre o que está lá, o quadro ou o sonho, eles querem entender e avançar na compreensão do objeto.

Mas o propósito é diferente. Morelli quer distinguir o falsificador do verdadeiro artista na atribuição de um quadro, enquanto Freud busca a verdade do inconsciente através do sonho.

O pensamento por detalhe não é um passo do pensamento que pode ser usado para interpretar o manuscrito?

Gérard Genette analisava o texto editado de Proust quando já tinha observado como o autor Proust perturbava as categorias literárias habituais, o tempo, a duração, o ponto de vista, ou o modo de ver etc.[26] Decifrando os cadernos, deveríamos ir mais longe? Será que podemos mover as estruturas destas categorias mostrando como Proust chegou a isso, não mais por meio da análise do texto publicado, mas do manuscrito?

Da mesma forma, mantemos os três tipos de crítica detectados por Thibaudet, a dos leitores comuns ou dos jornalistas, a dos críticos profissionais e a dos escritores[27], mas decifrando e transcrevendo os manuscritos, a qual categoria pertenceria o homem Proust escrevendo? Referindo-me ao excelente artigo de Francine Goujon sobre o "je" narrativo e o "je" crítico em *Contre Sainte-Beuve*,[28] o leitor se vê confrontado com o "je" do palestrante, o "je" da testemunha, o "je" autobiográfico que se revela pseudobiográfico e finalmente o "je" autoficcional.

Com efeito, às vezes, o escritor de *Em Busca do Tempo Perdido* escreve como jornalista ou escuta o instinto das multidões quando quer apreciar uma obra; por vezes, é sociólogo e/ou ensaísta quando fala de Baudelaire, Balzac, Ruskin ou Mallarmé, ou quando viaja nas três artes que gosta, a pintura, a literatura e a música. Finalmente, ele é um escritor, narrando a história de um "je" olhando seu passado, estudando a formação seguida, enumerando o círculos frequentados,

---

26 *Figures III*.
27 Idem, *Figures V*, p. 7.
28 "Je" narratif, "je" critique et écriture intertextuelle dans le Contre Sainte-Beuve, *Bulletin d'Informations Proustiennes*, n. 34, 2004, p. 95.

relembrando os acontecimentos políticos e culturais experimentados e vividos até que ele se torne autor.

O estudo sobre o ritmo na terceira parte deste ensaio reforçará a tese. O *scriptor* Proust desafiando a narrativa e as categorias de espaço e tempo, submetendo-se gradualmente nas primeiras linhas da história a um único critério, o ritmo das frases em que eliminava o que incomodava para seguir a estrutura de 2/7. Este universal não foi obtido por identificação sistemática do que é comum a cada caso, pois eu apenas parti do primeiro parágrafo de *Em Busca do Tempo Perdido*. Este universal iluminará dez casos como nenhum se assemelha a outro, e poderá ser chamado de universal difícil? O ritmo ou a música das palavras seria um dos critérios do Proust *scriptor* quando rasura e acrescenta?

Este critério essencial, muitas vezes, apesar de si mesmo, na escolha de palavras, de frases, de parágrafos, iria ajudar a compreender certos processos de criação? A tensão entre a prosa e a poesia ajudaria na análise de manuscritos?

Os trabalhos da equipe proustiana da Universidade de São Paulo tem como objetivo, não apenas transcrever e publicar alguns cadernos na editora Brépols, mas também informar os leitores e críticos do texto editado, liberando das transcrições um universal difícil.

Como? Muitas vezes, contando com o acaso nas pesquisas como o narrador proustiano, quando vai apresentar o episódio da madeleine:

> Acho muito razoável a crença céltica de que as almas daqueles a quem perdemos se acham cativas em algum ser inferior, em um animal, um vegetal, uma coisa inanimada, efetivamente perdidas para nós até o dia, que para muitos nunca chega, em que nos sucede passar por perto da árvore, entrar na posse do objeto que lhe serve de prisão. Então elas palpitam, nos chamam, e, logo que as reconhecemos, está quebrado o encanto. Libertadas por nós, venceram a morte e voltam a viver conosco.[29]

Assim, a maioria dos resultados não depende de uma sistematização, mas, muitas vezes, de uma leitura aleatória da prosa proustiana escrita ou editada.

Outra aplicação do pensamento por detalhe pode transformar nossa visão do projeto Brépols brasileiro que se tornou um

---

29 M. Proust, *No Caminho de Swann*, p. 70.

Projeto Temático Fapesp I e II. De alguma forma, distinguíamos três fases do projeto: a transcrição diplomática dos oito cadernos e seus comentários que serão publicados pela editora Brépols em Turnhout (Bélgica), a interpretação da obra proustiana à luz dos nossos resultados e o impacto desta interpretação na crítica genética qualquer que seja o corpus. Os passos foram descritos, um após o outro, sem realmente articulá-los, sabendo, contudo, que se desenvolveriam paralelamente. Como fazer para que o primeiro passo tenha um efeito não só necessário ou causal de antecedente com os outros dois, mas que se transforme na sua essência. Como saltar do paralelismo para com o lógico é a questão, ou ainda, como juntar três paralelas? A aplicação desse princípio para a leitura, a interpretação da obra proustiana, irá depender do detalhe encontrado na transcrição que perturbará a leitura do texto publicado. E, por sua vez, a interpretação proustiana obrigará o crítico a reinterpretar a gênese de outras obras. Remeto o caro leitor para o segundo capítulo da terceira parte, que começa a análise com um detalhe, e que servirá, espero, de argumento para convencê-lo.

Parte III

Práticas e Teoria Proustianas

1. Uma Lógica Subjacente à Escritura dos Fólios Proustianos[1]

Em estudo anterior, sustentava que, embora as contribuições semânticas sejam diferentes, existem relações necessárias[2], no sentido de não poder fazer de outra maneira[3], entre os dois fólios 20 r° e 19 v° frente a frente, fólios presentes no caderno 28, um dos 75 cadernos de rascunhos de *Em Busca do Tempo Perdido* (BTP), de Marcel Proust.

Decidido a averiguar a hipótese em outro caderno, sorteei dois fólios ao acaso, o fólio 22 r° que fazia frente ao fólio 21 v° no caderno 21.[4]

Primeira observação. O caderno é intitulado pela Biblioteca Nacional da França (BNF), *O Caminho de Swann (Os Nomes da Terra)* e faz referência ao primeiro volume de BTP, que tem três partes: "Combray", "Um Amor de Swann" e "Os Nomes da Terra: O Nome". No entanto, o episódio do fólio 22, no qual o herói

---

1 Intervenção no colóquio franco-brasileiro Où en est le projet Brépols?, organizado por Alexandre Bebiano na Universidade de São Paulo em 2009.
2 Crítica Genética e Proust ou da Forma aos Processos de Criação, *Crítica Genética e Psicanálise*, p. 41.
3 "Não poder não (ser) – Aí está, propriamente, o que para nós define as necessidade. Isso vai para onde? Vai do impossível, não poder, para poder não (ser)." J. Lacan, *O Seminário, Livro 19: ...Ou Pior*, p. 22.
4 O caderno 21 foi transcrito por Guilherme Ignácio da Silva do Centro de Estudos Proustianos da USP.

pôde, enfim, ver a Berma, aparece no texto publicado apenas no segundo volume de BTP, *À Sombra das Raparigas em Flor*.

Porque este deslocamento? A introdução da Pléiade à terceira parte do primeiro volume responde: "Lemos hoje o episódio da Berma e da conversação sobre seu desempenho no decorrer do jantar com M. de Norpois, no início de *À Sombra das Raparigas em Flor* [...] Proust não se contentou em corrigir as provas [54 a 59]: ele, sobretudo, transferiu algumas páginas em consequência do corte de 'Nomes de Terra'"[5], já que o editor Grasset o havia forçado a reduzir a cerca de quinhentas páginas o seu primeiro volume, em novembro de 1913.

Relendo o caderno 21, dou-me conta que, de fato e muito curiosamente, o único fólio que trata do assunto inserido no primeiro volume, é o verso escolhido "por acaso" do fólio 21; todos os outros, salvo erro, se relacionam com o segundo volume publicado.

Antes de aproximar os dois fólios, examinemo-los:

Este verso está ligado provavelmente ao trecho de "Nomes de Terra: O Nome", que segue:

Pelo contrário, dera muitas vezes a entender que tinha amigos que preferia a mim, que eu era um bom camarada com quem brincava de bom grado, embora muito distraído e pouco aplicado ao jogo; enfim, dera-me muitas vezes demonstrações de frieza que poderiam abalar minha crença de que eu era para ela um ser diferente dos outros, se tal crença se originasse num possível amor de Gilberte por mim e não, como acontecia, no meu amor por ela, com o que se tornava muito mais resistente, pois que isso a fazia depender da própria maneira como eu era obrigado, por uma necessidade interior, a pensar em Gilberte. Mas os sentimentos que por ela experimentava, eu próprio não lhos havia ainda declarado. É verdade que em todas as páginas de meus cadernos escrevia indefinidamente o seu nome e o seu endereço, mas, à vista daquelas vagas linhas que eu traçava sem que ela por isso pensasse em mim, que a faziam ocupar em redor de mim tanto espaço aparente sem que por isso ficasse mais ligada à minha vida, sentia-me desanimado, porque não me falavam de Gilberte, que nem sequer as veria, mas de meu próprio desejo, que pareciam apresentar-me como algo de puramente pessoal, de irreal, de fastidioso e de impotente.[6]

---

5   M. Proust, *À la recherche du temps perdu*, v. 1, p. 1260-1261.
6   Idem, *No Caminho de Swann*, p. 384-385.

21 v°

                                                      mais n'avaient pas jusqu'à
la vue de ces lignes qui s'échappaient de moi et qu'elle
                                            me
ne permet pas une dépri parce que ne parlant pas d'elle, ne

prouvait nullement qu'elle e consisterait consisterait à tenir

                     effe tenait effectivement une grande place dans ma vie, mais seulement
        et vain   le désir que j'en avais qu'elles me parlassent plus d'elle mais seulement
tout personnel, inutile   de mon amour comme d'un rêve intérieur tout personnel que j'épanchais
que j'épanchais avec découragement
sans qu'au devant de   sans qu'au devant de lui aucun réflexe inconnu du dehors, de la réalité,
lui pour le relever et le soutenir   et
    accomplit au devant de lui ne vint la soutenir, relever, mon épanchement incessant et vain
quelque réflexe venu du de
dehors, de la réalité

                                  indéfiniment
                    Je/j' avais beau écrire sans cesse son nom sur mes Cahiers, je
                    la vue de   ignorerait
                    sentais que ces vaines lignes qu'elle ne verrait pas cherchaient seulement
                                ignorées d'elle
                    à affirmer cet état qui m'était pas de moi ne répondaient qu'à mon
                            me
  qui répond   désir qu'elle tint effectivement une grande place dans ma vie mais ne

                    en me montrant que mon perpétuel désir qu' sans une seule conf
                    déroulant devant moi me laissant avec découragement
      déprimé   déroulant devant moi la vue de ces vaines lignes qui prouvaient dévoileraient
      déprimé   intense
J'étais découragé   devant moi le désir que j'avais qu'elle tint effet une grande place
que la vue de ces vaines lignes   tint effectivement
qui ne ne me parlaient de dans ma vie, sans qu'aucune à sa rencontre vint du dehors
l' mon (ill.) amour, et
non   de la réalité, d'elle
                                        s'échappaient de moi et qui n' avaient jusqu'alors
                    la vue de ces vaines lignes qui ne prouvaient nullement qu'elle
                    ir
    consentit à   tenait effectivement une grande place dans ma vie, mais seulement qui
                                          ai
                    dévoilaient seulement devant moi le désir que j'avais que cela fut
                                  aucun reflexe
                    sans qu'au devant de lui aucune confirmation venue du dehors, d'elle

                    même, de la réalité, mais le fortifiant, soutenant son effusion ne
                                    retint
                    vint rencontrer, soutenir, relever vint soutenir, relever son
                          (ill.)
                    épanchement inutile incessant et vain.

                                                          Voir ceci deux versos plus loin

22 r°

ce n'était plus elle que je voyais, mais son visage dans le verre grossissant.

'en avait

+ celle que je voyais
dans la lorgnette

Je reposai la lorgnette ; mais peut-être l'image que s'en faisait mon oeil diminuée par l'éloignement était-elle plus inexacte Laquelle de deux Berma était la vraie, celle que je voyais avec mes yeux ou+ encore. Comment n'avais-je pas essayé avant la représentation de

X savoir de quel point exact, et de quelle façon elle ~~estimait~~

qu'elle devait être vue. Cependant le moment de la déclaration

était arrivé. Reprendre 2 pages audessus.

Puis :
~~Je sentis A peine la Berma fut-elle sortie de scène~~
                        la représentation finie le rideau tombé
Je n'en sentis pas moins en quittant le théâtre que je venais d'éprouver une

M. de Monfort n'avait pas
quand il était ambassadeur
seulement pris ~~à l'étranger~~
l'habitude de recevoir avec
                français et
courtoisie, ~~dans l~~ les français
              étrangers
de passage, mais encore, comme
~~les personnes qui lui étaient~~ on ne
lui présentait que ceux qui
marquaient d'une façon quel-
conque, ~~d'observer~~ de les
observer avec la curiosité que
leur distinction méritait et
qui lui avait permis, pensait-il
dans la vie des grandes capitales
de s'instruire

immense déception mais ~~je n'avais eu ce plaisir que j'avais tant~~

~~désiré avait été bien faible et le ber~~ la déception que le plaisir que
                                        resté me sembla
~~je venais d'éprouver eut~~ j'avais tant désiré ~~eut été si faible~~, mais
                                                    n´eut pas été plus grand
en même temps le besoin de le prolonger, ~~de l'enrichir de ne~~ de ~~rai~~
sonner l'approfondir, de ne pas quitter pour jamais, en sortant du
théâtre, cette vie qui pendant quelques heures avait été la mienne,
~~qui ne voulait pas finir~~ et dont je ne serais arraché, comme ~~en~~
                                                    doucement
~~partant pour~~ un départ pour l'exil, en rentrant à la maison si
                                                apprendre beaucoup de
je n'avais espéré y ~~rencontrer M.~~ retrouver M. de Monfort
                    la Berma par son   M. de Montfort
qui était un admirateur ~~de M. de Monfort~~ la Berma ~~près du~~
~~qu'il~~ je pourrais apprendre ~~entendre parler d'elle. M. de~~
    je lui fus présenté   tu   qui m'appele pour cela
~~M. Avant~~ Avant le dîner ~~je~~ mon père ~~m'ayant appelé dans~~
                                            qui m'offrit chaleureusement
                                                bien heureux
~~son cabinet~~ dans son cabinet. ~~M. de Monfort qui avait pris~~
    mais ayant pris   la Revue bleue

dont j'entendis parler pour la première
fois comme s'il pouvait être
raisonnable de les suivre quand
j'avais toujours cru qu'ils était née était
nécessaire de les contrarier
que bien loin de penser qu'on
pourrait me conseiller de tenir
compte d'eux et de les suivre je
n'avais jamais considéré
dont je n'avais pensé qu'on
~~me parlerait comme~~
que comme un obstacle négligeable
    mais dont ne

l'habitude à l'étranger de recevoir ~~à l'Ambas~~ avec courtoisie

les français de passage +, fut avec moi d'une affabilité à laquelle

mon âge ~~ne~~ ne m'avait pas habitué et me ~~causa~~ posa un
                                        ce qu'avait été
certain nombre de questions sur ma vie, ~~sur~~ jusqu'ici sur
~~comme qui pour la première fois, j'eus d'avoir parlé comme~~
mes goûts ~~comme si c'avait été chose d'importance~~

questions qui ~~remplissage de la conversation d'un homme qui~~

Reencontramos os mesmos trechos, embora com acréscimos, em *À Sombra das Raparigas em Flor*:

> Disse a minha avó que não enxergava bem, e ela passou-me o binóculo. Apenas, quando se crê na realidade das coisas, usar de um meio artificial para vê-las não equivale inteiramente a sentir-se perto delas. Pensava que não mais era a Berma que eu ouvia, mas a sua imagem no vidro de aumento. Deixei o binóculo; mas talvez a imagem que recebia agora a minha vista, diminuída pelo afastamento, não fosse mais exata; qual das duas Berma era a verdadeira?[7]

> Mas, ai de mim, aquela primeira matinê foi uma grande decepção.[8]

> Aquela vida do teatro que durante algumas horas fora a minha, e de que me teria arrancado, como numa partilha para o exílio, ao voltar diretamente para casa, se ali não tivesse esperanças de saber muito mais coisas sobre a Berma, por intermédio daquele seu admirador, graças ao qual me haviam permitido ir ver a *Fedra*, o Sr. de Norpois. Fui-lhe apresentado, antes do jantar, por meu pai, que para isso me chamou ao seu gabinete. À minha entrada, o embaixador ergueu-se, estendeu-me a mão, inclinou o elevado talhe, e fixou atentamente em mim seus olhos azuis.[9]

Pugh sustenta que a personagem da Berma foi criada no segundo volume: "Deixando de se preocupar com a sequência dos Champs-Elysées, Proust volta sua atenção ao jantar e nos fólios 4 a 30 escreve um episódio totalmente novo, antecedendo o jantar, para o qual criou uma nova personagem, a atriz, a Berma (escrita Bréma em algumas páginas)"[10].

Ora, a Berma é citada sete vezes em *O Caminho de Swann*, no qual ela já é qualificada como genial pelo herói e por Bergotte.[11] Isso importa pouco, no entanto, mas mostra pelo menos

---

7   Idem, *À Sombra das Raparigas em Flor*, p. 40.
8   Ibidem, p. 35.
9   Ibidem, p. 42.
10 *The Growth of "À la recherche du temps perdu"*, p. 477. Bréma aparece só uma vez no fólio 17 r° e duas vezes no fólio 21 r°.
11 "Eu classificava por ordem de talento as mais ilustres: Sara Bernhardt, a Berma, Bartet, Madeleine Brohan, Jeanne Samary, mas todas me interessavam." M. Proust, *No Caminho de Swann*, p. 77.
    "– O ator, não sei. Mas sei que não compara nenhum artista masculino à Berma, a quem coloca acima de todos. Já a viu representar?
    – Não, senhor, meus pais não me permitem que vá ao teatro.

que a Berma está presente desde o caderno 21 e que o fólio 22 r°
não remete somente *À Sombra das Raparigas em Flor*.
Quais são as relações entre os dois fólios que se fazem frente?
Relações longínquas, sem nenhuma dúvida, já que três
páginas mais longe, na edição da Pléiade, lemos:

> De outra feita, sempre preocupado com o desejo de ouvir a Berma
> numa peça clássica, perguntei-lhe se ela não possuía uma brochura
> em que Bergotte falava de Racine, e que já não se encontrava nas livrarias. Pediu-me que lhe lembrasse o título exato, e na mesma noite lhe
> dirigi um telegrama, escrevendo no envelope aquele nome de Gilberte
> Swann que tantas vezes traçara em meus cadernos. No dia seguinte ela
> me trouxe, num pacote atado com fitas cor de malva e selado a lacre
> branco, a brochura que mandara procurar. "Veja bem que é mesmo o
> que me pediu", disse ela, tirando do regalo o telegrama que eu lhe mandara. Mas no endereço daquele *pneumático* – que ainda ontem não era
> nada mais que um bilhete expresso que eu lhe escrevera, e que, depois
> que um mensageiro o entregara ao porteiro de Gilberte e um criado o
> levara até seu quarto, se havia tornado essa coisa sem preço, um dos
> expressos que ela recebera naquele dia – tive dificuldade em reconhecer
> as linhas vagas e solitárias de minha letra sob os círculos impressos que
> lhe apusera o correio, sob as inscrições que acrescentara a lápis um dos
> carteiros, signos de realização efetiva, selos do mundo exterior, roxos
> anéis simbólicos da vida, que pela primeira vez vinham esposar, manter, reanimar, alegrar meu sonho.[12]

Mas relações mais próximas aparecem na releitura onde a
questão do olhar é comum e salta aos olhos.

– É pena. Devia pedir a eles. A Berma em Fedra, no Cid, não é mais que
uma atriz, se quiser, mas sabe que não creio muito na 'hierarquia!' das artes;"
Ibidem, p. 99.

"– Haverá obras de Bergotte em que ele tenha falado da Berma? – perguntei
ao Sr. Swann." Ibidem, p. 100.

"E, ai de mim, proibiu também de modo absoluto, que me deixassem ir ao teatro
ouvir a Berma; a artista sublime, em quem Bergotte achava gênio, fazendo-me
conhecer alguma coisa que era talvez tão importante e tão belo, ter-me-ia consolado de não haver ido a Florence e a Veneza, de não ir a Balbec." Ibidem, p. 378.

"De outra feita, sempre preocupado com o desejo de ouvir a Berma numa
peça clássica, perguntei-lhe se ela não possuía uma brochura em que Bergotte
falava de Racine, e que já não se encontrava nas livrarias." Ibidem, p. 387.

"Mesmo aqueles que não a conheciam eram advertidos por alguma coisa de
singular e de excessivo – ou talvez por uma radiação telepática como as que
desencadeiam aplausos na multidão ignorante nos momentos sublimes da
Berma – de que devia ser alguma pessoa conhecida." Ibidem, p. 403.

12 Ibidem, p. 480.

No fólio 22 rº, o herói se pergunta "qual das duas Berma era a verdadeira [...] a quem via na lente de aumento ou a imagem que meu olho recebia" e ainda "Como não tinha tentado antes da representação saber de qual ponto exato e de que maneira, ela estimava que devesse ser vista".

A primeira preocupação do herói, que insistia na imagem que deveria se fazer o espectador segundo a Berma, não aparece mais no texto publicado, mas cruza a segunda preocupação, que é mantida, e se questiona a respeito da verdadeira imagem da atriz. Bergotte, a personagem escritor de BTP, assinala mais longe na narrativa porque ele admirava a Berma:

> Neste primeiro dia em que o vi em casa dos pais de Gilberte, contei a Bergotte que ouvira recentemente a Berma em *Fedra*; disse-me que, na cena em que ela fica com o braço erguido à altura do ombro – justamente, uma das cenas que tanto haviam aplaudido –, soubera ela evocar com uma nobre arte a obras-primas que talvez nunca tivesse visto, uma hespéride que faz esse gesto no alto de uma métope de Olímpia, e também belas virgens do antigo Erecteion.[13]

É um verdadeiro tratado sobre o olhar que o narrador desenvolve e que deveria ser explicitado em outro ensaio. Aqui, vou apenas resumi-lo: o olhar direto, ou através de uma lente de aumento é raramente, senão nunca, objetivo. No que concerne as artes pelo menos, vemos mais a realidade através de nossa memória ou nossa imaginação, e não o que a realidade física ou matemática descreveria. A atriz reproduz sem saber gestos que marcaram a civilização e que desencadeiam os aplausos da plateia. Tanto este público quanto a própria artista são, portanto, os frutos, ou melhor, os representantes da cultura. O público se reconhece na arte exposta e manifesta assim sua identificação com a artista e celebra o reencontro. Não se trata, contrariamente ao que o leitor poderia pensar, de um arquétipo qualquer que se manifesta, mas de uma linguagem gestual que se transmite de geração em geração através da arte e das atitudes comuns do homem no seu cotidiano.

13 Idem, *À Sombra das Raparigas em Flor*, p. 170. É bastante notável, no entanto, que, olhando as verdadeiras estátuas desse pequeno templo, nenhuma tenha os braços levantados, como observa Nathalie Mauriac. Uma vez mais, o narrador proustiano inverte a visão das coisas e, aqui, a imagem da Antiguidade.

Pouco importava, portanto, o binóculo ou o frente a frente ao teatro nesse caso. No entanto, outro motivo é invocado pelo herói no texto publicado e que matizaria a frase anterior: "usar de um meio artificial para vê-las não equivale inteiramente a sentir-se perto delas"[14]. Nossa personagem alude ao binóculo (com certeza!) e invoca a proximidade espacial que não é substituída por nenhum meio técnico de aproximação.

O que deduzir dessa reflexão? Que o herói não quer ver simplesmente, mas "se sentir perto dela". O olhar não é somente um meio de examinar o objeto, mas de senti-lo. E evidentemente, mais o olhar é próximo, melhor a sensação. Qual sensação? Provavelmente, a de fazer parte do universo da Berma e de medir a distância entre ela e o herói.

O conceito de "distância" lembra o texto de Blanchot citado por Barthes sobre o neutro:

> Agora, o que está em jogo e solicita relação é tudo o que me separa do outro, isto é, o outro na medida em que estou infinitamente separado dele; separação, fissura, intervalo que o deixa infinitamente fora de mim, mas também pretende fundar minha relação com ele nessa interrupção mesma, que é *uma interrupção do ser* – alteridade pela qual ele não é para mim, precisa repeti-lo, nem outro eu, nem outra existência, nem outra modalidade ou um momento da existência universal, nem uma sobre-existência, deus ou não deus, mas o desconhecido de sua infinita distância [...] Alteridade que se sustenta sob a nominação do neutro [...] Pela presença do outro entendido ao neutro, há no campo das relações uma distorção impedindo qualquer comunicação direta e qualquer relação de unidade.[15]

Retemos, portanto, esse querer participar do universo da Berma, não mais à distância, mas ao lado dela ou frente a ela, sem esquecer a dificuldade deste mergulho já sublinhada por Blanchot: "A curvatura de espaço exprime a relação entre seres humanos."[16]

Por que falar de curvatura de espaço? Sabemos que a curvatura de espaço provém, entre outros, do matemático Rieman que, junto com seu colega russo Lobatchevski, tinham imaginado uma geometria diferente da de Euclides, a geometria curva que

---

14 Ibidem, p. 40.
15 *Le Neutre*, p. 190.
16 Ibidem.

permite medir grandes espaços e servirá na teoria da relatividade. Aliar a matemática e a psicologia das relações fará entender um pouco mais os caminhos árduos que ligam um homem a outro, relações jamais diretas e muitas vezes enviesadas.

Olhemos agora o fólio 21 v°, no qual "a vista destas linhas de escrita", "destas vagas linhas" provoca algumas constatações no herói. Primeiramente, elas "escapavam" dele como se não pudesse impedi-las; em seguida, elas não falavam de seu amor por Gilberte, embora escrevessem "em todas as páginas do caderno [...] indefinidamente seu nome e seu endereço" e, enfim, elas "desvelavam unicamente o desejo que tinha".

O herói não imaginava escrever declarações amorosas, como o leitor poderia pensar, mas simplesmente o nome e o endereço da amada. Escrever o endereço quer dizer não necessariamente ir ao domicílio, mas evocá-la e imaginar-se a vida de Gilberte em casa. Não é a maneira de entrar no universo da moça como desejava entrar no da Berma?

Escrevendo "em todas as páginas do caderno" as oito letras de Gilberte, o herói se dá conta provavelmente que ao nome está ligado o imaginário com o qual cerca a amante e que ele repete assim "seu sonho interior".

O olhar sobre essas linhas atravessa, portanto, o endereço e o nome para atingir o desejo do scriptor, único motivo da escritura já que ele, o *erastes* (o amante) não encontrava nenhuma resposta vinda desse "eu" que devia ocupar a posição do *eromenos* (o amado)[17].

Os dois fólios se unem, portanto, nesta mesma vontade de viver no universo da outra, mas enquanto no fólio 22 r° o olhar duvida da verdade do que vê, no fólio 21 v° o olhar vai além da escritura e descobre um desejo subjacente.

Outras relações podem ser apontadas.

O herói estabelece um laço entre as duas mulheres com as quais gostaria de partilhar o universo pedindo a Gilberte uma brochura na qual Bergotte comentava *Fedra* de Racine. Nesse sentido, Bergotte desempenha o papel de informante perto do herói, como Monfort no fólio 21 r°, também admirador da

---

17 J. Lacan, *O Seminário, Livro 8: A Transferência*, p. 43.

Berma. A mais, a solicitação criará um laço mais intenso com a amiga e entrar no universo de uma, o fará entrar no da outra.

Outra relação: "a imensa decepção" experimentada na saída de cena da Berma, por um lado, e "o desânimo" frente a seu desejo ficado sem confirmação, do outro. A ideia que se fazia da grandeza da atriz, confrontada à realidade da cena, a ideia do passado, portanto, é paralela à do futuro que imaginava com Gilberte. As duas experiências ilustram ao mesmo tempo sua ilusão e a realidade que a remodela ou a destrói.

Escrever sem cessar o nome de Gilberte nos cadernos decorre da mesma necessidade de prorrogar um prazer "de não deixar mais, ao sair da sala, essa vida de teatro que por algumas horas fora a minha" e diz bastante esta vontade permanente de viver fora da realidade no seu mundo imaginário. A volta para a casa comparada a um exílio e "a vista destas vãs linhas que não provavam de maneira alguma que ela consentisse a ocupar efetivamente um grande espaço na minha vida, mas que somente desvelavam na minha frente o desejo que tinha que isso acontece".

Norpois, aqui M. de Monfort, tem o mesmo papel que Gilberte, o de revelador. O primeiro conscientiza o herói de que ele pode seguir seus gostos, aqui, a literatura, e não contrariá-los como pensava, enquanto Gilberte suporta o desejo incessante embora vão do herói. Ambos contribuem assim ao conhecimento de si da personagem.

Perguntei-me, em seguida, se, aproximando estes dois fólios, eu justificava não somente a hipótese inicial, mas ilustrava a noção de estilo de uma maneira subjacente ou implícita. Estilo que o autor define no caderno 28:

> Como a realidade artística é uma relação, uma lei reunindo fatos diferentes (por exemplo estas sensações diferentes que a síntese das impressões faz nascer) a realidade somente é posta quando há um estilo, isto é, aliança de palavras. É porque, não tem sentido dizer que o estilo ajuda na duração da obras de arte etc., a obra de arte só começa a existir com estilo; isto não quer dizer que a visão que ele até lá, há somente um passar sem fim de sensações separadas que não param de fugir. Ele toma aquelas das quais a síntese faz uma relação, as forja bate juntos na bigorna e sai do forno um objeto que reúne as duas coisas.[18]

18 M. Proust, *Caderno 28*, f. 33r°. (transcrição de Guilherme I. da Silva).

O narrador proustiano me fornece o material, as duas páginas que se fazem frente, bato a bigorna e tiro minha interpretação que "reúne as duas coisas". As sensações se sucedem de uma página a outra e meu olhar, sempre o olhar, provocou uma parada e me permitiu elaborar o texto. Não é assim que podemos definir um dos papéis do crítico? Lançar um olhar, eu diria, descuidado sobre o texto, quero dizer, sem se preocupar por encontrar algo, sem determinação prévia, um olhar quase leviano, sem fidelidade ao significado, embalado pelas palavras.

2. Os Processos Cognitivos e a Rasura nos Cadernos 20 e 21[1]

Por que o escritor ou o artista rasura ou faz esboços? Ao que responde essa necessidade? Por que ele não pode não rasurar ou escrever de outra maneira? Por que ele deve negar, renegar ou denegar pelo menos a primeira versão?

O senso comum responderá que o escritor rasura para corrigir, retificar uma palavra ou um erro de sintaxe ou dar uma lógica à narrativa etc. Responderei que, além de todos esses motivos válidos, interferem outros fatores menos aparentes. Além de um fator de gozo, que desenvolvi em outra contribuição[2], outros fatores que conhecemos aparecem que, sem nenhuma dúvida, forçam o escritor a rasurar por outros motivos. É disso que vou tratar.

Tomemos como exemplo o fólio 22 r° do caderno 21 de Marcel Proust.

Para avaliar a lógica textual e não cartesiana que governa este fólio, poderíamos seguir o tempo suposto de redação quando as rasuras deveriam anunciar uma reescritura imediata e a constatação das mudanças efetuadas que anunciam os processos de criação.

---

1 Intervenção no seminário da equipe proustiana no Item-CNRS, em 2009.
2 Como se Constitui a Escritura Literária?, *Crítica Genética e Psicanálise*, p. 67.

22 r°

ce n'était plus elle que je voyais, mais son visage dans le verre grossissant.

'en avait

+ celle que je voyais
dans la lorgnette

Je reposai la lorgnette ; mais peut-être l'image que s'en faisait mon oeil diminuée par l'éloignement était-elle plus inexacte Laquelle de deux Berma était la vraie, celle que je voyais avec mes yeux ou+ encore. Comment n'avais-je pas essayé avant la représentation de

X savoir de quel point exact, et de quelle façon elle ~~estimait~~

qu'elle devait être vue. Cependant le moment de la déclaration

était arrivé. Reprendre 2 pages audessus.

Puis :
~~Je sentis A peine la Berma fut-elle sortie de scène~~
~~la représentation finie~~ le rideau tombé
Je n'en sentis pas moins en quittant le théâtre que je venais d'éprouver une

M. de Monfort n'avait pas
quand il était ambassadeur
seulement pris ~~à l'étranger~~
l'habitude de recevoir avec
    français et
courtoisie, ~~dans l~~ les ~~français~~
    étrangers
de passage, mais encore, comme
~~les personnes qui lui étaient~~ on ne
lui présentait que ceux qui
marquaient d'une façon quel-
conque, ~~d'observer~~ de les
observer avec la curiosité que
leur distinction méritait et
qui lui avait permis, pensait-il
dans la vie des grandes capitales
de s'instruire

immense déception mais ~~je n'avais eu ce plaisir que j'avais tant~~

~~désiré avait été bien faible et le ber~~ la déception que le plaisir que

                                    resté me sembla
~~je venais d'éprouver eut~~ j'avais tant désiré ~~eut été si faible~~, mais
                                    n'eut pas été plus grand
en même temps le besoin de le prolonger, ~~de l'enrichir de ne~~ de ~~rai~~
sonner l'approfondir, de ne pas quitter pour jamais, en sortant du
théâtre, cette vie qui pendant quelques heures avait été la mienne,
~~qui ne voulait pas finir~~ et dont je ne serais arraché, comme ~~en~~
                                                doucement
~~partant pour~~ un départ pour l'exil, en rentrant à la maison si
                        apprendre beaucoup de
je n'avais espéré y ~~rencontrer M.~~ retrouver M. de Monfort
        la Berma   par son   M.de Montfort
~~qui était un~~ admirateur ~~de M. de Monfort~~ la Berma ~~près du~~
~~qu'il~~ je pourrais apprendre ~~entendre~~ parler d'elle. M. de
    je lui fus présenté   tu   qui m'appele pour cela
~~M. Avant~~ Avant le dîner ~~je~~ mon père ~~m'ayant appelé dans~~
                                qui ~~m'offrit chaleureusement~~
                                    bien heureux
~~son cabinet~~ dans son cabinet. ~~M. de Monfort qui avait pris~~
    mais ayant pris   la Revue bleue

dont j'entendis parler pour la première
fois comme s'il pouvait être
raisonnable de les suivre quand
j'avais toujours cru qu'ils était n'e était
nécessaire de les contrarier
que bien loin de penser qu'on
pourrait me conseiller de tenir
compte d'eux et de les suivre je
n'avais jamais considéré
~~dont je n'avais pensé qu'on~~
~~me parlerait comme~~
que comme un obstacle négligeable
    mais dont ne

l'habitude à l'étranger de recevoir ~~à l'Ambas~~ avec courtoisie
les français de passage +, fut avec moi d'une affabilité à laquelle
mon âge ~~ne~~ ne m'avait pas habitué et me ~~causa~~ posa un
                                ce qu'avait été
certain nombre de questions sur ma vie, ~~sur~~ jusqu'ici sur
~~comme qui pour la première fois, j'eus d'avoir parlé comme~~
mes goûts ~~comme si c'avait été chose d'importance~~

questions qui ~~remplissage de la conversation d'un homme qui~~

No entanto, nada está seguro quanto à progressão cronológica e os momentos dos achados. Há tantas interações entre a mente e a folha de papel que não são anotadas, cujo exato caminho não podemos seguir, nem do pensamento, o que é impossível, nem da escritura que conduzira o pensamento. Aqui, divergiremos provavelmente de alguns cognitivistas que não levam em conta forçosamente a força da escritura que cria sua realidade, tanto quanto o discurso oral cria a sua, independentemente da realidade empírica[3].

Assim, para entender um pouco melhor a rasura, duplicarei a lógica da escritura de uma leitura do "só depois" baseando-me num texto surpreendente no qual o narrador proustiano de *A Prisioneira*, bem antes de Freud ou Lacan, preconizava uma leitura retroativa que pressupunha a procura de uma unidade. O texto é um pouco longo, mas vale a pena!

Mas apesar da riqueza dessas obras, em que a contemplação da natureza tem o seu lugar ao lado da ação, ao lado de indivíduos que não tão-somente nomes de personagens, considerava eu quanto, em todo caso, essas obras participam do caráter de ser – ainda que maravilhosamente – sempre incompletas, caráter que é o de todas as grandes obras do século XIX, cujos escritores mais eminentes deixaram nos seus livros a marca de sua personalidade, mas, observando-se a si próprios ao trabalharem, como se fossem ao mesmo tempo o operário e o juiz, tiraram dessa autocontemplação uma beleza nova, exterior e superior à obra, impondo-lhe retroativamente uma unidade, uma grandeza que ela não tem. Sem nos determos naquele que viu em seus romances, depois de escritos, uma *Comédia Humana*, nem naqueles que a poemas ou ensaios sem conexão entre si intitularam *A Lenda dos Séculos* e *A Bíblia da Humanidade*, não podemos todavia dizer deste último que ele encarna tão bem o século XIX, que as maiores belezas de Michelet devemos procurá-las menos em sua obra mesma do que nas atitudes que ele toma em face dessa obra, não na sua *História de França* ou na sua *História da Revolução*, mas nos prefácios que escreveu para os seus

---

3 "Porque a realidade decorre muito precisamente do dizer." J. Lacan, *O Seminário, Livro 19: ...Ou Pior*, p. 222. A insistência na não localização geográfica das funções do cérebro ou sua função holística não é nova; no entanto, alguns neurocientistas atribuem ainda tal função a tal parte do cérebro e pretendem, localizar o gene da homossexualidade, da inteligência etc. Miguel Nicolelis, por exemplo, se mostra contrário à localização e sustenta que as funções do corpo se constroem em função das demandas que se impõem ao cérebro. M. Nicolelis, Sabatina, *Folha de S. Paulo*, 10 jun. 2009, disponível em: <www.folha.com.br/091601>.

livros? Prefácios, isto é, páginas escritas depois de escritos os livros, nas quais os aprecia, e às quais cumpre juntar aqui e ali algumas frases que começam de ordinário por um: "Devo dizê-lo?" que não é nenhuma precaução de sábio, senão cadência de músico [...] Unidade ulterior e não factícia [...] Não factícia, talvez até mais real por ser ulterior, por ter nascido de um momento de entusiasmo em que é descoberta entre pedaços a que só falta unirem-se. Unidade que se ignorava a si mesma, logo vital e não lógica, que não proscreveu a variedade nem arrefeceu a execução. Surge ela (aplicando-se porém desta feita ao conjunto) como uma peça composta isoladamente, nascida de uma inspiração, não exigida pelo desenvolvimento artificial de uma tese, e que vem integrar-se no resto.[4]

Se Freud defendia o "só depois" na lógica da análise e que Lacan insistia no lugar do futuro na reconstrução, "o depois se fazia de antecâmara par que o antes pudesse tomar seu lugar"[5], ambos só confirmavam e recolocavam num quadro teórico, o avanço proustiano.

Aplicando este princípio, que funcionava para as obras publicadas de Balzac, Michelet ou Hugo, aos manuscritos e aos autores nos quais o narrador proustiano parecia pensar na sua escritura de *A Prisioneira*, podemos ou devemos ler os manuscritos a partir não de seu prefácio, mas do texto publicado que ordenará os prototextos e lhe dará um sentido.

Há, portanto, uma luta entre o passado da escritura, que fez trabalhar o texto, o presente da leitura, que determina talvez outro texto e provavelmente outro sentido, e o futuro que, de sua posição posterior, mantém o leme real. Em outras palavras, uma luta acontecerá entre a instância do narrador que escreveu, a do leitor que rasura e acrescenta ou não, e a do autor que confirma ou infirma o último texto escrito.

O texto publicado dará, portanto, o tom e assim fará entender um pouco melhor o caminho que vai até ele e do qual é um dos resultados. Vejamos o texto:

Todavia, ao cair o pano, senti certo desapontamento de que não tivesse sido maior o prazer que tanto almejara, mas sentia ao mesmo tempo a necessidade de o prolongar, de não deixar para sempre, ao sair da sala, aquela vida do teatro que durante algumas horas fora a minha,

4 *A Prisioneira*, p. 148-149.
5 *Escritos*, p. 197.

e de que me teria arrancado, como numa partida para o exílio, ao voltar diretamente para casa, se ali não tivesse esperanças de saber muito sobre a Berma por intermédio de seu admirador, graças ao qual me haviam permitido ir ver a Fedra, o Sr. De Norpois.[6]

Coloquei em itálico as frases diferentes nos dois textos. Mostra-se, assim, até que ponto o texto do fólio 22 é quase o último, salvo um fragmento da última frase, para este parágrafo. Em que o último é diferente do fólio estudado, e de que maneira ele dá um sentido ao texto do fólio?

Vejamos o que foi eliminado, senão permutado, do fólio. Devo limitar-me às mudanças de palavras, à forma, ou devo ler o sentido implicado, ou o eixo semântico indicado, a matéria?

Se a forma dá um sentido à matéria como sublinha Petitot[7], analisarei a matéria para, em seguida, detectar de que maneira ela aparece ou desaparece.

A matéria parece clara: a sensação de decepção em relação ao prazer esperado gera a necessidade de prorrogar a vida de teatro para ver, provavelmente, se o prazer será atingido um dia como o herói esperava. Os três verbos essenciais estão lá desde o fólio 22: sentir, experimentar uma decepção, deixar ou não o teatro, mas há uma diferença com o texto publicado ou este indica uma direção não prevista desde o fólio?

A formatação ou a sintaxe ainda é difícil: se suprimir as rasuras, a escritura, ou melhor, as escrituras sucessivas do narrador, aparecem mais facilmente. As diferentes camadas de escrituras se misturam e são difíceis de distinguir já que há um trabalho contínuo de reescritura. Se não tivéssemos rasuras nem sobrecargas nem textos na margem, estaríamos como o astrofísico do qual o telescópio capta seis mil imagens de uma galáxia simultaneamente e que deve segundo a intensidade da luz de cada elemento, distinguir as estrelas dos buracos negros[8].

---

6   *À Sombra das Raparigas em Flor*, p. 42 [grifo nosso].
7   La Vie ne sépare pas sa géométrie de sa physique, em M. Costantini; I. Darrault (orgs.), *Sémiotique, Phénoménologie, Discours*, p. 167-170.
8   A Galáxia M 94, que fica na constelação dos Cães Caçadores, instiga, há décadas, a curiosidade dos astrônomos. A região central da galáxia emite uma luz diferente da produzida pelas estrelas, mas muito intensa. Esse tipo de brilho costuma indicar a presença de um gigantesco buraco negro. Acontece que na M 94, por mais que os cientistas procurassem esse corpo celeste, nunca o encontravam onde deveria estar. Agora, finalmente, depois

A visão instantânea de um fólio sem rasura parece tão misteriosa quanto o clique de um telescópio. Felizmente, temos a rasura, que testemunha um trabalho intenso e fará ressaltar o texto publicado. Faltaria separar as diferentes camadas de escritura e as atribuir a tal eixo semântico ou sintático, não mais segundo sua intensidade, mas segundo sua permanência ou não nas versões.

Ou, ao contrário, é a permanência que deveria ser iluminada mais fortemente e colocaria na sombra as palavras rasuradas. Estas continuariam existindo e prorrogariam a aparência do texto.

Retenhamos apenas duas rasuras que desembocam no texto analisado:

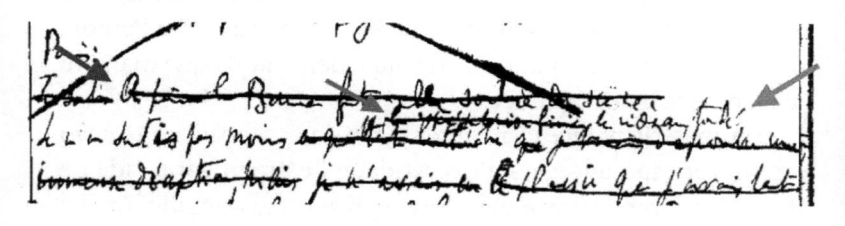

À peine la Berma fut-elle sortie de scène/ Mal a Berma saiu de cena
la représentation finie/ a representação terminada
Le rideau tombé/ ao cair o pano

Essas palavras não são apenas sinônimas. A expressão "ao cair o pano" afasta a atriz admirada e a peça *Fedra* para indicar o corte entre o teatro e o mundo, através desse objeto material e banal, a cortina ou o pano, que subentende os dois outros e indica a separação entre o mundo sonhado e o mundo vivido.

Em *À Sombra das Raparigas em Flor*, será o pano, em *O Caminho de Guermantes*, será o capacho que terá este papel e unirá o suposto mundo encantado dos Guermantes e o mundo sonhado etc. Os dois objetos representam uma espécie de onda

de quase três anos analisando imagens obtidas com o telescópio Gemini Norte, o astrofísico brasileiro João Steiner obteve provas de que a galáxia abriga sim um buraco negro. R. Zorzetto, O Buraco Estava ao Lado, *Pesquisa Fapesp*, n. 159, mai. 2009, p. 18, disponível em: <http://revistapesquisa.fapesp.br/2009/05/01/o-buraco-estava-ao-lado/>.

de fundo da pesquisa e servem de critério para afastar da aparência os dois outros significantes: "Mal a Berma saiu de cena" e "a representação terminada".

Esta onda de fundo é também a averiguação do "só depois" que ordena o passado e dá o tom.

Se quisesse ser científico, deveria examinar outros cadernos e averiguar se a rede que liga os dois significantes, a cortina e o capacho, nos dois livros que se seguem, continua a dirigir o rumo. Será objeto para outra pesquisa.

No entanto, podemos pelo menos afirmar que a continuação do trecho é estruturada por esta separação, já que ela transformará a volta para casa em exílio: "aquela vida do teatro que durante algumas horas fora a minha, e de que me teria arrancado, como numa partida para o exílio, ao voltar diretamente para casa".

Os dois métodos de leitura, a intensidade ou a permanência das palavras ou das frases acrescentadas à leitura do "só depois", podem ajudar os geneticistas a entender o manuscrito. O filtro que permitirá encontrar o último sentido, será o texto publicado, mas, no caso estudado, o fólio anuncia o texto em grande parte, como se a onda de fundo já trouxesse o último sentido.

Tomemos outro exemplo, mas desta vez com três fólios consecutivos, os fólios 20, 21 e 22.

Constatamos que quase todos os eventos do texto publicado já pertenciam ao caderno 21; contudo, o trecho que segue não consta em nenhum dos três fólios, nem no resto dos cadernos 20 e 21, nem no caderno 24 que segue imediatamente o 21:

> Afinal explodiu meu primeiro sentimento de admiração: foi provocado pelos aplausos frenéticos dos espectadores. Misturei-lhes os meus, tratando de prolongá-los, a fim de que a Berma, por gratidão, se superasse a si mesma, e assim pudesse eu ficar certo de que a ouvira num de seus melhores dias. E o curioso é que, segundo depois o soube, o momento em que se desencadeou o entusiasmo do público foi aquele de fato em que a Berma tem um de seus melhores achados. Parece que certas realidades transcendentes emitem ondas a que é sensível a multidão. É assim que, por exemplo, ao surgir um acontecimento, quando um exército está em perigo na fronteira, e é vencido, ou sai vitorioso, as notícias assaz obscuras que se recebem, e de que o homem cultivado não sabe tirar maiores consequências, provocam na massa uma emoção que o surpreende, e

na qual reconhece, uma vez que os entendidos o puseram ao corrente da verdadeira situação militar, a percepção, pelo povo, dessa aura que cerca os grandes acontecimentos e que pode ser visível a centenas de quilômetros. Sabe-se da vitória, ou depois que a guerra terminou, ou imediatamente, pela alegria do porteiro. Descobre-se um rasgo genial do desempenho da Berma oito dias depois de a ter ouvido, pela crítica, ou no mesmo momento, pelas aclamações da plateia. Mas, estando esse conhecimento imediato da multidão mesclado a cem outros completamente errôneos, os aplausos caíam quase sempre em falso, sem contar que eram mecanicamente impulsionados pela força dos aplausos anteriores, como ocorre numa tempestade, quando o mar já está tão agitado que continua a engrossar, embora não aumente o vento.[9]

No caderno 24, apenas o fólio 36 v° continua falando da Berma, mas sem alusão a esse trecho reflexivo sobre os grandes eventos, e o entusiasmo que eles desencadeiam. Supomos, portanto, que tal acréscimo surgiu após o caderno 24 ou pertencia a uma página arrancada e recolada de um caderno desconhecido.

O primeiro texto escrito nos três fólios inclui todos os eventos do texto publicado, mas ainda não na mesma ordem. De quais cadernos vem esta primeira sintaxe? Somente o caderno 67 parece responder a essa pergunta. Seguindo Francine Goujon, que resume o caderno em fevereiro de 1987, no r°, temos:

1. O herói vai ouvir Sarah Bernhardt (ou a X, ou a K) em *Fedra* pela primeira vez (6 r° a 15 r° e v°).
2. Chegada ao teatro (6 r°).
3. Acréscimo: O teatro, reino da grande artista (5 r°, 5 v° e 6 v°).
4. O levantar da cortina (6 r° a 9 r°).
5. Antes da entrada da atriz (9 r° a 10 r°).
6. Acréscimo: o teatro, santuário para a atriz (9 v° a 10 v°).
7. Decepção do herói (10 r° a 12 r°).
8. Intercalagem: a impressão fugitiva, alvo da artista teatral (10 v°,12 v° a 13 v°).
9. Conversa com Swann (12 r° a 15 r°).
10. Intercalagem (11 v°).[10]

Numerei os parágrafos do texto publicado de um a oito para reencontrá-los em seguida na releitura dos fólios 20 a 22.

9 *À Sombra das Raparigas em Flor*, p. 41.
10 Estes fólios são transcritos como esboços em *À la recherche du temps perdu*, v. 1, p. 992-1005.

1. Mas ao mesmo tempo, todo meu prazer cessara; por mais que estendesse para Berma os meus olhos, meus ouvidos, meu espírito, para não deixar escapar uma só migalha dos motivos que ela me daria para admirá-la, não logrei recolher uma única sequer. Nem podia, como no caso de suas companheiras, distinguir em sua dicção e no jogo das inflexões inteligentes, os belos gestos. Escutava-a como se estivesse lendo a *Fedra,* ou como se a própria Fedra dissesse naquele momento as coisas que eu ouvia, sem que o talento da Berma parecesse lhe ter acrescentado coisa nenhuma.

2. Gostaria – para poder aprofundá-la, para tentar descobrir o que nela havia de belo – de parar, imobilizar cada inflexão da artista, cada expressão de sua fisionomia; pelo menos, à força de agilidade mental, tendo, antes de um verso, toda a minha atenção instalada e alerta, tentava não distrair em preparativos uma parte da duração de cada palavra, de cada gesto, e, graças à intensidade da minha atenção, chegar a descer tão profundamente nelas como o teria feito se tivesse longas horas à minha disposição. Mas como era breve essa duração! Mal meus ouvidos recebiam um som, e já este era substituído por outro. Numa cena em que a Berma permanece imóvel por um instante, o braço erguido à altura do rosto, banhada numa luz esverdeada graças a um artifício de iluminação, diante do cenário que representa o mar, a sala rompeu em aplausos, mas a atriz já havia mudado de lugar e o quadro que eu desejaria estudar não mais existia. Disse a minha avó que não via bem, e ela me passou o binóculo. Apenas, quando se crê na realidade das coisas, usar um meio artificial para fazer com que se mostrem não equivale inteiramente a sentir-se próximo delas. Achava que já não era a Berma a quem via, e sim a sua imagem na lente de aumento.

3. Deixei o binóculo; mas talvez a imagem que meu olho recebia, diminuída pela distância, não fosse mais exata; qual das duas Berma era a verdadeira?

4. Quanto à declaração a Hipólito, eu confiara muito nesse trecho em que, a julgar pelos sentidos engenhosos que suas companheiras me revelavam a todo momento nas partes menos belas, ela certamente teria entonações mais surpreendentes que, em casa, lendo-o, tentara imaginar; mas ela não alcançou sequer as que Enone ou Arícia teriam encontrado, passou pela plaina de uma melopeia uniforme toda a tirada onde se acham confundidos todos os contrastes, todavia tão ressaltados, cujos efeitos uma atriz trágica medianamente inteligente, e até alunos do colégio, não deixariam de acentuar; além disso, ela o declamou tão depressa que somente quando chegou ao último verso é que meu espírito se conscientizou da monotonia intencional que havia imposto aos primeiros.

5. Por fim, rompeu meu primeiro sentimento de admiração: foi provocado pelos aplausos frenéticos dos espectadores. Misturei os meus aos deles, tentando prolongá-los para que, por reconhecimento, a Berma se superasse e eu tivesse a certeza de a ter ouvido num de seus melhores dias.

6. O que, de resto, é curioso é que o momento em que se desencadeou esse entusiasmo do público foi, como o soube depois, aquele em que a Berma teve um de seus melhores achados. Parece que certas realidades transcendentes emitem, a seu redor, radiações a que a multidão é sensível. É assim, por exemplo, quando ocorre um incidente, quando na fronteira um exército está em perigo, batido ou vitorioso, as notícias bastante obscuras que recebemos e de onde o homem culto não sabe extrair grande coisa, excitam na turba uma emoção que o surpreende e na qual, uma vez que os especialistas o tenham posto ao corrente da verdadeira situação militar, reconhece a percepção, pelo povo, daquela "aura" que envolve os grandes acontecimentos e que pode ser visível a centenas de quilômetros. Tem-se notícia da vitória, ou muito mais tarde, quando a guerra acaba, ou imediatamente, pela alegria do porteiro. Descobre-se um traço genial do desempenho da Berma oito dias depois de a ter ouvido, pela crítica, ou de imediato, devido às aclamações da plateia. Porém, estando essa consciência imediata da multidão mesclada a outras cem completamente erradas, os aplausos muitas vezes soavam falso, sem contar que eram levados mecanicamente pela força dos aplausos anteriores, como numa tempestade, uma vez que o mar esteja tão revolto que continua a engrossar, mesmo que o vento não aumente

7. Não importa; à medida que eu aplaudia, parecia-me que a Berma representava melhor.
– Pelo menos – dizia a meu lado uma mulher bem vulgar –, ela se consome, se bate de dar pena, corre; isto sim é que é representar!
E feliz por encontrar estas razões da superioridade da Berma, embora duvidando que elas fossem bastante para explicá-la, como não bastava para explicar a da Gioconda ou do Perseu de Benvenuto a exclamação de um camponês:
– É tudo muito bem-feito! Tudo em ouro, e bonito! Que trabalho! – compartilhei, ébrio, o vinho grosseiro daquele entusiasmo popular.

8. Entretanto, ao baixar o pano, fiquei meio desapontado porque o prazer que tanto desejara não fora maior, mas ao mesmo tempo a necessidade de prolongá-lo, de não deixar mais, ao sair da sala, essa vida do teatro que por algumas horas fora a minha, e da qual seria arrancado como se partisse para o exílio, ao voltar diretamente para casa, se ali não alimentasse esperanças de aprender muito sobre a Berma com seu

admirador, a quem devia a permissão de ter ido ver a *Fedra,* o Sr. de Norpois.[11]

No caderno 67, que parece anteceder o 21, a ordem é ainda mais transformada, já que as frases, em si mesmas, reúnem sintagmas ligados no texto de outra maneira: 4, 1, 2, 5,7, 2,1, 2, 8. Defender a hipótese, comentada na segunda parte, afirmando que o futuro ordena o passado, seria averiguável? Por que o início com o 4, o mergulho no 1 e no 2 para voltar ao 5, pular no 7, remontar ao 2 e ao 1 e ao 2, e terminar no 8?
Na primeira escritura do caderno 21, eles seguem a ordem 1, 4, 5, 7, 2, 3, 8 e na releitura: 1, 2, 3, 4, 5, 7, 8.
Somente o parágrafo 6 está ausente.
O pulo do caderno 67 ao caderno 21 é bastante extraordinário, o que me faz perguntar se apenas o sentido era diferente, ou também a forma ou a sintaxe dos eventos. O trecho acrescentado no texto publicado poderá nos ajudar e dar outra direção?
Este parágrafo parece constituir um comentário ou uma resposta a duas perguntas já postas no caderno 67 sobre o achado da Berma. "Digo que é sublime, mas estaria incomodado de dizer o porquê" e "talvez possa entender o que há de notável na sua maneira de dizer, a qual esforço intelectual nela quando encontrou, isso corresponde, qual achado de arte há lá, o que isso significa, o que contém de perfeição". Em outras palavras, o herói se pergunta o que teria desencadeado o entusiasmo do público e por que é sublime.
A resposta centraliza e redireciona o texto publicado que se reúne com o outro atrator, "a cortina fechada", que significa, como já lembrei, a separação entre a realidade e a arte. Mas a resposta precisou esperar o texto ou o caderno datilografado e pular o ensaio do caderno 21, como se este já esboçasse uma solução, ou como se os fatos se colocassem no lugar para receber este novo atrator entre o 5 e o 7.
A primeira leitura do caderno 21 teria se contentado com ordem dos eventos, a segunda, que será a correção sobre o datilografado ou sobre um caderno desconhecido, dará a resposta: O sublime é detectado porque "parece que certas realidades transcendentes emitem, a seu redor, radiações a que a multidão é

11   *À Sombra das Raparigas em Flor,* p. 39-42.

sensível [...] daquela 'aura' que envolve os grandes acontecimentos e que pode ser visível a centenas de quilômetros".

O sublime, "aquela 'aura' que envolve os grandes acontecimentos", é qualificado de realidade transcendente acessível ao povo. O herói não a entendeu e desejaria, por isso, ficar mais tempo no teatro e não voltar para a realidade do cotidiano, que é seu exílio.

O laço entre os dois atratores parece evidente e esclarece o texto estudado que, ao mesmo tempo, quer recolocar os eventos no seu lugar e lhe dar um sentido.

O autor Proust acreditava saber o que queria na primeira leitura dos fólios 20 a 22 do caderno 21? Provavelmente, mas as perguntas que seu narrador tinha posto não estavam inteiramente resolvidas ou, em outras palavras, a escritura exigia mais, o que o fará ainda mexer na ordem preestabelecida, inserindo o elemento 6.

Se seguirmos Quignard, "o que parece ao crítico da mais extrema mestria será a mais extreme servidão"[12]. Maestria do autor ou submissão a uma instância que pode ser o estilo, um plano ignorado ou outro elemento?

OS PROCESSOS COGNITIVOS

Após esta análise, pergunto se a permeabilidade entre futuro, presente e passado revela o desenvolvimento de um processo cognitivo nos artistas, processos que todos possuem, mas que os artistas exercem certamente.

Temos três opções para pensar nisso: ou o artista está à mercê de intuições involuntárias presentes na sua mente há tempo, intuições que nasceram e são fortificadas na ocasião de leituras ou contatos com pessoas ou eventos , ou – não se assuste, leitor –, há algo neles que vê o futuro, como se dominasse o tempo ou se estivessem acima do tempo.

Na primeira opção, o artista se "contentaria" em traduzir. A palavra "contentaria" é bastante fraca, se pensarmos nos 75 cadernos de Proust ou nos esboços dos pintores e escultores.

---

12 *Petits traités I*, p. 61.

Ele se contentaria em traduzir aos poucos o que lhe revela a intuição como sublinha o narrador proustiano: "Eu veria que, para exprimir tais sensações, para escrever esse livro essencial, o único verdadeiro, um grande escritor não precisa, no sentido corrente da palavra, inventá-lo, pois já existe em cada um de nós e sim traduzi-lo. O dever e a tarefa do escritor são as do tradutor."[13]

A segunda opção oferece várias possibilidades. A primeira se refere à fita de Möbius[14]. Enquanto a mente a percorre de um lado, a escritura o faz do outro até se chocar na página em que os dois lados se juntam. A vantagem da fita sobre uma superfície plana é a revolução que significa a volta e o trabalho sem fim sobre o mesmo objeto empurrado por um grão de gozo.

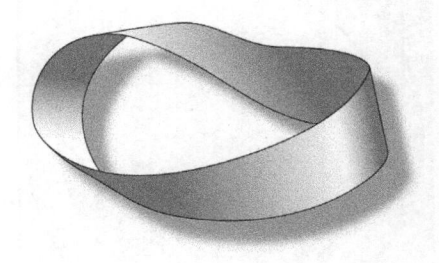

A segunda possibilidade se deduz da geometria inventada por Lobatchevski em 1829 e desenvolvida por Riemann em 1851. A geometria curva foi retomada mais tarde por Einstein na sua teoria da relatividade e permite controlar aviões, satélites, entre outros. A curvatura de uma esfera me faz imaginar um tempo não linear que permite à mente estar no futuro do tempo newtoniano e distante do momento da escritura. Simplesmente, o primeiro avançou mais rápido na linha curva, mas voltará ao mesmo objeto, como na fita de Möbius, para sugerir uma nova ordem ou outros eventos. Valorizando a circularidade, esta maneira de considerar a escritura, indica que

---

13 O Tempo Redescoberto, p. 167-168.
14 Este objeto foi concebido simultaneamente em 1858 pelo matemático alemão, August Ferdinand Möbius, e por seu compatriota Johann Benedict Listing, embora não trabalhassem juntos.

a volta ao mesmo objeto é um processos de criação comum usado por todos.

A terceira possibilidade está relacionada com a cosmologia de Ptolomeu, transcrita na *Crônica de Nuremberg* de 1493, que comentei em várias ocasiões. Nesse desenho, aparece um jogo entre o espaço-tempo contido nos dois círculos e o fora-tempo representado pela mão criadora de Deus[15]. Podemos supor que a mente do artista está fora do tempo, logo após a rasura, enquanto sua mão escreve, como se a rasura o expulsasse ou o exilasse do tempo e o projetasse na eternidade sem futuro nem passado, vivida apenas no presente durante o qual a obra se constrói.

A segunda hipótese supõe, portanto, uma separação do corpo e da mente e a potência da mente que consegue se distanciar e anteceder a escritura.

Pergunto, no entanto, se sustentar tais hipóteses não implica atribuir demais força à mente e subestimar o vigor da escritura? Quando um escritor confessa que sua personagem o conduz onde nunca tinha pensado, quem conduz quem? A escritura por meio da personagem, uma intuição profunda ou uma visão fora do tempo?

---

15 H. Schedel, *Liber chronicarum*, p. 74, disponível em: <http://www.wdl.org/pt/item/4108/>.

Responder é difícil, mas, a pedido de meu releitor exigente, Michel Peterson, vou tentar dar uma resposta plausível.

Poderia opor uma resposta marxista a uma resposta psicanalítica. Por um lado, a sociedade, que inclui as forças da tradição e do contexto socioeconômico, obriga-me a escrever um episódio. Por outro lado, o inconsciente, ativo a qualquer momento, intervém e, jogando na ambiguidade das palavras, faz-me escrever o que eu não queria escrever no início. Sem negar, de modo algum, a colaboração desses dois fatores, e eu digo, colaboração e não precedência, sustentarei uma terceira solução que envolve o presente no gozo da escritura. Chamo, para auxiliar minha resposta, a leitura de *O Vermelho e o Negro* de Stendhal feita por Jacques Rancière. Ele observa que Julien somente é feliz em sua última prisão, longe de todos os cálculos para chegar ao topo da sociedade e perto de seu primeiro amor, Madame de Renal: "aproveitar a qualidade da experiência sensorial, que pode ser alcançada tão logo deixa de calcular, querer e esperar, assim que resolve não fazer nada"[16]. Eu não vou dizer "não fazer nada", mas apenas escrever sem levar em conta a progressão da história, apreciando a combinação das palavras na minha tela, deixando-me levar tanto pelo problema a resolver quanto pelo contexto ou pelo "texto móvel" escondido, mas enfatizando o ato de escrever no "aqui e agora".

---

16   J. Rancière, *Aisthesis*, p. 67.

3. A Traição da Cronologia ou o Sentido Real do "Só Depois"[1]

> *Então é a espécie de ebriedade que tinha tido essas noites voltando, fervendo completamente do prazer da noite que acabava de passar, dizendo-me que gostaria de rever sempre Montargis, eu o sentia de novo diretamente pelas palavras ditas quando o deixando com a tristeza de deixá-lo, que nem ele nem...*
>
> CADERNO 28, fólio 86 r°

Como evitar a armadilha da cronologia?

A cronologia é frequentemente traidora. Acreditávamos partir do texto publicado para voltar para trás e ver como esse texto comanda inconscientemente o que vem antes dele e, de fato, retomamos o primeiro texto escrito que conhecemos, ou as primeiras fontes que achamos nos cadernos, nas margens de livros lidos ou nas folhas dispersas, e imaginamos seguir um caminho ditado por um futuro, embora percorrêssemos um tempo dito cronológico para chegar ao texto publicado. Não é o bom método.

Qual caminho seguir? Que tipo de análise do texto publicado vamos fazer? Linguística, sintática ou literária? Linguística, seria palavra por palavra, sintagma por sintagma; sintática, seria sobre a ordem das palavras numa frase, das frases num parágrafo, dos capítulos na obra; literária, seria do ponto de vista do sentido ou da lógica da narrativa. Esta última parece preponderante.

---

[1] Intervenção no colóquio: Rencontre franco-brésilienne autour de l'édition des Cahiers de Proust, no Institut des Textes et Manuscrits Modernes (Item-França) no âmbito do Projeto temático Brépols e do Convênio Item-Fapesp em 2010.

O que empurra o narrador proustiano a escrever tal palavra ou tal frase? Talvez um sentido que o conduz não muito claramente a escrever e a reescrever a mesma página. Há sem dúvida um sentido global, uma unidade complexa meio consciente no escritor da qual surgirá a unidade, mas que não pode explicar-se somente pelo trabalho da frase e das palavras. No entanto, apesar da ideia "preconcebida" da obra, preconcebida no sentido literal da palavra, e que favorecerá o primeiro jato, um futuro se desvendará aos poucos e provocará as rasuras incessantes e a organização dos cadernos para desembocar no que Proust chama de um "vestido remendado".

Isso quer dizer que o crítico não pode contentar-se com uma frase ou com algumas palavras para sua análise. Deverá ver o conjunto do parágrafo, do capítulo ou do volume para criar sua leitura.

O *scriptor* de Proust, por exemplo, passa muitas vezes de um caderno para outro e trabalha vários cadernos ao mesmo tempo, o que rompe a primeira cronologia da escritura e questiona a linearidade da criação já que não respeita o tempo calendário, mas segue seu próprio ritmo.

Segundo Carla Cavalcanti e Silva, os cadernos 55 e 53 não só não se seguem, mas se distanciam um do outro. Há páginas retomadas do caderno 53, outras páginas do caderno 55 sem preocupação de continuidade, como se os dois cadernos formassem um só espaço. Nathalie Mauriac e outros críticos constataram o mesmo processo de criação em outros cadernos. Mallarmé seria nesse sentido um dos precursores da crítica genética com seu "Lance de Dados" repartido na mesma superfície.

Proust seguia o caminho de sua mente, limitando-se à escritura dos cadernos ou de suas anotações anteriores. Testemunham os cadernos 1 a 4, que "acompanhavam Proust na criação de a BTP de 1908 a 1918" e nos quais transcrevia "anotações tanto preparatórias quanto complementares para o conjunto do romance em obra"[2].

Gustave Flaubert agia de outra maneira na sua escritura e parece seguir uma linearidade no seu manuscrito, trabalhando

---

2 M. Proust, *Carnets*.

página por página. No entanto, o trabalho por página chama também uma quantidade de anotações escritas quando lia, o que explica, entre outras, as numerosas rasuras na mesma página ou num mesmo capítulo, e a impossibilidade de acompanhar o tempo da criação. Essas idas e voltas entre anotações, a memória que lembra tudo o que ele leu e a escritura que transcreve estas lembranças e as anotações mostram um vai-e-vem constante entre, as três "instâncias de poder", a mente, a memória e a língua usada.

O conceito de memória segundo Quignard, comentado no primeiro capítulo da primeira parte, lembrava que "a memória é primeiramente uma seleção no que está para esquecer, em seguida somente uma retenção do que se quer afastar da influência do esquecimento que a fundamenta"[3].

Quase nunca, senão nunca, o escritor é determinado a usar tal palavra forçado por sua mente, sua memória ou suas anotações. Toda escritura sendo não linear, restabelecer a gênese de um romance ou de uma poesia é quase impossível, pelo menos nos seus detalhes. Poderemos dizer *grosso modo* que tal caderno de Proust antecede tal outro caderno de "mise au net" (passagem a limpo), mas entre dois cadernos que se seguem raramente podemos estabelecer com clareza o tempo de sua escritura e qual antecede o outro ou, pelo menos, quais fólios que antecedem os de outro.

Muito parecido com os movimentos da mente, a escritura proustiana segue de preferência as revoluções da "psicologia no espaço" definida em *O Tempo Redescoberto*: girar ao redor do mesmo objeto, até criar um tempo e um espaço próprio no texto publicado.

O narrador proustiano já sustentava a originalidade das dimensões do texto quando constatava a unidade que procurava inconscientemente o escritor, invocando Balzac em *A Comédia Humana*, Hugo em *A Lenda dos Séculos* ou Michelet em *A História da França*[4], como vimos no capítulo anterior. Traduzida em termos lacanianos, a tese de Proust defende assim que o futuro determina a ordem das palavras, das frases,

3   *Le Nom sur le bout de la langue*, p. 63-64.
4   M. Proust, *A Prisioneira*, p. 148-149.

até dos capítulos do passado e não o contrário, como muitos críticos acreditam.

As causas da arte ou da literatura não estão somente na origem ou nas influências recebidas, como alguns críticos tentam provar, notadamente nos catálogos de museus. A escritura que lemos no texto publicado ou a arte que contemplamos nas exposições, é fruto de uma reorganização constante da prática do escritor em função não somente da tradição, mas também do contexto externo, das circunstâncias e da linguagem que o trabalha. Insisto na constância da reordenação da escritura que significa uma mente nunca parada no momento da transcrição e da releitura, raramente presa de uma ideia fixa, embora dividida entre a ideia pré-concebida e o inédito que surge.

Assim, devemos esquecer a filologia do século XIX e suas variantes que procuravam a qualquer preço o Ürtext, o texto primeiro, para esclarecer definitivamente os textos posteriores[5]. O que era verdadeiro para os exegetas que, reencontrando tradições diferentes na origem da Bíblia, podiam decompor o texto para fazer dele um porta-voz não mais da voz única de Deus, mas das várias comunidades que o elaboraram, poderia ainda sê-lo para os textos da Idade Média, provindo, eles também, de várias fontes, mas de jeito nenhum para os textos modernos, que são a obra de um único autor.

Distanciamo-nos assim desta tendência do século XIX, ainda bastante forte em nossas universidades, tendências que poderíamos chamar históricas e que se esforça, por exemplo, quando estuda uma língua, em procurar suas origens e como ela se formou. Que a língua francesa ou portuguesa derive do indo-europeu, não explica a linguagem de nossos jovens hoje. A tendência historicista não pode ser aplicada à criação, nem à pesquisa dos processos de criação, que frequentemente são inconscientes. O escritor ou o artista são mais instrumentos de sua linguagem, scriptor para o escritor, executor para o artista--pintor, o artista-músico ou o artista-escultor.

Em outras palavras, estou cada vez mais convencido de que a criação é um efeito da submissão do artista ou do escritor a sua linguagem, a sua memória, à tradição que ele suporta ou

5 Ver a confrontação entre as duas abordagens em P. Willemart, *Bastidores da Criação Literária*, p. 195s.

às circunstâncias que o cercam e das quais ele é o portador ou o mensageiro.

Todavia, corrijo esta afirmação um pouco brusca dizendo que a submissão às circunstâncias é de fato uma escuta das circunstâncias da vida, da realidade de todos os dias, o que supõe no artista uma sensibilidade, diria extrema, aliada a um desejo de prestar conta de sua escuta a seus contemporâneos. A dependência sensível às circunstâncias do mundo, da casa, do bairro, da cidade, do país, talvez da humanidade, presume não somente um desejo de escrever, mas uma ação ou um querer prestar conta a si mesmo primeiramente, e a seus contemporâneos em seguida, do que ele sente usando a linguagem escolhida.

Ser artista ou escritor exige, portanto, um desejo corajoso de dizer, comunicar e transmitir algo, não em primeiro lugar ao leitor ou ao público, mas a si mesmo.

Vou retomar o exemplo que desenvolvi no capítulo anterior para ilustrar dois processos cognitivos no artista, o "só depois" e sua capacidade de se colocar fora do tempo no texto sobre a Berma em *À Sombra das Raparigas em Flor*.

Gostaria de insistir nos dois processos cognitivos, resumindo-os primeiramente e, em seguida, detalhando um pouco mais a análise.

Tendo separado o texto publicado em oito sequências, tinha constatado que a segunda versão do caderno 21 seguia a ordem já indicada no texto: 1-2-3-4-5-7-8, a primeira versão seguia a ordem 1-4-5-7-2-3-8 e o caderno 67, a ordem 4-1-2-5-7-2-1-2-8. Além da reordenação de um caderno para o outro, o acréscimo da sequência 6, que é um comentário sobre, "a aura que cerca os grandes acontecimentos", surgido somente no texto publicado, é de fato uma resposta às questões que o narrador colocava desde o caderno 67, o que faz supor um caderno intermediário ou páginas arrancadas e coladas que eu desconheço.

Esta maneira de escrever já era adivinhada por Julien Gracq, embora não conhecesse os cadernos, que eu saiba, mas qualquer leitor do manuscrito constata o fenômeno:

O imperativo genético de multiplicação e de enriquecimento predomina de repente no livro sobre o de organização [...] Um mundo sem destinação e sem hierarquia, unicamente animado por sua infinita capacidade de brotamento íntimo, é o sentimento que nos dá às vezes o mundo de *Em Busca do Tempo Perdido*, e acontece que uma página de Proust faz pensar nesses fragmentos de matéria viva dos romances de ficção científica, caídos na terra de outro planeta, e cuja propensão a proliferar-se infinitamente, como uma mancha de óleo, ninguém pode parar.[6]

No texto que segue, no entanto, darei um passo a mais. A análise mais detalhada das versões que antecedem o texto, poderá provavelmente mostrar como cada versão tem uma organização original mais ou menos próxima da última, mas não necessariamente preparatória a este. Em si, cada uma é coerente; basta, no entanto, um olhar do escritor para acrescentar uma palavra, talvez um parágrafo e reorganizar a sintaxe do texto.

Não procurarei observar, portanto, como aos poucos se desenha a organização e o sentido da versão publicada, fazê-lo seria um erro baseado numa cronologia que ignora o acaso, sabendo que cada texto imprime uma ordem e uma sintaxe diferentes daqueles que o antecedem. Precisaria, para isso, não mais dividir o texto em grandes sequências, divisões que já demonstra uma grande reviravolta entre elas, mas também observar uma das mudanças "microscópicas" do texto publicado que daria outra interpretação. Quero dizer que a sexta sequência não é o único elemento mudando no percurso do caderno 21 ao texto, o que veremos mais tarde.

O contexto é conhecido dos proustianos. O jovem herói estava enfim no teatro, mas, contrariamente ao que ele tinha acreditado, a interpretação da Berma o decepciona.

Ele diz um pouco antes do texto analisado: "Enfim, os últimos momentos de meu prazer foram durante as primeiras cenas de *Fedra*."

No entanto, após a declaração a Hipólito, no segundo ato, o prazer parece continuar: "Enfim rebentou meu primeiro sentimento de admiração [...] provocado pelos aplausos frenéticos dos espectadores." O narrador questiona o porquê dessa

[6] *En Lisant, en écrivant*, p. 97.

admiração súbita, reflete sobre a velocidade de transmissão das "realidades transcendentais" e, enfim, vem o texto.

O primeiro nível de sentido do contexto balança entre o prazer percebido e o prazer esperado e se repetirá desde o caderno 67 como uma constante. Ele acentua explicitamente a pulsão de vida ligada ao gozo que empurra o desejo de todos os homens e salienta a construção de um herói, contemporâneo das descobertas freudianas.

Quanto ao texto:

Compartilhei, ébrio, o vinho grosseiro daquele entusiasmo popular. Entretanto, ao baixar o pano, fiquei meio desapontado porque o prazer que tanto desejara não fora maior, mas ao mesmo tempo a necessidade de prolongá-lo, de não deixar mais, ao sair da sala, essa vida do teatro que por algumas horas fora a minha, e da qual seria arrancado como se partisse para o exílio, ao voltar diretamente para casa, se ali não alimentasse esperanças de aprender muito sobre a Berma com seu admirador, a quem devia a permissão de ter ido ver a *Fedra*, o Sr. de Norpois.[7]

Vamos decompor a frase para entender melhor: "compartilhei, ébrio, o vinho grosseiro daquele entusiasmo popular. Entretanto, ao baixar o pano, fiquei meio desapontado porque o prazer que tanto desejara não fora maior".

Compartilhar, sentir, desejar. A partilha não é suficientemente grande e não apaga, ou não substitui, o sentir de uma falta. Uma ação encadeia outra. A cortina, caída como uma faca, interrompe a partilha com o público e a sugere a sensação da falta, como se ela a preparasse.

A sentença "o vinho grosseiro daquele entusiasmo popular" não lhe basta porque não explica suficientemente a qualidade da encenação da Berma que o herói não consegue entender: "descobre-se um rasgo genial do desempenho da Berma oito dias depois de tê-la ouvido, pela crítica ou, no mesmo momento, pelas aclamações da plateia".

mas ao mesmo tempo a necessidade de prolongá-lo, de não deixar mais, ao sair da sala, essa vida do teatro que por algumas horas fora a minha, e da qual seria arrancado como se partisse para o exílio, ao voltar diretamente para casa, se ali não alimentasse esperanças de aprender muito

7 *À Sombra das Raparigas em Flor*, p. 42.

sobre a Berma com seu admirador, a quem devia a permissão de ter ido ver a *Fedra,* o Sr. de Norpois.

Prorrogar, não deixar, arrancar-se, voltar, aprender. O desejo de prorrogar o prazer e de não deixar a pátria eleita se misturar com o desejo de entender mais sobre a Berma. O prazer não se junta ao conhecimento, mas o antecede.

A cortina separa, mas reenvia também à casa para ouvir o embaixador: a função da cortina é dupla; ela separa e reúne os dois mundos: o do teatro aliado ao prazer e o do exílio ligado ao saber.

Enfim, reunindo de novo as duas frases, sublinhamos a simultaneidade dos acontecimentos no tempo indicado pela restrição adverbial "mas ao mesmo tempo", temperada pela condicional "se ali não alimentasse esperanças".

Como perceber a lógica do texto? Como as palavras impostas pela língua tornam-se palavras procuradas nesse segundo nível de sentido?

O longo percurso qualifica certamente estas palavras como "procuradas", mas a partir do que as palavras impostas trabalhavam o escritor? Podemos certamente responder que é a partir das palavras que dizem as sensações do corpo, do seu ou do corpo imaginário que emprestava a sua personagem, ou ainda das palavras aprendidas.

Observamos o detalhe microscópico que citava no início. A primeira frase completa surge somente no texto publicado com a última palavra acrescida, a "embriaguez".

Fora a ordem, tudo ou quase tudo estava nas versões anteriores, salvo esta palavra. No entanto, a palavra "embriaguez", não vai reordenar o texto, mas contaminá-lo, dando ao entusiasmo uma conotação de perda de controle, ou pelo menos, de estado fora do normal, acentuando, por antecipação, a decepção que se seguirá. A comparação influencia o desapontamento e explica melhor o que segue "ao mesmo tempo". É como se o herói lamentasse não poder continuar nesse clima de embriaguez que desejaria continuar vivendo ficando no teatro, mas, por sua vez, ele desejaria entender melhor o que se passou na atuação da Berma. A ordem estava estabelecida desde o caderno 21, mas o acréscimo de uma palavra engrossa o sentido. O eixo semântico não depende, portanto, do eixo sintagmático, mas, pelo contrário, serve-se dele.

Vejamos agora, não como se prepararam ao mesmo tempo a lógica nos textos anteriores e o novo sentido instaurado por esta última palavra, o que seria acentuar o caráter cronológico da criação literária, mas como a palavra acrescida, a "embriaguez", perturbou uma antiga ordem presente nos cadernos 21 e 67 e deu a sintaxe do texto.

Vejamos a segunda versão do fólio 21 r°:

compartilhei o vinho grosseiro do entusiasmo popular. Para poder aprofundar (os versos e) tentar descobrir o que eles tinham de bonito, teria gostado de parar e imobilizar por muito tempo na minha frente cada som da voz, cada ar de fisionomia da Berma; tentava pela agilidade mental tendo, antes de cada verso, minha atenção sempre alerta, para não distrair em preparativos mentais uma parcela da duração de cada palavra, de cada gesto [...] no fundo da cena, diante do cenário que representa o mar, a sala explodiu em aplausos, mas ela já tinha mudado de lugar e o quadro que teria gostado de estudar não existia mais [...] Não pude me impedir de dizer para minha avó que não via bem, ela me passou seu binóculo.

declaração de Hipólito

Depois: a representação terminada [ao cair o pano] Senti certo desapontamento que o prazer que almejara não tivesse sido maior e ao mesmo tempo a necessidade de prorrogá-lo, de aprofundar, de não deixar para sempre, ao sair do teatro, esta vida que durante algumas horas fora a minha, e de que me terei arrancado, como numa partida para o exílio, ao voltar diretamente para casa se ali não tivesse esperança de saber muito mais coisa sobre a Berma por seu admirador M. de Montfort.

Primeiramente, observamos a ordem ou a aparência dos sintagmas que cobre a lógica do texto: partilha, desejo de aprofundar o belo na elocução e no rosto, binóculo, declaração de Hipólito, cortina, sensação de decepção, prazer não satisfeito, a necessidade de prorrogar, a saída para o exílio.

A partir da partilha do entusiasmo popular, o herói gostaria de analisar imediatamente a dicção da Berma ou aplicar sua inteligência na escuta da declaração de Hipólito. Colocando a carruagem antes dos bois, ele confunde a sensação e a inteligência e gostaria de colocar a primeira antes da segunda como se fosse possível quando aprecia uma obra de arte. Como ele não pode esperar para analisar a arte da Berma, ele está duplamente decepcionado no seu prazer e no saber.

Essa parte será deslocada no texto publicado e virá antes a menção da embriaguez provocada pelo vinho grosseiro do entusiasmo, enquanto que nessa versão, a falta de paciência do herói e a constatação de sua inaptidão em entender a arte da Berma alargam um pouco o sentido da versão, duplicando essa qualificação.

A oposição ou a complementaridade, corpo-mente já está lá, mas sob outra forma, a da sensação e da inteligência, bastante forte na obra proustiana.

No caderno 21, primeira versão, fólio 21 r°, isto é, na primeira camada na folha encontramos:

"compartilhei o vinho grosseiro do entusiasmo popular. X No entanto sentia que a representação se aproximava de seu fimX Teria gostado para poder os aprofundar tentar descobrir o que eles tinham de bonito, parar, imobilizar muito tempo na minha frente cada som da voz, cada ar de fisionomia da Berma,
[...] Para ver melhor Não pude me impedir de dizer para minha avó que não via bem, ela me passou seu binóculo. [...]
No entanto, o momento da declaração tinha chegado. Retomar 2 páginas acima
Depois:
Senti s Logo a Berma foi saindo de cena, Senti deixando o teatro que acabava de sentir um imenso desapontamento mas não tinha tido esse prazer que tinha tanto almejado tinha sido bem fraco e o ber a decepção que o prazer que eu acabava de sentir tido tinha desejanto tanto tinha sido tão fraco, mas en mesma tempo a necessidade de prorrogá-lo de enriquecê-lo de não raciocinar o aprofundar, de não deixar para sempre, ao sair do teatro, esta vida que durante algumas horas fora a minha, que não gostaria de finir e de que me teria arrancado, como se não partindo para uma partida para o exílio, ao voltar em casa se não tivesse esperança ali encontrar encontrar ali encontrar M. de Monfort que era um admirador da Berma perto do qual poderia aprender ouvir falar dela.

Qual é a ordem das palavras ou a aparência dos sintagmas que cobre a lógica do texto e que imprime a ordem dos acontecimentos aqui: a partilha do vinho grosseiro, a sensação de decepção no fim da representação, o desejo de aprofundar o belo na elocução e no rosto, o binóculo, a declaração de Hipólito, a cortina, o prazer não satisfeito, o julgamento em relação à espera, a saída para o exílio.

A decepção qualifica tanto o desejo de aprofundar o belo quanto de prorrogar o prazer, como na segunda versão, mas aqui os dois desejos se seguem e não são mais separados, como na última versão.

Poderíamos repetir o comentário da versão sem acrescentar nada, quando salienta a oposição ou a complementação corpo-mente ou a da sensação e da inteligência que domina a obra proustiana.

Vejamos agora o caderno 67 (sublinhei as frases que serão mantidas no texto publicado):

A sala explodiu em aplausos,
Ela não para, ela continua, gostaria de poder antes de cada verso pará-la, perguntar-me se é bom, tentar aprofundar sua dicção pois encontrar o que agrada, o que ela acrescenta à poesia e por lá entender o que é uma dicção como nunca se tinha ouvido, mas enquanto perguntava-me isto para um verso, ela passava ao seguinte, e no momento em que ouço apenas o seguinte que desvanece de certo modo na espera forçada que lhe empresto, é o seguinte. Ela termina, cumprimenta, tenho a impressão que não tive nenhum prazer, que é um imenso desapontamento, não sei como dizê-lo a minha avó, mas ao mesmo tempo gostaria de ouvi-la amanhã, depois de amanhã, sempre, talvez possa entender o que há de notável nesta maneira de dizer, a qual esforço intelectual corresponde quando ela o achou, qual achado de arte tem nisso, o que isto significa, o que isto contém de perfeição. Sobretudo, queria somente ver pessoas que a viram, para quem posso falar dela, não ser separado do que se tornou para mim, toda a vida, ler coisas sobre isso, críticos, suprindo o prazer que não tive, aprender mil detalhes sobre isto, ao invés de voltar para casa, gostaria de ver um colega que a ouviu, falar com ele, ficar com ele, jantar com ele, passar a noite juntos para debater disso. Felizmente, Sr. Swann vem em casa, eu lhe digo meu desapontamento, pergunto o que ele acha bom nela, ele me diz a nobreza de sua encenação, logo desperta em minha mente uma imagem nobre, lhe dou como matéria, a ação que tenho visto, sinto que tenho visto algo de nobre, estou cheio de entusiasmo, mas quero voltar lá para revê-la, para, agora que sei que ela é nobre, olhar pacificamente o que é a nobreza.

Qual é a ordem das palavras ou a aparência dos sintagmas que imprime a ordem dos acontecimentos aqui e que cobre a lógica do caderno 67?

Desejo de aprofundar o belo na elocução e no rosto, saída de cena da Berma, impressão de não ter tido prazer, como confessar a decepção?, desejo/necessidade de ouvir mais para entender sua arte, não estar separado, é minha vida, falar com colegas ou com Swann.

Os desejos de prazer e do saber são misturados. O herói não pode suportar o ritmo da Berma, rápido demais para capturar a arte no seu jogo.

Concluindo, salientamos que a invenção das sequências existe desde o início, mas elas obedecem a critérios diferentes de articulação, que não podem ser entendidos como sendo preparativo da versão seguinte, já que o escritor ignora, quando escreve, se terá outra versão. Cada versão tem sua coerência interna. Nesse sentido, darei o título de versão, não para qualquer rascunho, mas a uma primeira camada de escritura primeiramente e, em seguida, a uma reescritura completa de um episódio, como estes mostrados nos cadernos 21 ou 67.

O deciframento das diferentes versões dos cadernos proustianos não poderá servir para ilustrar a cronologia da criação proustiana senão *grosso modo*, nunca no detalhe. Nosso trabalho sobre os cadernos mostrará a riqueza de uma escritura carregada de todas as versões que conhecemos sabendo, no entanto, que a passagem de uma para a outra é fruto tanto do acaso quanto do desejo de Marcel Proust de se dizer. Onde o "se", pronominal profundamente ambíguo, supõe o mundo e sua história se espelhando no "se" e, de jeito nenhum, em primeiro lugar Marcel Proust.

4. O Falado Fluindo na Escritura: Em Busca da Sonoridade na Escritura Proustiana[1]

Após a leitura de dois livros de Quignard *Le Nom sur le bout de la langue* e *La Haine de la musique* e uma debate com Roberto Zular, eu insistia no ritmo e na música da frase, que, a meu ver, distinguem o texto literário de todos os outros tipos de escritura. Em seguida, perguntava-me se podia ler a construção do ritmo e da música das frases nos manuscritos da obra proustiana. Nada melhor para isso, pensava, do que ler os manuscritos, mas o estudo se apresentou de outra forma e fui rapidamente desiludido.

Durante a pesquisa, me deparei com um artigo de Gadet[2], que tem pouco a ver com o conteúdo deste capítulo, já que trabalha com a linguística, mas o título reflete bem o que quero capturar: o falado fluindo na escritura.

O episódio da Berma, já estudado nos capítulos anteriores, em que o herói se queixa de que não consegue distinguir a riqueza do discurso proferido pelo artista que pronunciava os versos de Racine no mesmo tom, dá outra perspectiva:

---

1 Intervenção no Colóquio Internacional Proust Écrit un Roman, em outubro de 2010, na Universidade de São Paulo.
2 Le Parlé coulé dans l'écrit, *Langue française*, n. 89, p. 110-124.

Passou pela plaina de uma melopeia uniforme toda a tirada onde se viram confundidos tantos contrastes, contudo tão vivos que uma trágica apenas inteligente, ou mesmo alunas de liceu, não lhes teriam desdenhado o efeito; aliás, ela a disse tão depressa que somente quando chegou ao último verso foi que meu espírito tomou consciência da propositada monotonia imposta aos primeiros.[3]

Em verbete sobre a frase proustiana Jean Milly[4] reenvia a Spitzer, que escreve: "O ritmo da frase é talvez no estilo de Proust o fator determinante e está diretamente relacionado à maneira como Proust vê o mundo [...] (além da complexidade das coisas), ele vê em toda parte molduras, seu olhar dissocia, aproxima, seleciona."[5]

Seria, portanto, uma relação entre a escritura e a visão de mundo. Assim, Spitzer concorda com Curtius, citado várias vezes que tentava "descobrir a alma de Proust em suas obras"[6].

Não levando em consideração os manuscritos, que eles não podiam conhecer na época, nem Curtius nem Spitzer distinguiam o escritor do autor e acreditavam encontrar em *Em Busca do Tempo Perdido* relações claras entre a obra e o escritor. Quando eles dizem "Proust", prefiro dizer, "o narrador proustiano", da mesma forma, entenderei a "alma" no sentido não de eu profundo do narrador, nem do conceituador de sua escritura, mas no sentido do autor como fruto de suas obras ou no sentido de Descartes em que a alma se une as paixões do corpo pela paixão da escritura.[7] Assumindo este entendimento diferente dos termos, vou seguir com Curtius e Spitzer.

Spitzer diz:

No ritmo da frase proustiana, o progresso até o final é dificultado por vários elementos retardadores [...] primeiramente, o parêntese [...] o romance proustiano é assim cheio de indicações, de associações antecipantes ou retrospectivas, ao mesmo tempo, elementos retardadores na frase e ponto de viragem na composição, [...] a ramificação [...] este corte contínuo da frase, as disjunções, estas repetições, estes começos, estas gradações [...] [Proust] descobre uma musicalidade nas palavras,

---

3 *À Sombra das Raparigas em Flor*, p. 40-41.
4 Phrase, *Dictionnaire Marcel Proust*, p. 768.
5 *Études de style*, p. 398-399.
6 *Marcel Proust*, p. 397.
7 "'As paixões do corpo', no sentido cartesiano, isto é, sua alma, na modulação passional." J. Lacan, *Escritos*, p. 167.

e na língua, sobras de música que a conceitualização ainda não matou, a sensibilidade de Proust frente às palavras denota a mistura de todas as zonas sensoriais que encontramos ainda nas descrições [a de Bayeux, por exemplo].[8]

Destacada cedo pelos críticos, já que os livros Curtius e Spitzer datam de 1928, a musicalidade é fundamental para a prosa proustiana.

No já mencionado verbete sobre a frase proustiana, Milly reforça a posição de Spitzer: "A forma como o escritor pontuava seus manuscritos, é muito econômica e modelada na respiração, ela favorece também a leitura dos olhos, mas acompanhada por uma imitação mental ou sussurrada da palavra falada, com pausas, inflexões, entonações entre parênteses, toques de ironia."[9]

No Colóquio de Cerisy, em 1997, Milly tenta resumir Spitzer, Kristeva e Baillard: "Talvez pudéssemos retomar esta problemática, especificando melhor as formas de abordar essas grandes frases tão típicas, reflexo de uma psique ou uma escolha estética única."[10]

Eu me oponho com certeza a este "reflexo da psique", que deixa de lado o poder da linguagem e também a esta "escolha estética única" que não leva em conta a interação entre o escritor e sua escritura, que força muitas vezes o narrador a mudar a escolha, embora não negue uma vontade de escolha, o que é diferente.

Milly então se refere ao seu estudo de 1985 sobre as aberturas de *Em Busca do Tempo Perdido*, onde formula: "A esperança de sucesso na descrição histórica de um exercício bonito de escritura literária [...] da construção de uma rede cada vez mais complexa – um final musical – ou, se preferirmos, a aplicação desse 'verniz dos mestres' do qual Proust fala."[11]

Gostaria de saber, então, se o verniz dos mestres é também em construção ou se é audível somente na versão editada?

Milly responde em parte lendo os cadernos: "Os efeitos da escritura que decorrem da acumulação de homofonias em

---

8   Op.cit., p. 411-445.
9   Op. cit., p. 768.
10 Phrases, phrases, *Marcel Proust*, p. 198.
11 *Proust dans le texte et l'avant-texte*, p. 20.

/ ur, / rur /" como em "*et tour à tour le jour se lève sur la cour de la caserne*" ("e alternadamente o sol nasce no pátio do quartel") no fólio 3 r°. Em seguida, ele sublinha "um esboço de organização, formado pela menção de vórtice universal" no caderno 1, pois "a ordem dos membros de frases, como o seu número, ainda está longe do texto definitivo". No entanto, "subsistemas se esboçam claramente, delimitados por oposições gramaticais ou semânticas" no caderno 8. Ele vê "a busca do tom oratório numa frase repetida" no caderno 26, desde o início da primeira redação, "uma redistribuição da passagem do caderno 8 no caderno 9", uma série de cortes na primeira datilografia, e, finalmente, em conclusão, observa que "essas grandes frases não ilustram um movimento contínuo, mas reorientações sucessivas, e às vezes contraditórias, até que Proust, tendo atingido uma forma que fazia dessas páginas um denso nó temático e um modelo satisfatório de prosa poética, deixou de mudá-las"[12].

A leitura genética dos cadernos me dispensa de repetir a operação, mas indica suficientemente que a escritura que amamos teria sido modelada ou que a frase teria adquirido o estilo que o leitor de hoje reconhece como de Proust na versão mais recente. Na verdade, não encontramos em nenhum dos livros publicados a frase do caderno 3 "e alternadamente o sol nasce no pátio do quartel", ou mesmo nos longos trechos transcritos na Pléiade dos cadernos 40-41 sob o nome *A Estadia na Cidade do Quartel*[13]. Talvez a encontremos em outros cadernos, mas não pude fazer a pesquisa. Posso concluir que, a partir do momento em que o escritor mantém sua caneta em cima do caderno, a escritura pode se tornar outra e a prosódia mudar?

Ousarei dizer que a busca de ritmo e música da frase também poderia ser feita numa das versões, mas sem muita certeza, uma vez que apenas o texto publicado dará o tom que conhecemos. Não se trata de arranjos lógicos ou de equilíbrio entre as partes que decorrem do raciocínio, mas de uma melodia ouvida quando Marcel Proust lia as frases em voz alta, que causaria

---

12 Ibidem, p. 25-87.
13 Esquisse xv, *À la recherche du temps perdu*, v. 2, p. 1160-1149.

várias mudanças segundo o eco criado. Isso quer dizer que os textos publicados após sua morte, como *O Tempo Reencontrado* não teriam essa música? Isso deve ser verificado comparando os volumes.

No texto de Cerisy, em 1997, Milly insiste sobre a "frase definitiva"[14] e expõe

uma representação gráfica mais densa, mais independente da gramática e mais próxima da disposição tradicional de poesia que seria baseada precisamente nos elementos poéticos visíveis na leitura que são as cadências (versos brancos, isometrias), e mostrariam um ritmo mais intenso da prosa[15].

Mas, em seguida, Milly se concentra na análise semântica e se esforça para responder a primeira pergunta sobre o estilo de Proust e a frase longa em particular, e não parece se preocupar mais com seus primeiros comentários sobre a poética da prosa.

Uma terceira referência, Françoise Leriche recorda que

Proust escreveu mais como músico do que como lógico. Alguns críticos queriam ver na estrutura da estrutura da *Busca do Tempo Perdido* uma estrutura musical, [...] a qualidade propriamente sonora, auditiva de suas frases decorre de uma música verbal, com base numa densa rede de aliterações e de assonâncias que duplica e unifica a rede de metáforas, metonímias e outras figuras.[16]

Se levarmos este argumento até o fim, embora seja nuançado no mesmo verbete, as mudanças observadas na transição do manuscrito para o texto publicado, seriam feitos também por uma razão melódica e não primeiramente por causa da lógica do romance, do parágrafo, do capítulo ou da frase, o que podemos verificar mais tarde, comparando a versão mais recente e aquela que a precedeu.

Quarta referência, finalmente, Deirdre Flynn, da Universidade de Toronto, que, levando em conta Genette, Lejeune e a contribuição psicanalítica de Lacan através de Kristeva, entre outros, insiste no nó formado pela imagem visual, a sonoridade fluida e o sentido[17].

14   Phrases, Phrases, *Marcel Proust*, p. 205
15   Ibidem.
16   Musique, *Dictionnaire Marcel Proust*, p. 664-666.
17   La Métaphore sonore proustienne, *Bulletin d'Informations Proustiennes*, v. 27.

O que diz?

Começarei com uma nota de rodapé em que ela lembra a reflexão de Proust sobre a água que ferve somente a 100°C e não 98°C ou 99°C. Não podemos dizer que, da mesma maneira que uma metáfora é inevitavelmente sonora sob certas condições e não em outras?[18] O manuscrito daria apenas 98 ou 99 graus e somente a última versão corresponderia ao verniz dos mestres. Deveria comprovar a afirmação, mas preferiria dizer que varia de trechos em trechos.

Deirdre Flynn primeiro fez a ligação entre "mensagens semânticas, imagem visual, imagem auditiva [que] questionam os três estágios de desenvolvimento psicossocial", o estágio do "espelho acústico" (quando a criança se escuta na voz internalizada de sua mãe no exercício a pulsão invocante), o do "espelho lacaniano" (quando a criança, mesmo sem palavras, imagina-se coordenada e una como a imagem que vê no espelho sob a ação da pulsão escópica), e o da "entrada na língua" (ou no registro do simbólico) evocando constantemente o passado perdido para sempre[19].

Tomando, em seguida, como suporte o exemplo de Odette, Flynn enfatiza a

tripla reciprocidade que (re)liga esta mulher vestida, "a pequena frase", e a frase longa que liga, portanto, o nível intradiegético da narrativa com o nível estilístico da frase. O auditivo e o visual se harmonizam no corpo velado de Odette e encontram sua forma escrita na frase de Proust. Assim, os três estágios fundamentais do desenvolvimento mental se encaixam um dentro do outro: o estádio do espelho sonoro é ouvido na música que encontra sua imagem ideal do estádio do espelho visual na figura de Odette e os dois estão ligados na língua[20].

A teoria da unidade ou da tripla reciprocidade é tentadora, mas requer uma forte relação entre o biográfico – os dois espelhos que Flynn salienta – e a escritura. O próprio Proust duvida desta unidade quando distingue o eu social do eu profundo, a teoria psicanalítica duvida mais ainda quando ela leva em conta o desejo, que muitas vezes desloca qualquer resposta; a crítica

---

18 Ibidem, p. 102.
19 Ibidem.
20 Ibidem, p. 110.

genética reforça a teoria psicanalítica quando insiste no poder da escritura, que separa o escritor do autor.

Não é, portanto, por este lado que vou, embora retenha a importância do espelho acústico, base da constituição de nossa capacidade de ouvir o discurso.

Se a prosódia significa a quantidade de vogais emitidas e está relacionada com a música da língua poética pela sua intensidade, sua brevidade e seu comprimento, o episódio de *François le Champi* lido pela mãe do herói ilustra o fenômeno sem demonstrá-lo:

> Da mesma forma, quando lia a prosa de George Sand, [...] dava toda a ternura natural, toda a ampla doçura que exigiam aquelas frases que pareciam escritas para sua voz e que, por assim dizer, cabiam inteiras no registro de sua sensibilidade. Para atacá-las no devido tom, sabia encontra o acento cordial que lhes preexiste e que as ditou, mas que as palavras não indicam; [...] ora acelerando, ora retardando a marcha das sílabas, para fazê-las entrar, embora diferissem de quantidade, em um ritmo uniforme, e insuflassem àquela prosa tão comum uma espécie de vida sentimental e contínua.[21]

É, portanto, a pulsão do ouvir que está em jogo no instante da leitura que se escuta. Entre o se do "se" pronominal e a linha escrita, estabelece-se um relação das mais bem sucedidas. O escritor imbuído da tradição e de seu saber musical ouviria atentamente seu texto, levantando os erros melódicos, os sons falsos, as assonâncias extraviadas e os corrigiria. Falo no condicional não sabendo se não é um exagero fazer da música o único critério para a mudança.

Mesmo se um dos principais critérios for a linha melódica, devemos distinguir vários níveis de revisão que se cruzam e vão desde o narratológico ao estilo. Quais são os critérios musicais do escritor Marcel Proust quando ele relia seu texto? Sua sensibilidade escutando decorreria apenas de sua formação musical ou poética devido a suas leituras, à frequentação dos salões musicais, aos concertos em casa ou em outro lugar?[22]

Se as mudanças nas versões sucessivas são devidas à lógica dos personagens, das situações e dos acontecimentos narrados

---

21 *No Caminho de Swann*, p. 68-69.
22 Ibidem, p. 664.

e, portanto, preparados nos manuscritos nos quais as três forças – a escritura, a formação do escritor e a tradição – intervêm, para destruir e encorajar a continuar, não poderíamos dizer a mesma coisa sobre a musicalidade das palavras? Não há uma relação mais forte entre a musicalidade, o ritmo da frase e o ser vivo que escreve e escuta, do que a lógica da história? A cadência e os sons ouvidos pelo *scriptor* "aqui e agora", não dominam a escritura ressalvando, no entanto, que o *scriptor* carrega o Outrora[23] e não somente a formação que lhe conhecemos?

Em outras palavras, o que já está escrito nos manuscritos seria apenas a preparação remota de ritmo e a crítica genética não poderia ser utilizada para este tipo de abordagem.

Mesmo se Milly constata alexandrinos brancos nas diferentes versões, podemos considerar esta prosa poética apenas como um exercício, mas não como prototexto, a menos que suponhamos um prototexto invisível mesmo para o autor, mas que ele deve traduzir, de acordo com a própria expressão do narrador proustiano.

A partir desse fato e, desse ponto de vista, haveria um curto-circuito entre a última versão e a que vem antes, no sentido de que o manuscrito está aparentemente esquecido e começa novamente a relação entre o ser que é Marcel Proust e um dos dois espelhos do qual fala Flynn, o espelho acústico, ou o que Lacan define como a pulsão invocante. Seria no imediatismo da escritura ou da última revisão que surgiria o "efeito poético" na prosa de Marcel Proust, ao contrário da poesia, que se prepara desde os manuscritos, já que o ritmo é sua essência. No entanto, eu me pergunto se não há uma preparação bem escondida nos manuscritos desse verniz musical, no sentido que, escrevendo, o escritor se exercita e encontra gradualmente o tom, que vai ajudá-lo a chegar na última versão, mesmo deixando poucos vestígios. Se quisermos utilizar os manuscritos nesta pesquisa, não será no significado legível que o descobriremos, mas na busca de um ritmo e de uma cadência que poderão ser definidos usando números e medidas, o que é obra do poeta e músico, mas também do crítico. É do que tratará o próximo capítulo.

---

23 Pascal Quignard insistiu enormemente nas relações com nossos ancestrais, sobretudo no romance *Sur le jadis*.

5. À Procura de um Ritmo no Início de Combray[1]

No capítulo anterior, perguntava se era possível, estudando os cadernos proustianos, detectar um ritmo que se prepara e que desemboca no que se ouve lendo a *Em Busca do Tempo Perdido* em voz alta. Tinha comentado as entradas de Jean Milly[2] e de Françoise Leriche[3] no *Dictionnaire Marcel Proust* que insistem nas numerosas aliterações e assonâncias da escritura proustiana, justificando assim, após Curtius, Spitzer e outros, a musicalidade do texto proustiano, mas sem falar demais do ritmo. Tinha concluído prudentemente que era difícil reencontrar nos manuscritos o que dava o tom ao texto proustiano, baseando-me primeiro num texto de Milly que citava algumas assonâncias no caderno 3 que não se encontravam mais no texto editado e, em seguida, sabendo que o escritor se relendo continuamente manterá raramente, assim acreditava, o ritmo de uma versão na outra.

---

1   Intervenção no congresso internacional "Proust 2011" na Faculdade de Filosofia, Ciências e Letras da Universidade de São Paulo, encerrando o Projeto temático Brépols 1 com o apoio da Fapesp.
2   Phrase, *Dictionnaire Marcel Proust*, p. 768.
3   Musique, *Dictionnaire Marcel Proust*, p. 664-666.

Mesmo que o argumento Milly seja somente um exemplo entre milhares, o segundo argumento é mais probante e decorre de uma teoria sobre a leitura elaborada aos poucos nestes últimos anos a partir da teoria psicanalítica, que sintetizei nos capítulos tratando das rodas da escritura e da leitura.

Não haveria um curto-circuito entre a última versão e a penúltima, já que retoma com mais vigor a relação entre o ser que é Marcel Proust e sua escritura? Não podemos supor que independentemente dos textos já escritos e do ponto de vista do ritmo e de sua melodia, a escritura recomece do zero a cada releitura porque o escritor repassa, no fundo dele mesmo, pelo que Kaja Silverman chama de estádio do espelho acústico, isto é, "um ponto de transição que se situa muito cedo na vida do infante, quando indiferenciado [em relação a sua mãe] se ouve ele mesmo na voz interiorizada desta mãe"[4]?

Ou, se remontarmos no tempo e retomarmos os termos de Quignard, porque o escritor ouve ressoar nele, após o silêncio provocado pela rasura, "o banho sonoro original", o do útero, espécie de fundo sonoro de todas as melodias ouvidas ou inventadas?

Em outras palavras, não é na rapidez da escritura ou da última releitura que surgiria a melodia do texto que conhecemos, muito próxima do que Proust chamava "le vernis des maîtres", o verniz dos mestres[5] que, contrariamente à poesia, não segue um esquema predeterminado e uma técnica que contrabalançam a invenção imediata?

Todavia, continuei me perguntando se não haveria, apesar dessas objeções, uma preparação nos manuscritos, bem

---

4 Kaja Silverman elucida esta palavra: "mesmo antes do estádio do espelho e a entrada na língua, a voz materna desempenha um papel importante no desenvolvimento perceptivo da infante. Esta voz é geralmente o primeiro objeto não somente a ser isolado, mas a ser interiorizado". K. Silverman, *The Acoustic Mirror*, p. 80 apud D. Flynn, La Métaphore sonore proustienne, *Bulletin d'Informations Proustiennes*, v. 27, 1996, p.106.

5 "Numa pequena loja de bricabraque, uma vela meio consumida, projetando o clarão vermelho sobre uma gravura, transformava-a em sanguínea, enquanto lutando contra a sombra, a claridade do lampião abaçanava um pedaço de douro, nigelava um punhal de fulgurantes lantejoulas, em quadros que não eram mais que cópias medíocres, depositava uma douragem preciosa como a pátina do passado ou o verniz de um mestre, e fazia enfim daquele tugúrio, onde só havia imitações e insignificâncias, um inestimável Rembrandt." M. Proust, *O Caminho de Guermantes*, p. 106.

escondida, é verdade, desse ritmo final, no sentido que, escrevendo, o escritor se exercita sem dúvida, mas encontra aos poucos o ritmo que lhe ajudará a chegar à primeira versão, mesmo que deixe poucos índices. Portanto, ao usarmos os manuscritos nesta pesquisa, não será na sua significação legível que descobriremos tal tonalidade, mas na busca por um *ritmo* e uma cadência que talvez pudéssemos definir com ajuda de números e medidas, o que é um trabalho de poeta, de músico, mas também de crítico, como já dissemos.

Lembremos o que fazia a mãe do herói quando lia *François le Champi*:

> Da mesma forma, quando lia a prosa de George Sand, [...] dava toda a ternura natural, toda a ampla doçura que exigiam aquelas frases que pareciam escritas para sua voz e que, por assim dizer, cabiam inteiras no registro de sua sensibilidade. Para atacá-las no devido tom, sabia encontrar o acento cordial que lhes preexiste e que as ditou, mas que as palavras não indicam; [...] ora acelerando, ora retardando a marcha das sílabas, para fazê-las entrar, embora diferissem de quantidade, em um ritmo uniforme, e insuflava àquela prosa tão comum uma espécie de vida sentimental e contínua.[6]

O narrador proustiano supõe que o texto foi ditado segundo um acento determinado que o bom leitor reencontra lendo em voz alta num *ritmo* uniforme. O acento é do autor que conclui sua frase e o *ritmo* do leitor.

Como a melodia da leitura depende em primeiro lugar do leitor, portanto, do escritor que se relê, que, como a mãe do herói, lerá segundo o que ele sente ou o que ele ouve no que ele lê, seria possível reencontrar o ritmo que queria Proust?

Direi que não numa primeira etapa. Imitaríamos Saussure, que procurava a qualquer preço, sem êxito, uma lei pré-existente explicando os anagramas e hipogramas que se multiplicavam na sua leitura da poesia latina.

O que fazer então?

Encorajado por um colega de teoria literária, Robert Zular, e pela leitura de dois livros de Pascal Quignard, *La Haine de la musique* e *Boutès*, que sublinham a importância da música

---

6 *No Caminho de Swann*, p. 68-69.

na língua para o primeiro, e a do banho sonoro original para o segundo[7], prossegui na pesquisa.

Sabemos que Boutès, contrariamente ao herói da *Odisseia*, se deixou seduzir pelo canto das Sirenas, essas aves com seios de mulheres, sai do navio de Ulisses e se torna assim o símbolo do fundo sonoro. Será que vamos encontrar este fundo na escritura proustiana?

Posso afirmar que a cadência e os sons ouvidos pelo scriptor no seu "aqui agora" de sua última releitura ou que o *ritmo* da frase teriam a ver com este fundo sonoro? Posso dizer que este ritmo tem tanto, senão mais, importância quando da redação do texto que a lógica da narrativa? Isso explicaria o título um pouco violento ao qual tinha pensado, em primeiro lugar, e que é nada menos do que uma frase de Quignard: "Mais o livro se separa da voz, mais o livro é ruim."[8]

Não seria esquecer o aviso de Italo Calvino: "A literatura é um jogo combinatório [...] suscetível a qualquer momento de registrar uma significação inesperada que chegaria de outro nível."[9]

Antes de avançar na teoria, procuremos a cadência que nasce, ou nasceria, nos cadernos.

Três estudos muito ricos e detalhados poderiam servir de base à demonstração. O de Luzius Keller sobre as versões do episódio da madeleine[10] e os de Jean Milly[11] ou de Almuth Grésillon[12] sobre os primeiros cadernos.

A pesquisa de Grésillon, da qual vou partir, tem a vantagem de percorrer somente os primeiros parágrafos do início de *Combray*: "Durante muito tempo, costumava deitar-me cedo. Às vezes, mal apagava a vela, meus olhos se fechavam tão depressa que eu nem tinha tempo de pensar: 'Adormeço'.

---

7   Ver T. Picard, La Littérature contemporaine a-t-elle retrouvé un modèle musical?, *Europe*, v. 976-966 p. 57.
8   *Petits traités II*, p. 235.
9   Apud A. Goulet, Des Fractales et du style, em A. Bouloumié (ed.), *Le Génie du lecteur*, p. 7.
10 *Les Avant-textes de l'épisode de la madeleine dans les cahiers de brouillons de Marcel Proust.*
11 *Proust dans le texte et l'avant-texte*, p. 20s.
12 Encore du temps perdu, déjà le texte de la recherche, em A. Grésillon et al. (orgs.), *Proust à la lettre*, p. 45.

E meia-hora depois, despertava-me a ideia de que já era tempo de procurar dormir..."

Nos cadernos 3 (de novembro/dezembro de 1908), 5 (do inverno 1908-1909) e 1 (de fevereiro/março de 1909), dos quais dispensarei a leitura por enquanto, o escritor não está ainda tomado por um ritmo e "se contenta" da prosa, poderíamos dizer.

No caderno 8, de junho de 1909, encontramos:

> Au temps de cette matinée [7]
> dont je [veux] voudrais fixer [je ne sais pourquoi] le souvenir [9]
> j'étais déjà malade, [6]
> j'étais obligé [5]
> de [passer] [rester debout] passer toute la nuit [debout] levé [8]
> et n'était couché que le jour. [8]
> Mais alors le temps n'était pas [encore] très lointain, [11]
> et j'espérais encore qu'il reviendrait, [10]
> où j'entrais dans mon lit [6]
> à dix heures du soir [6]
> et avec quelques réveils [7]
> plus ou moins longs [4]
> dormais jusqu'au [lendemain] matin. [6]
> Parfois [2]
> à peine ma lampe éteinte, [7]
> je m'endormais si vite [7]
> que je n'avais pas le temps [7]
> de me dire "je m'endors". [7]
> E une demi-heure après [7]

Observando que o fim do texto é quase o mesmo que o da última versão[13], comecei a contar as sílabas métricas. Eis o que deu: o escritor parece ter alcançado o ritmo 2/7 no fim mais ou menos estável do trecho. Somente um verso deverá ser modificado: "lampe" será substituído por "bougie", o que dará uma sílaba a mais para totalizar sete e evitará a necessidade de acentuar a última sílaba de "à peine". Para o que antecede, o narrador se dá ainda a ilusão de falar de sua nostalgia do passado e de seu desejo de voltar, sem todavia observar o ritmo regular.

13 "Longtemps, je me suis couché de bonne heure. Parfois, à peine ma bougie éteinte, mes yeux se fermaient si vite que je n'avais pas le temps de me dire: 'Je m'endors'. Et, une demi-heure après, la pensée qu'il était temps de chercher le sommeil m'éveillait." *À la recherche du temps perdu*, v. 1, p. 3.

Quis saber, no entanto, de onde vinha este fim que constitui um "espaço escritural" como o chama Verônica Galindez Jorge[14], porque ele vai ficar quase igual até a versão editada.

Na última versão sem as rasuras do caderno anterior, o caderno 1, de fevereiro/março de 1909, as palavras já são:

> Au temps de cette matinée dont je veux fixer je ne sais pourquoi le souvenir, j'étais déjà malade, je restais levé toute la nuit et me couchais le matin e dormais le jour. Mais alors était encore très près de moi un temps que j'espérais voir revenir et qui aujourd'hui ne semble avoir été vécu par une autre personne où j'entrai dans mon lit à l'époque dont je veux parler aujourd'hui, j'étais déjà malade et ne pouvais plus dormir ni même être couché, que le jour.
>
> Mais le temps n'était pas très loin, et je pouvais encore espérer qu'il reviendrait où j'entrais dans mon lit à dix heures du soir et avec quelques courts réveils, dormais jusqu'au lendemain matin. <u>Souvent je m'endormais si vite que à peine ma lampe éteinte, je n'avais pas le temps de me dire que je m'endormais</u>. Aussi ces sommeils sans préparatifs ne durent jamais bien la pensée qu'il était temps de m'endormir m'éveillait une demi heure après, je voulais jeter le journal que je croyais avoir encore en mains avais dormi disant il est temps je me soulevais pour éteindre ma lampe e chercher le sommeil.

Sublinhamos o ritmo :

Souvent [2]
je m'endormais si vit(e) que [7]
à pei<u>ne</u> ma lampe éteinte, [7]
je n'avais pas <u>le</u> temps [6]
de m(e) dir(e) que je m'endormais. [7]

Forçando um pouco a palavra "peine", o ritmo 2/7 desencadeia a frase, mas ainda não vai até o fim, o quarto "verso" ainda é curto. Posso dizer que o ritmo 2/7 vai além de banhar completamente esta parte, obrigar o texto a dobrar-se e a reduzir-se desde o início?

No caderno 9, do final do ano 1909, encontramos:

[Au temps]
A l'époque de cette matinée [8]
dont je voudrais fixer le souvenir, [9]

---

[14] Descontinuidade e Leitura de Manuscritos, *Manucrítica*, v. 16, 2008, p. 14.

j'étais déjà malade, [6]
j'étais obligé [5]
de passer toutes les nuits [debout] levé [8]
et n'était couché que le jour. [8]
Mais alors [3]
le temps n'était pas très lointain [8]
et j'espérais encore [6]
qu'il pourrait revenir [6]
où [j'entrais dans mon lit à dix heures du soir] *je me couchais* [5]
tous les soirs de bonne heure [6]
et, avec quelques réveils [7]
plus ou moins longs, [4]
dormais jusqu'au [lendemain] matin. [6]
Parfois, [2]
à peine ma [lampe] bougie éteinte, 7
[je m'endormais si vite]
mes yeux se fermaient si vite [7]
que je n'avais pas le temps [7]
de me dire : "je m'endors". [7]
Et une demi-heure après [7]

O final do trecho já se encontra aí, salvo algumas palavras que ainda mudarão. O *ritmo* vai aos poucos se impor e suprimir o que não convém.

Na datilografia de 1909-1910, distinguimos três camadas. Primeira camada:

à l'époque de cette matinée [8]
dont je voudrais fixer le souvenir, [9]
j'étais déjà malade; [6]
j'étais obligé [5]
de passer toute la nuit levé [8]
et n'était couché que le jour. [8]
Mais alors le temps [5]
n'était pas très lointain [6]
et j'espérais encore [6]
qu'ils pourraient revenir, [6]
où *je me couchais* [5]
tous *les soirs de bonne heure* [6]
et après quelques réveils [7]
plus ou moins longs [4]
dormais jusqu'au matin [6]
parfois, [2]
à peine ma bougie éteinte, [7]

mes yeux se fermaient si vite [7]
que je n'avais pas le temps [7]
de me dire "je m'endors". [7]
Et une demi-heure après

Esta camada da datilografia está em plena procura, mas recupera o ritmo no final da segunda frase que ficará no texto publicado.

A segunda camada reduz consideravelmente a primeira parte de dezesseis linhas a sete.

pendant les derniers mois [6]
que je passais dans la banlieue de Paris [11]
avant d'aller vivre à l'étranger, [9]
le médecin me fit mener [7]
une vie de repos. [7]
Le soir [2]
je me couchais de bonne heure. [7]
Souvent [2]
à peine ma bougie éteinte, [7]
mes yeux se fermaient si vite [7]
que je n'avais pas le temps [7]
de me dire "je m'endors". [7]
Et une demi-heure après

A segunda camada repete em parte a primeira; o escritor ainda fala de circunstâncias de tempo e de lugar e faz intervir o médico. Esta camada, como as anteriores, faz pensar ao comentário do narrador sobre a educação recebida por Mme de Cambremer na qual ele sublinha a regra que ela segue escutando Chopin:

> Aprendera na mocidade a cariciar as frases, de longo sinuoso e desmesurado, de Chopin, tão livres, tão flexíveis, tão táteis, que começam procurando e sondando o seu lugar fora e muito longe do rumo de partida, muito longe do ponto onde se poderia esperar que se tocassem, e que só se distraem nesse fantasioso desvio para virem deliberadamente – num retorno premeditado, com precisão maior, como sobre um cristal que vibrasse até o grito – ferir o coração.[15]

A frase musical pula desde o início numa direção não prevista e bifurca criando uma distância ou um espaço que lhe

15 *No Caminho de Swann*, p. 399.

permite voltar mais forte e mais exata, onde deveria chegar previamente. O desvio lhe dá mais impacto porque abrange um espaço mais amplo. São detalhes que parecem alargar o propósito, como a frase musical de Chopin, para marcar mais fortemente na última frase da redação detalhes que o scriptor eliminará somente na terceira camada. Entretanto, "je me couchais de bonne heure" já está lá, mas no imperfeito sublinhando uma ação repetitiva todas as noites.

A terceira camada corresponde exatamente ao texto.

Longtemps [2]
je m'[e] suis couché de bonne heure. [7]
Parfois, [2]
à peine ma bougie éteinte, [7]
mes yeux se fermaient si vite [7]
que je n'avais pas le temps [7]
de me dire "je m'endors". [7]
E une demi-heure après, [7]

O "je me couchais de bonne heure" é transformado em um perfeito (*accompli*) sem mais referência ao tempo[16], o que força o escritor a esquecer as circunstâncias e a substituí-las pelo advérbio milagroso "longtemps", concordando assim com o ritmo das frases seguintes. Esta regularidade rítmica teve que passar por dois cadernos e três camadas do último para ser observada. O texto segue, portanto, o ritmo exato de duas e sete batidas.

Reencontramos um ritmo que se instala aos poucos e que força o escritor a eliminar parágrafos e a substituir palavras. A pulsão do ouvir, ou invocante, está trabalhando no imediato do ditado pelo escritor a seu copista ou a ele mesmo e da leitura que se ouve. No último caso, entre o se do "se" pronominal e a linha escrita, estabelece-se uma relação das mais produtivas na qual o escritor, imbuído ou chamando a tradição e seu saber musical, escuta atentamente seu texto, levantando os erros melódicos, os falsos sons, as assonâncias mal colocadas e as corrige.

Será que posso dizer que, nesse caso, o ritmo é o critério essencial que motiva as rasuras e que a relação entre a musicalidade, o

---

16 A. Grésillon, op. cit., p. 58.

ritmo da frase e o ser vivo que a escreve e a escuta é mais forte, no sentido que importaria menos a lógica da narrativa e mais a da cadência e dos sons ouvidos pelo scriptor no seu "aqui e agora"? Sim, ousarei afirmá-lo.

Cédric Orain, que encenou *O Canto das Sirenas* em Paris, comenta o ato de Boutès:

> Para este Grego, há duas músicas; uma que faz perder tudo, que é solitária, selvagem, perigosa, e é o canto das Sirenas; a outra, da qual decorrem a segurança, a rapidez dos remadores, que orquestra, que é coletiva, ordeira e é o contracanto de Orfeu com seu instrumento. Boutès escolhe. "Ele responde ao chamado das Sirenas, ele não se faz amarrar num mastro como Ulisses, ele não segue o exemplo de Orfeu e dos remadores, ele deixa a companhia dos Argonautas, ele deixa a civilização para um canto mais arcaico."[17]

Será que nos dois primeiros parágrafos de *Em Busca do Tempo Perdido*, o escritor se deixou levar ou enganar pelo ritmo das sirenas, esquecendo o canto de Orfeu que implica a razão e a sintaxe musical?

Não temos que perguntar o porquê dessas mudanças. A resposta seria puramente subjetiva e, aliás, mesmo o escritor não poderia responder, sabendo que o porquê de suas ações,

---

17 "Talvez, ele tenha razão. Gostaria de como ele virar as costas à música ocidental, tecnológica, barulhenta. Quignard, que foi músico, depois musicólogo, escreve : 'o uso da música se tornou ao mesmo tempo atraente e repugnante. Amplificada de uma maneira de repente infinita pela invenção da eletricidade e a multiplicação de sua tecnologia ela se tornou incessante de noite como de dia [...] A expressão Ódio da música quer expressar até que ponto a música pode se tornar odiosa para aquele que mais a amou.' A alma de Ulisses está cheia pelo desejo de ouvir. A de Boutès pelo desejo de aproximar. Eu desejo adaptar as duas narrativas de Homero e de Apolônio, e afiar a língua em função do trabalho com os atores. Pois, através destas duas histórias esclarecidas pelos textos de Pascal Quignard, desejo contar meu medo da utilização da música em todo lugar aos nossos arredores, nas ruas comerciais, os centro da cidade, nas galerias, nas grandes lojas, nas livrarias, nos bancos, nas piscinas, na beira das praias, nos apartamentos particulares, nos restaurantes, nos táxis, nos metros, nos aeroportos etc. Esta utilização, que é hábito, vem reforçar a ideologia da felicidade defendida pela sociedade ocidental, a música está lá por isso, para nos embalsamar, para nos dar a ilusão que vivemos num mundo simpático. Onde estão as Sirenas? Hoje, é a palavra que indica a campainha para os carros dos bombeiros, de ambulância ou da polícia municipal." C. Orain, *Le Chant des Sirènes*, folheto da peça, disponível em: <http://www.latraversee.net/wp-content/uploads/2011/02/Le-chant-des-sir%C3%A8nes.pdf>.

como das nossas, decorre de múltiplas causas muitas vezes desconhecidas.

O fundo sonoro do qual fala Quignard teria intervindo? Ficamos sem resposta, mas é uma hipótese plausível. De onde decorre a sensibilidade do escritor Marcel Proust escutando seu texto? De sua formação musical, da poética advinda das leituras ou à frequentação de salões ou de concertos em casa ou fora? Também não podemos responder.

Mostrei apenas como muda, ou como os processos de criação proustianos advêm nesse caso explícito.

No entanto, este ritmo 2/7 não prossegue nas frases seguintes, a tensão entre o poético e o prosaico continua sua luta, poderia dizer, e a vitória não pertence ao poema como constata Michel Sandras: "Esta escolha do romance ao mesmo tempo contra o ensaio e contra a plaqueta dos poemas em prosa [...] deixando bastante espaço às notações prosaicas [...] testemunham a vitória da prosa enquanto instrumento, permitindo resistir às seduções do sonho poético."[18]

Jean Roudaut dá outro motivo à dominância da prosa sobre à poesia e se opõe a Sandras:

> A preferência acordada ao romance, contra o poema em prosa, não é de ordem estética. Ela é ditada por uma verdadeira conversão interna: não trata-se de limitar-se à exaltação do instante, tempestade e trovão, mas de relatar a ação do tempo no seio de uma consciência, dando a ilusão de uma duração fértil [...] Não se trata mais de [...] valorizar um momento, mas de salientar o cotidiano da profanação da qual nossa negligência a carrega. A duração deve ser metamorfoseada pela nossa maneira de viver, e por isso, torna-se sagrada, não a exceção, mas o ordinário. A dúvida, a noite, a felicidade aceita são etapas da reflexão.[19]

E ele continua: "Proust não considera a forma romanesca como uma forma frouxa; ele não para de lembrar na sua correspondência as limitações rítmicas que ele se impõe

---

18 Proust et le poème en prose fin de siècle, *Bulletin d'informations Proustiennes*, n. 40, p. 92.
19 *Les Trois anges: Essai sur quelques citations de "À la recherche du temps perdu"*, p. 23.

na construção da obra, a ausência de qualquer detalhe inútil, que somente teria como fim o desejo de 'fazer verdadeiro'."[20]

Precisamos, portanto, diferenciar o ritmo no nível de um "verso" do ritmo no nível das grandes sequências, o que me força a dizer que não haveria escolha entre poema em prosa e ficção prosaica, mas sim, convergência no romance proustiano no qual tudo é ritmo e, portanto, poesia.

Respondendo à minha pergunta inicial, direi que a crítica genética poderá, portanto, ser utilizada para esta abordagem tanto mais que os "espaços escriturais"[21], ou estes blocos de escritura já determinados desde as primeiras versões, já revelam o ritmo que se manterá.

Espero também ter respondido em parte ao desejo de Michel Sandras que, no seu último livro, celebra "o ritmo excepcional da prosa proustiana (mas lamenta que poucas pesquisas lhe foram dedicados), uma dos componentes do ar de canção que em cada autor é diferente e que aqueles que tem a orelha mais fina e mais juste são capazes de pegar"[22].

Ainda me perguntei se o achado desse ritmo completa a hipótese de Grésillon sobre o percurso linguístico *Encore/déjà* (Ainda/já). Precisava unificar o ritmo para responder à alternativa *Encore/déjà*? A unidade rítmica não seria uma maneira de trazer a frase ao enunciador ou ao autor que marca a cadência, ou ainda uma maneira de unificar "o ponto de referência da onde o processo é descrito" ou de estabelecer "o mesmo marco de partida" escondendo assim a "estrutura da língua subjacente ou a ossatura programática da escritura de Proust"?[23]

---

20 Ibidem, p. 27.
21 Cf. V.G. Jorge, op. cit., p. 14.
22 *Proust ou l'euphorie de la prose*, p. 22
23 A. Grésillon, op. cit., p. 55-58.

Parte IV

Práticas e Teoria na Obra de Henry Bauchau

1. Primeiras Aventuras de um Crítico: Percorrendo os Manuscritos de Henry Bauchau[1]

Quando entrei em contato mais longamente com os manuscritos de Henry Bauchau, em setembro de 2010[2], queria ser questionado por eles como faço habitualmente. Mas, primeiro, precisava entender a escritura. Para minha surpresa e bem diferentemente dos manuscritos de Flaubert e de Proust, nos quais o pesquisador está raramente seguro de sua leitura, a escritura de Bauchau é clara, agradável e frequentemente entendida à primeira vista. Isso não quer dizer que os cadernos estejam sem rasuras nem acréscimos, mas este processo dificulta pouco a legibilidade. O crítico sabe, em contrapartida, que até sua morte, Laure, sua mulher, datilografava as versões à máquina, embora sem rasura e sem o que havia na primeira escritura. Depois, ele mesmo relia, rasurava e acrescentava nas versões datilografadas, o que dá outras versões, para a sorte do crítico.

Cheguei à obra de Bauchau pela leitura de *Édipo na Estrada*, romance que me entusiasmou e que me incentivou a

---

1 Com os três capítulos que seguem, quero prestar uma homenagem a Henry Bauchau, falecido em setembro de 2012.
2 Primeiro relatório sobre a pesquisa em torno dos manuscritos do autor.

ler os outros romances[3] e a maioria da crítica[4]. Querendo saber mais, recorri ao Acervo Henry Bauchau em Louvain-la-Neuve[5] e aos Archives et Musée de la Littérature[6], em Bruxelas, que tinham as primeiras versões.

Bauchau tinha escrito um primeiro romance, *La Route de Colone*, antes de Édipo, mas aconselhado por seu psicanalista, Conrad Stein, e forçado por seu editor[7], ele eliminou capítulos inteiros e rebatizou a obra com o primeiro título escolhido: *Édipo na Estrada*. A gênese é dupla, por conseguinte.

A segunda gênese começa a partir da carta do editor da Actes Sud, no dia 15 de junho de 1989, mas em qual caderno? Precisava estabelecer a cronologia exata das versões datilografadas chamadas quarta e quinta versões que tinham a mesma data e o mesmo lugar no início, mas eram diferentes quanto à data e ao lugar no final do texto: "Parc-Trihorn, agosto de 1984 – Montour, setembro de 1989", em *Édipo na Estrada*, e "Parc-Trihorn, agosto de 1984 – Paris, março de 1989", para *La Route de Colone*. Esta diferença me faz supor que em seis meses, entre março e setembro de 1989, Bauchau tenha redigido a versão publicada, ou ainda, que ele tenha rearticulado o romance, seguindo o conselho de seu editor.

Percorrendo rapidamente as versões de Bruxelas e de Louvain, o leitor acha que não há grandes diferenças de uma versão para outra. Bauchau parece gostar de copiar e de reescrever a mesma narrativa, como se tivesse necessidade de voltar a se

---

3 *La Déchirure; Le Régiment noir; Œdipe sur la route; Diotime et les lions; Antigone; L'Enfant bleu.*

4 O. Ammour-Mayeur, *Les Imaginaires métisses*; Idem, *Henry Bauchau, Une écriture en résistance*; P. Halen et al. (eds.), *Henry Bauchau, Une poétique de l'espérance*; G. Henrot, *Henry Bauchau poète*; R. Lefort, *L'Originel dans l'oeuvre d'Henry Bauchau*; M. Quaghebeur; A. Neuschäfer (orgs.), *Les Constellations impérieuses d'Henry Bauchau*; F. Soncini (org.), *Henry Bauchau: Un Écrivain, une œuvre*; M. Watthee-Delmotte, *Henry Bauchau: Un livre une oeuvre*; Idem, *Parcours d'Henry Bauchau*; Idem, *Bauchau avant Bauchau*; *Revue Internationale Henry Bauchau*, n.1-5, 2008-2013.

5 O Acervo Henry Bauchau foi constituído na Universidade Católica de Louvain, por iniciativa de Myriam Watthee-Delmotte e dos pesquisadores do Centro de Pesquisa sobre o Imaginário, em colaboração com a Société des Lecteurs d'Henry Bauchau (Paris). Informações disponíveis em: <http://bauchau.fltr.ucl.ac.be/>.

6 Archives et Musée de la Littérature – Biblioteca Real da Bélgica. Mais informações em: <http://www.aml-cfwb.be/aml/acces.html.>.

7 H. Bauchau, *Jour après jour: Journal d'Oedipe sur la route (1983-1989)*, p. 402.

lançar a cada versão, repetindo as mesmas frases com mudanças leves de vez em quando. Por que tão pouca divergência de uma versão escrita em agosto de 1986 até a última, redigida em 1989? O Sherlock Holmes que mora em cada geneticista pensou logo que deveria haver outros planos ou fólios escondidos em cadernos não identificados, ou que o escritor tivesse jogado no lixo as primeiras campanhas de escritura. Em 2011, Geneviève Henrot me confirmou que, de fato, Bauchau guardou todos seus manuscritos e não somente uma parte, graças a sua intervenção bem depois da publicação de *Édipo na Estrada*. Devo concluir que, antes disso, nenhum amigo ou parente tenha recebido os preciosos manuscritos, salvo a lata de lixo?

No entanto, querendo me certificar das operações de escritura das primeiras campanhas de redação dos livros de Bauchau, eu quis reler atentamente os cadernos de Bruxelas, mas também pesquisar os do último livro publicado, *Déluge*, do qual todos os cadernos ou fólios tinham chegado ao Acervo Bauchau em Louvain. Queria saber se Bauchau utilizava anotações de leituras, esquemas ou planos como Flaubert, se tinha cadernos de anotações com os primeiros esboços de personagens ou de situações como Proust, ou se ele se lançava na escritura seguindo uma preparação apenas mental. Será este o objeto da primeira parte do capítulo.

Entretanto, o que nem Flaubert nem Proust deixaram, mas que Bauchau tinha, era seu precioso diário, no qual, regularmente, quase diariamente, escrevia[8]. O *Journal* testemunha o início da escritura do romance em julho de 1983. Resumos das páginas escritas durante o dia dão uma ideia da gênese do romance. Termina a primeira versão em 28 de julho de 1986, mas em 31 do mesmo mês, ele se dá conta que deveria refazer o início: "A escritura está quase terminada. O início inteiro deve ser refeito, é um trabalho difícil"[9]

---

8   Ibidem.
9   Ibidem, p. 213.

DÉLUGE / DILÚVIO

Felizmente, todos os manuscritos desse penúltimo livro foram tratados por Matthieu Dubois, o arquivista do momento do Fonds Bauchau, o que me facilitou consideravelmente a tarefa. Três cadernos intitulados *Orion*, para os dois primeiros, e *Noé*, para o terceiro, antecedem *Déluge*[10]. Em seguida, há três cadernos manuscritos[11] sobre o *Déluge* e nove pastas ou dossiês de tapuscritos.[12]

No início, Bauchau pensava dar como título o nome da personagem principal, Orion, ao qual lhe sucedeu Noé, o construtor da arca na Bíblia, no caderno do mesmo nome, e, para terminar, a mesma personagem se tornará o pintor Florian, em *Déluge*. Essa passagem de uma personagem para outra merece outra pesquisa.

Bauchau começou a escrever *Orion* em fevereiro de 1999 e terminou o caderno no final de março do mesmo ano. O segundo volume de *Orion* indica uma data somente no final do manuscrito entre 14 de outubro e 3 de novembro, sem indicação de ano, mas podemos supor que trate-se do mesmo ano.

Noé foi escrito de 17 de novembro de 2007 a março de 2008. Todavia, entre 1999 e 2009, Bauchau publicou vários livros: *Les Vallées du bonheur profond* (1999), *Le Journal d'Antigone 1989-1997* (1999), *Passage de la Bonne-Graine* (2002), *L'enfant bleu* (2004), *Le Présent d'incertitude* (2007) e *Le Boulevard périphérique* (2007).

10 *Orion* (roxo): vieux 1º caderno, 21 fev.-25 mar. 1999, f. 12951-12959; *Orion* (verde): vieux, f. 12965-13003; *Noé* (azul), 17 nov. 2007-1º mar. 2008, f. 12847-12950.

11 Caderno em couro marrom intitulado *Déluge romance manuscrito*, f. A 12672 -A 12771; Caderno amarelo, 20 nov.-3 mar. 2008, f. 12772-12819, *Déluge Manuscrit* (na capa), depois, caderno marrom; 2º caderno amarelo, 3 mar.-24 mar. 2008, f. 12821-12845.

12 Pasta vermelha, 2008, dossiê n. 25 A 7926-A 8036; *Noé 2* (versão datilografada) A 8039-A 8294; Pasta ocre, v. 5: 31 out. 08, v. 6: 05 mar. 09, n. 26, f. A 8295-A 8672; Pasta amarela, 2009, n. 27, f. A 8672-A 9013; versão 7, retomada global do romance, 12 de mar. 2009 com inserção dos acréscimos f. A 9014-A 9048; Pasta rosa, 2009, n. 28 f. A 9049-9207; versão 8 (retomada 19 mar. terminada 27 de mar.), com inserção do fim; Pasta marrom clara, 31 de mar. 2009, n. 29 (retomada global do romance, 31 mar. 2009), f. 9420-9785; Pasta rosa, v. 7, 12 mar. 2009, n. 30, versão 4, p.143 (7 jul. 2009); *Noé* (versão inicial), 17 out. 1989; *Boulevard périphérique*, f. A 10009-10118; *Boulevard périphérique* (outra versão), f. A 10119 com uma carta a Bertrand Py; Pasta amarela, n. 31, Cadernos 2 (1-73), 3 (75-114), 4(115-163), 5 (164-204), 6(205-253), sem datas; Pasta azul, tapuscritos diversos, n. 32.

A produção de Henry Bauchau sendo abundante e os livros volumosos, o editor o obrigou, nos dois livros estudados, a retirar capítulos inteiros que o escritor resolveu publicar separadamente. São eles: a excelente história de Diotima, extraída de *Édipo na Estrada*, publicada sob o título *Diotime et les lions*, no mesmo editor em 1991 e um episódio não publicado do *Déluge* sobre a Virgem Maria.

Em contrapartida, a divisão entre os romances não está sempre nítida. Em *Orion* escrito 1999, encontrei alusões a *L'enfant bleu* editado em 2004 e ao *Boulevard Périphérique* saído em 2007[13]. Mais tarde, percebi que *Orion* é também o primeiro nome de uma criança pródiga do *L'enfant bleu* que se tornará o pintor genial do romance *Déluge*.

O site do AML de Bruxelas informa que há sete versões de *Orion*[14] datadas de 1999 a 2004. Desconfiado, averiguei o texto do *Orion, vieux 1er cahier*, de 21 de fevereiro de 1999 e, de fato, este caderno se refere unicamente ao último livro publicado em 2010, *Déluge*, e não a *L'enfant bleu*.

Isso quer dizer que o escritor já tinha em mente o projeto desse livro junto com o de *L'enfant bleu*, o que é lógico, sabendo que a mesma personagem é descrita na juventude nesse livro e na velhice em *Déluge*. Significa também que a criação não exige como em Flaubert a preparação de um livro por um conjunto de manuscritos, mas de vários no mesmo caderno. Embora semelhante a Proust como processo, Bauchau se diferencia dele, já que o autor de *Em Busca do Tempo Perdido* tinha em mente uma só obra após a guerra de 1914, atravessando os 75 cadernos de rascunho.

---

13 Assim Bauchau apresenta seu romance: "Este romance eu o vejo como comportando duas partes: O diário de Amigo 1: dedicado ao tratamento de um jovem psicótico a seus fantasmas, a seus progressos, à separação. Aqui, servir-me dos documentos que tenho e de fragmentos do *Bd périphérique*. Não esquecer a criança azul, talvez relendo o *Bd* eu perceberei que é já mais elaborado do que acho. O jornal da moça que conta eu encontro com L̶e̶ Orion, sua entrada na sua vida. O til com a Sibila. Tudo isso já está esboçado nos meus rascunhos existentes Ela pinta com Orion e leva atrás dela um jovem pintor. A face. A paixão de Orion p̶a̶r̶a̶ põe fogo a seus desenhos e telas. A ideia do dilúvio." H. Bauchau, *Orion* (vieux), Caderno verde A12956, nota de 7 de março.

14 Arquivos Henry Bauchau da Biblioteca Real de Bruxelas, disponível em: <http://www.aml-cfwb.be/actualites/29>.

Do que depende então a criação em Bauchau? Não de uma vontade expressa do escritor de desenvolver um plano, mas, como podemos ler nos diários que acompanham as obras, essencialmente da própria escritura, que leva o *scriptor*, e de sonhos e visões do escritor com as personagens enquanto escreve. Seria interessante comparar a composição proustiana com a de Bauchau, já que ambos usam o sonho como auxiliar ou fonte de criação, mas seria para outra pesquisa.

É, portanto, aos poucos, que se define um livro em Bauchau. Esta situação dificulta a pesquisa e me forçaria a ler os manuscritos que vêm antes de *Édipo na Estrada* e não somente os intitulados como tal. Examinando o *Journal*, constatei de fato que Bauchau pensava em Édipo desde o poema "Oedipe à Colone", cuja primeira versão data de 1978[15] e em Antígone desde o poema "Les Deux Antígonas", de 1982.[16] *Déluge* não é, portanto, uma exceção, é o modo de criar de Bauchau.

No segundo caderno *Orion*, de 1999, encontro ainda alusões a *Édipo na Estrada*, já publicado em 1990: por exemplo, a personagem Io de *Édipo* vai se tornar Florence em *Déluge*.

A partir da leitura dos manuscritos de *Déluge*, posso afirmar em primeiro lugar que o livro já fazia parte da memória da escritura e, em alguns trechos, do saber genético[17] 11 anos antes de sua publicação; em segundo, que os manuscritos ainda têm relação com as publicações intermediárias e, enfim, que a preparação mais intensa se deu três anos antes da publicação, em 2007, embora não haja planos ou programação, mas pedaços de escritura a partir de uma ideia-chave.

ÉDIPO NA ESTRADA

Aos Arquivos e Museu da Literatura de Bruxelas, dirigido por seu amigo, Marc Quajhebeur, Bauchau entregou quatro cadernos da primeira versão intitulados *Quatrième cahier*,

15 *Jour après jour...*, p. 182.
16 Ibidem, p. 185.
17 Lembramos que a memória da escritura é constituída das informações que tocam o assunto escolhido, mas que ainda não são transcritas na tela ou no papel. A medida em que o tempo passa, funciona uma seleção que consistirá a se distanciar da memória da escritura e se constituirá o saber genético.

Cinquième cahier, Sixième cahier, Septième cahier, a datilografia da primeira versão, uma pasta de folhas avulsas com datas posteriores e oito cadernos da segunda versão. Os três primeiros cadernos estão perdidos ou estão nas mãos de parentes, próximos ou colecionadores.

Mas, como para *Déluge*, o verdadeiro início da narrativa não corresponde ao da escritura. Temos dois testemunhos: o *Diário* indica que ele termina a primeira versão em 28 de julho de 1986, mas no dia 31 do mesmo mês Bauchau se dá conta de que deveria refazer o início: "a escrita está quase finalizada. Todo o início deve ser refeito, é um trabalho difícil". Esta defasagem entre o primeiro início e o início refeito será o assunto do próximo capítulo.

O acervo da Universidade de Louvain apresentava outra dificuldade, não por falta de cadernos, mas quanto à ordem das versões. Quatro versões tapuscritas, com acréscimos manuscritos entre as linhas ou parágrafos inteiros, foram arquivadas, mas onde inserir a versão inteira espiralada da *Route de Colone* e como ordenar o conjunto?

Nenhuma dificuldade se apresenta para as versões intituladas por Bauchau, segunda versão e terceira versão, mas os três outros textos questionam a ordem de composição.

Se examinarmos as datas indicadas no fim de *La Route de Colone* e da versão espiralada: "agosto de 84 – Parc-Trihorn a março de 1989, Paris", para a primeira, e "Parc-Trihorn, agosto de 1984 – Montour, setembro de 1989" para a segunda, é claro que *La Route de Colone* vem antes da versão espiralada quase igual ao texto publicado, devido à diferença de seis meses entre os dois fins aos quais já fiz alusão. Além disso, trechos dos quais um é citado em nota de rodapés como exemplo, sumiram no caderno espiralado.[18]

18   Podemos dar dois exemplos:
"*Lui a choisi de vivre, de continuer à vivre dans ce terrible état aveugle et de roi détrôné. Il a cette volonté de vivre, ce courage, peut-être, chevillé au corps. Nous, les enfants de Jocaste, nous ne sommes pas comme ça, nous préférerions, comme elle, mourir plutôt que continuer une existence diminuée. Etéocle et Polynice, ils veulent tout, _____ avec cette supportable intensité qui les sépare de tous.*" (f. 10751);
e
"*les contraint à penser toujours à l'autre, au seul égal, au seul capable de désirer, d'aimer et de haïr avec autant de*

A versão espiralada seria a quarta versão e o que é chamada quarta versão tapuscrita é a quinta. As duas tem as mesmas datas no final. No fólio A 9248, consta: "Parc-Trihorn, agosto de 1984 – Montour, setembro de 1989", mas trechos sumiram ou estão riscados na quinta versão que ainda constam na versão espiralada.

Por exemplo, o trecho que antecede o já eliminado da quarta versão, citado na nota 19:

> Elle se sent légère, elle marche d'un pas vif en direction
> de la ville. Les portes seront encore fermées mais, quand
> J'arriverai, Polynice ou Etéocle sera de garde aux remparts
> Et me fera entrer. Ismème compte sûrement les heures au
> Palais et a tout préparé pour mon retour. Créon lui-même
> qui a sans doute feint la colère en apprenant ma fuite, sera
> lui aussi content de mon retour qui va maintenir l'ordre au
> palais et dans la ville.
> Ils connaissent Oedipe, ils savent qu'il ne peut désirer
> qu'une princesse de Thèbes, la fille de Jocaste la reine,
> erre sur les routes avec lui, sans abri et sans protection.
> En s'agenouillant devant le vigneron, il a voulu me montrer
> qu'il est capable, plus capable que moi de mendier son pain
> Je n'aurais pas pu faire cela mais, lui, est au-dessus de la honte,
> Et ---------------- du desespoir. Jocaste, quand elle a su son malheur, quand elle l'a vu étalé aux yeux de tous, a choisi de mourir et c'est ce que j'aurais fait à sa place.

force que son frère.
A la mort de ma mère, et c'est la seule fois qu'on l'ait
vu pleurer, Créon a dit : « Une cavale de grande race, il faut
Qu'elle galope superbement ou qu'elle meure.»
Moi aussi, je suis comme ça et je n'accepterias pas de
traîner ma carcasse aveugle en mendiant come Oedipe. Mes
frères se disent toujours descendants de la race de Jocaste.
Ils renient la descendance d'Oedipe. C'est ainsi qu'ils l'ont
chassé et ont accepté qu'on renferme sur lui les portes de
Thèbes. Et Ismène, que pense-t-elle ? Ismène, malgré son sourire séducteur, sa douceur, sa faiblesse apparente, se veut
toujours la fille d'Oedipe. Entre sa mère morte et son père
déchu, elle n'a pas choisi. Elle a toujours, pour la mémoire
de l'une et la misère de l'autre, ce même sourire qui _____
_____demande non pas toute la place comme
ses frères mais la préférence. Cette préférence qu'elle a
obtenue de sa mère et que je ne suis pas prête – moi, qui
pourtant l'abandonne- à céder dans l'esprit d'Oedipe." (f. 10751).

Esse trecho do fólio 14 12343 é repetido na quinta versão, mas totalmente rasurado.

Por sua vez, o leitor poderá perguntar por que a versão espiralada não é a terceira versão, mas a quarta. Que ele julgue por si mesmo.

Fólio 17 A 2999:

et
criminel qu'il a connu, malgré la crise de folie où il s'est
~~Crevé les yeux~~, il a choisi ce vivre, de continuer à vivre
Dans ce terrible état d'aveugle et de roi détrôné. Il a
Cette volonté de vivre, <peut-être>. ce courage <>. chevillé au
corps. Nous, les enfants de Jocaste, nous ne sommes pas
nous nous préfèrerions
comme ça. Si jamais, nous devons perdre, comme elle, le grand
~~pari, nous préfèrerons~~ mourir plutôt que continuer une
existence diminuée.

Fólio 18 A 3000:

existence diminuée. Etéocle et Polynice, ils veulent tout,
tous les deux, avec cette insupportable intensité qui les
 de tous qui
sépare ~~des autres et~~ les contraint à penser toujours l'un à
à l'autre, au seul égal, au seul capable d'~~aimer~~, de désirer, d'aimer
 son frère
et de haïr avec autant de force que ~~soi même.~~
A la mort de ma mère, et c'est la seule fois qu'on l'ait
Vu pleurer, Créon a dit: "une cavale de grande race, il faut
 meure
qu'elle galope superbement ou qu'elle ~~crève~~". Moi aussi je
suis comme ça et je n'accepterais pas, ~~en cas de défaite~~,
De traîner ma carcasse aveuble ne mendiant comme Oedipe.
Mes frères se disent toujours descendants de ~~Cadmos et de Penthée~~, de la race de Jocaste. Ils renient la descendance
 chassé
d'Oedipe. C'est ainsi qu'ils l'ont ~~jeté dehors~~ et ont
Accepté qu'on renferme sur lui les portes de Thèbes. ~~Ils ne~~
veulent plus être que les fils de Jocaste. Et Ismène que
pense-t-elle? Ismène, malgré son sourire séducteur, sa
douceur, sa faiblesse apparente, se veut toujours la fille
d'Oedipe. Entre sa mère morte et son père déchu, elle n'a
pas choisi. Elle a toujours pour la mémoire de l'une et la

> misère de l'autre ce même sourire qui m'a tant irritée par
> lequel elle demande non pas toute la place comme ses frères
> mais la préférence. Cette préférence qu'elle a obtenue de
> sa mère et que je ne suis pas prête – moi, qui pourtant
> l'abandonne – à lui céder dans l'esprit d'Oedipe.
> [...]

Nem essas duas páginas A 2999 e A 3000, nem o episódio no início do romance: a conversa entre Anaïs, a ama de leite de Antígona, e sua mãe, Anaé, reaparece na versão espiralada.

Ainda que a quarta versão fosse somente a cópia de um caderno, as correções a lápis enfraquecem essa hipótese e indicam uma versão a mais, como mostram os exemplos seguintes:

P. 4, fólio A 12333:

Polynice est devant la porte,
il ne l'a pas refermée, il l'a attendue, quel bonheur!
Elle sent un immense apaisement, un irrésistible besoin de larmes
Il
s'emparer d'elle. Polynice lui ouvre les bras.elle s'y jette
en pleurant. Il est grand, il est fort, il est beau comme

P. 11 fólio A 12340:

Un réflexe de sa vie de soldat lui fait retirer ses sandales et mettre son bâton
Et sa gourde à côté de lui.
? Après
Passe pas <>. Un moment se passe, un pas léger

P. 15, fólio A 12344:

Sa voix devait bien être angoissée car la voilà qui arrive en courant
//= à la ligne
Ilyssa
Elle puise l'eau,

P. 22, fólio A 12351:

Après quelques pas, il revient vers Antigone: "Vous êtes
Il se penche sur sa jambe, la regarde: (ajout en marge)
blessés. Prends ces feuilles et cette terre

P. 23, fólio A 12352:

j'ai cru qu'un dieu était
en toi, combattait avec toi. – J'ai été quelques instants dans un
  état
une ~~gloire~~, une gloire (à supprimer en marge) qui ne dépendant
pas de moi, puis je
suis redevenu lourd

P. 49, fólio A 12378:

elle se rendort bercée par le souffle
régulier des autres dormeurs.
double espace Antigone (en marge)
~~Elle~~ se lève et mange avec eux ...
Kléa l'accompagne jusqu'aux limites du village, elle lui de
mande où elle va. Antigone fait signe qu'elle ne sait pas.
Kléa joint les mains sur son ventre et se met à pleurer. ~~Anti-
gone~~ s'aperçoit que, pour Kléa, ne plus avoir de maison et
s'en aller sans savoir où est le sort le plus terrible. Elle (+4 lignes
supprimées)

É bastante estranho que não haja mais acréscimos ou rasuras até a página 268, fólio A 12597, quando o capítulo *Histoire des Hautes Collines* é dividido e termina com "jusqu'au moment où Antiopia vint le chercher pour le revêtir d'une tunique" ("até o momento em que Antiópia vem buscá-lo para cobri-lo com uma túnica"). O novo capítulo recebe o título de "XII La Jeune reine" e começa com: "Jusqu'ici, Oedipe, je n'ai parlé que de notre peuple et d'Adraste" ("Até aqui, Édipo, eu só falei do nosso povo e de Adrasto").

Um estudo aprofundado da quinta versão seria necessário para confirmar a hipótese.

Considerando o que comentei, sugiro a cronologia seguinte para as versões de *Édipo na Estrada*: os três primeiros cadernos desaparecidos datariam de agosto de 1984, data indicada nas versões impressas de *La Route de Colone* e na quarta versão espiralada.

NO ACERVO DE BRUXELAS

Transcrevo em francês o que é indicado na capa dos cadernos. Há duas etiquetas fixadas em cada caderno, a primeira da mão do arquivista e a segunda datilografada por Laure Bauchau, provavelmente, que coloco na primeira linha para ficar mais claro, e, em terceiro lugar, o conteúdo e as datas de composição que encontro nos fólios.

1ª versão:

- QUATRIEME CAHIER. ŒDIPE SUR LA ROUTE
  Frappe de la première version: p. 178 à 263
- *Œdipe sur la route* suite 88 à 114; du 5.3.85 au 9.9.1985
  ML 7406/1
- Couverture du cahier Clairefontaine, couleur rouge.
  Folios 1-98.

- CINQUIEME CAHIER. ŒDIPE SUR LA ROUTE
  Frappe de la première version: p. 263 à 351
- *Œdipe sur la route* suite 115 à 138; 17.9 au 10.11.1985
  ML 7406/2
- Couverture du cahier Clairefontaine, couleur rouge.
  Folios 1-96.

- SIXIEME CAHIER. ŒDIPE SUR LA ROUTE
  Frappe de la première version: p. 352 à 445
- *Œdipe sur la route* suite 139 à 170; du 17.11. 85 au 10.5.86
  ML 7406/3
- Couverture du cahier Clairefontaine, couleur violette.
  Folios 1 à 98.

- SEPTIEME CAHIER. ŒDIPE SUR LA ROUTE
  Frappe de la première version: p. 352 à 445 [talvez haja erro do tipógrafo]
- *Œdipe sur la route* suite 171 à 191; du 11.05.86 au 27.07.86
  ML 7406/4
- Couverture du cahier Clairefontaine, couleur verte écossais.
  Folios 1 à 75 et 8 pages sans numérotation.

1.8.86: début de la 1ère version revue – Début écrit sur la première page de la farde
1.8.87: couleur verte; 7408/5

1ère version – Début du 4.8.1986 au 1.9. 1986
[Sou seja, cronologicamente antes dos oito cadernos da segunda versão]

PRIMEIRA VERSÃO DATILOGRAFADA, sem data AML, ML 7161/5:
Sete páginas manuscritas numeradas de 1 a 7 a lápis vermelho sobre um dos começos do romance, quarenta e duas páginas numeradas de 01 a 043, primeiro início redigido que anuncia o que vai seguir, 493 páginas numeradas de 1 a 493 que serão copiadas a partir dos sete cadernos. A última página corresponde à página 51 do sétimo caderno. Do sétimo caderno, faltam, portanto, vinte e cinco páginas e as oito páginas que dão outro início à narrativa. A página 39 falta. Enfim, quatro páginas manuscritas com o título *L'oracle* são inseridas na página 252 numa pasta amarela.

PASTA DE COR VERDE
- "4.8.86: début 1ère version revue-"
- (Soit chronologiquement avant les 8 cahiers de la 2e version) ML 7406/5
  Folios datés, mais non numérotés, du 4.8 au 1.9. 1986.

2ª versão:

- PREMIER CAHIER. ŒDIPE SUR LA ROUTE
  Frappe de la deuxième version
- *Oedipe sur la route* suite 1 à 34 [arrancadas] + p.35 à 95 du 1.9.86 au 21.9 1986 ML 7406/6
- Couverture du cahier Clairefontaine, couleur brun vert.

- DEUXIEME CAHIER. ŒDIPE SUR LA ROUTE
  Frappe de la deuxième version
- *Oedipe sur la route* suite 96 à 173; du 28.9.86 au 24.10 1986 ML 7406/7
- Couverture du cahier Clairefontaine, couleur rouge.

- TROISIEME CAHIER. ŒDIPE SUR LA ROUTE
  Frappe de la deuxième version
- *Oedipe sur la route* suite 174 à 278; du 25.10.86 au 12.12 1986 ML 7406/8
- Couverture du cahier Clairefontaine, couleur bleu.

- QUATRIEME CAHIER. ŒDIPE SUR LA ROUTE
  Frappe de la deuxième version
- *Oedipe sur la route* suite 269 à 366; du 12.12.86 au 5.2.1987 ML 7406/9

- Couverture du cahier Clairefontaine, couleur violette.

- CINQUIEME CAHIER. ŒDIPE SUR LA ROUTE_
  Frappe de la deuxième version_
- Oedipe sur la route suite 367 à 446;du 8.2.87 au 28.5.1987
  ML 7406/10
- Couverture du cahier Clairefontaine, couleur brun vert.

  SIXIEME CAHIER. ŒDIPE SUR LA ROUTE_
  Frappe de la deuxième version_
- Oedipe sur la route suite 447 à 542; du 7.6.87(à la p. 454) au 21.8.1987
  ML 7406/11
- Couverture du cahier Clairefontaine, couleur verte.

  SEPTIEME CAHIER. ŒDIPE SUR LA ROUTE_
  Frappe de la deuxième version_
- *Oedipe sur la route* suite 543 à 631; le 22.8.87 au 28.11.1987
  ML 7406/12
  Couverture du cahier Clairefontaine, couleur rouge clair.

  HUITIEME CAHIER. ŒDIPE SUR LA ROUTE
  Frappe de la deuxième version_
- *Oedipe sur la route* suite 632 à 657; le 29.11.87 au 11.4.1988 p. 657
  ML 7406/13
- Couverture du cahier Clairefontaine, vert-brun.

No acervo de Louvain:

2ª versão:

Dossier 8: feuillets 1 à 326 A 12383- A 2724
Dossier 9: feuillets 354-385 A 2725- A 2981

3° versão:

(tapuscrits et manuscrits)
Dossier 10: feuillets 1 à 326 A 2982 – A 3316
Dossier 11: folios 1 a 341 A 3317 à A 3606

La Route de Colone. Roman:

Première partie: A 10736 à A 11020
Deuxième partie: A 11021 à A 11260. De août 84 – Parc Trihorn à mars 1989, Paris.

4ª versão:

A 12328 a A 12670 version impirmée reliée avec anneaux blancs
Rédigé après les suggestions de l'éditeur le 15 juin1989

5ª versão:
(tapuscrit avec corrections)
Folio A3607 à A3906 dossier 12
Folio A 3907 à A 9250 dossier 13
Août 1984 à septembre 1989

Parece claro que a criação para Bauchau não depende nem do romance em vista, nem dos cenários pré-concebidas. Ela é construída progressivamente e mistura facilmente personagens e histórias nos rascunhos. Além disso, a ordem das versões do romance de *Édipo na Estrada* deve ser revista e deve considerar cinco versões e não quatro. Espero assim ter esclarecido vários pontos concernentes à criação em Henry Bauchau e vislumbrado as numerosas pesquisas ainda por vir com seus manuscritos.

2. A Criação Fora do Tempo, uma Escritura Sem Fronteiras[1]

Uma rápida olhada no conjunto dos manuscritos de *Édipo na Estrada* mostra suficientemente a pesquisa exigente à qual se submeteu Henry Bauchau para apresentar a seu leitor o excelente romance que conhecemos. Quatorze cadernos na Biblioteca Real da Bélgica, em Bruxelas, quatro ou cinco versões e *La Route de Colone*, no Acervo Bauchau de Louvain, questionam a criação iniciada a partir da obra de Sófocles. A circunstância mais evidente sendo a referência teatral e mítica, muitas outras tiradas da sua vida pessoal, que a crítica não deixou de sublinhar, a cercam. Todavia, não ficarei com estas últimas e buscarei mais os motivos literários que levaram o autor a tantas repetições, e por quais mecanismos, a escritura adveio. Seguirei a pista das personagens na sua migração de uma obra para outra (dados poéticos), e a da relação temporal entre invenção e escritura, como documentam vários rascunhos, entre progressão sincopada e aparente parada das escrituras (dados genéticos).

---

[1] Artigo publicado em parte na *Revue Internationale Henry Bauchau* (n. 5, 2012), por ocasião do centésimo aniversário do escritor.

DADOS POÉTICOS

A Migração das Personagens

O tempo de composição do romance, segundo o *Journal*, vai de novembro de 1983 a setembro de 1989[2], isto é, quase seis anos. Mas a ideia original é mais antiga ainda, já que Bauchau pensava em Édipo pelo menos desde o poema "Édipo em Colono" cuja primeira versão data de 1978[3]. A maioria dos temas do escritor atravessam assim a obra, sem se assustar com nenhuma fronteira nem genética nem temporal.

O mesmo mecanismo age para o romance *Déluge*, publicado em 2010, como mostrei no capítulo anterior. Não somente a poesia chama o romance, mas os romances se interpelam. Estas transferências de gênero e entre os romances, não são como em Balzac, retomadas de personagem com o mesmo nome para a mesma função, mas verdadeiras reconstruções que possibilitam estudos genéticos e interrogam o crítico sobre estas personagens ou sobre as visões do mundo representadas por elas, as quais Bauchau não consegue esquecer completamente nem pode abandonar. É como se gostasse de descrever todas suas facetas sem conseguir, aparentemente. A mudança de nomes arrasta identidades diferentes, mas a origem comum se reflete, provavelmente, em cada um deles e poderia ser ou já foi objeto de pesquisas mais amplas.

A Nominação das Personagens

Batismo e mudança de nomes modificam, sem nenhuma dúvida, nossa percepção das personagens. Eles definem identidades como eles modificam seu desempenho. No entanto, a origem comum se reflete, ao que tudo indica, sobre tal personagem em cada uma de suas aparições. Este aspecto traz em si em se interessantes aprofundamentos críticos.

Assim, por exemplo, o início de *Édipo na Estrada* causou certas dificuldades nesse aspecto, como já foi mostrado. O capítulo

---

2 Cf. *Jour après: Journal d'Oedipe sur la route*.
3 *Jour après jour...*, p. 182; *Poésie complète*, p. 257.

2 não parece ter sido revisto, exceto o nome Clio, que somente foi encontrado na segunda versão e que, até lá, chamava-se "o homem" ou "o jovem bandido". Este capítulo, começado em 12 de agosto de 1984, foi continuado nos dias 14, 15, 17 do mesmo mês ("É o que tenho feito melhor", diz Bauchau) e terminado no dia 19 de agosto. Na segunda versão, "o homem" recebe o seu nome no dia 12 de agosto de 1986, dois anos depois.

A migração e a transfiguração das personagens de uma obra para outra deixa entrever a interdependência do processo criado em relação à subjugação da escritura. Convém distinguir, portanto, o plano da escritura propriamente dito, como exercício, do plano imaginário da criação, como faísca de fecundação seguida da imponderável gestação e constatar que o segundo transborda as fronteiras concretas e datáveis, enquanto ele antecede e segue largamente a circunscrição do calendário do primeiro.

O plano da criação, ele mesmo, não é uniforme e comporta várias camadas segundo o romance estudado. A personagem Io de *Édipo na Estrada* se abrirá, por exemplo, a outras personagens em *Déluge*, de 2010, e formará outro estrato de sentido. Tudo se passa como se as personagens, ou o conjunto dos traços que os caracterizam independentemente do nome atribuído, vivesse numa bolha que sobrevoa a criação de Henry Bauchau, qualquer que seja o sulco do livro que está sendo cavado. Em 12 de setembro, a personagem Narsès conta demais e será preciso cortar sua história:

> Continuo nesta manhã a nova versão de "História de Narsès", o que me preocupa um pouco, porque ela continua a crescer. Será preciso cortar este texto que, no entanto, traz um elemento novo para a personagem de Clio e define a de Teseu. Calíope também surgiu um momento, tive o prazer de encontrá-la, pois é uma das minhas personagens favoritas. Ela é a encarnação de uma fantasia que eu acredito ter trazido até a realidade imaginária.[4]

A criação literária como "bagagem de viagem", diferente da escritura como percurso, não é geralmente linear, contrariamente ao processo de escritura visível nos cadernos. O crítico

[4] *Jour après jour...*, p. 370.

genético fica na verdade surpreso ao constatar a correção e a ordem dos quatorze cadernos de Bruxelas e das outras versões do Acervo Bauchau de Louvain-la-Neuve. Esses manuscritos manifestam nitidamente a vontade do escritor de inserir sua criação no tempo calendário ou de se manter nele. Diversos tipos de indicações regulam o tempo da escritura ajudando o escritor e o leitor, como já descrevi na capítulo anterior. A ordem cronológica da composição está registrada, e cada fólio é precedido da data, do dia e do mês, e, às vezes, do ano, com caneta vermelha: esta indicação temporal absoluta, interpretável sem cálculo referencial, parece consignada lá ao mesmo tempo como um "exercício" e como lembrança para a posteridade.

Mas, constamos que a temporalidade da criação nunca é da escritura. Ela está praticamente fora do tempo e pode surgir a qualquer momento. A memória da escritura[5], que inclui esta bolha imaginária que assinalava antes, não espera e, quando surge a ocasião, ou melhor, quando o escritor está bastante atento para pegá-la, a informação ou a nova ideia nasce independentemente do momento da composição ou mesmo da vida cotidiana.

Bauchau reconhece a precariedade da inserção calendária. Quando deve distinguir a segunda versão de *Édipo na Estrada* da primeira, ele se submete a uma regra nem sempre respeitada, no entanto, mas que quebra o tempo cronológico exigido pela escritura. Terminando a primeira versão em 28 de julho de 1986, ele a distingue das outras que seguirão:

> A primeira versão na qual confio nas associações, na qual deixo livremente se manifestar o que surge, é sempre a mais difícil. Agora, preciso colocar ordem, endurecer o estilo e o movimento geral da narrativa. Até agora, criei (embora não goste da palavra), agora, preciso também escrever e gosto de escrever.[6]

---

5 "A *memória da escritura* nunca será definitiva, e continuará a juntar informações que entram no mesmo espaço e se auto-organizam nos dois sentidos, ascendente e descendente [...] transformando o escritor em instrumento de sua escritura, ou seja, em *scriptor*. O acúmulo de informações durará até a última rasura, e às vezes transbordará o romance, o conto ou o poema do momento. Uma vez na memória, a informação entra no sistema à procura de outras, por caminhos desconhecidos do escritor que, atento a esse jogo, traduz ou transpõe para a página o que lhe convém." P. Willemart, *Os Processos de Criação na Escritura, na Arte e na Pscanálise*, p. 31-32.

6 *Jour après jour...*, p. 212.

Um ano depois, no dia 28 de fevereiro de 1987, Bauchau dá outra função à segunda versão: "Trabalho há alguns dias com dificuldade no canto de Édipo sobre a Esfinge. Foi durante os dias de Todos os Santos, em 1985, em Montour, que escrevi no entusiasmo. Trata-se agora de polir, sem estragar nem enfraquecer o texto inicial."[7]

Função na qual insiste em 24 de abril: "A versão atual, fortemente abreviada no fim, não se afasta do ditado inicial, ela a concretiza e talvez a enriquece."[8]

DADOS GENÉTICOS: AS CAMPANHAS DE REESCRITURA

As Negociações Entre Escritura e Invenção

Esta regra de dissociação entre fase de imaginação e fase de escritura não é demais rigorosa, já que a escritura em si mesma sugere mudanças na narrativa: "Cavando sempre a narrativa de Constance, que deveria se chamar talvez 'O mar interior', uma ideia surgiu..."[9] Da mesma maneira, após a chamada de seu psicanalista, Conrad Stein, em 4 de julho de 1989, ele se persuade de que "o consciente quis fazer outro livro que aquele que desejava o inconsciente. É preciso voltar ao inicial"[10].

Todavia, a composição sofre também e não pode, às vezes, seguir a ordem estabelecida após a releitura.

No fim do fólio 76 do sétimo caderno da primeira versão, um texto suspende a ordem de composição no tempo. Enquanto constata o "fim da 1ª versão" no recto, acrescenta no verso, "falta um início a Tebas". Apesar da ideia que o escritor tinha do início a partir de uma visão ou de um sonho acordado do dia 31 de julho de 1984: "Acho que esta manhã, tive uma espécie de visão confusa na qual via Édipo cego, sentado ao pé de uma coluna. A alguma distância, um guarda armado"[11]; é

---

7 Ibidem, p. 258.
8 Ibidem, p. 269.
9 Ibidem, p. 298.
10 Ibidem, p. 412.
11 Ibidem, p. 37.

somente dois anos mais tarde, no fólio 76 v° do sétimo caderno, que Bauchau volta ao início:

> Releitura dos [fólios] 01 a 043
> Falta um início a Tebas
> A luta com o H. dever ser melhor descrita
> O porquê de Édipo
> A resposta de A.: Ele é tão bonito

Onde estão os fólios 01 a 043? Bauchau alude à primeira versão datilografada na qual, de fato, os fólios estão numerados de 01 a 043 e constituem um primeiro início com a história de Clio, já bastante desenvolvida.

Não satisfeito com este primeiro início, Bauchau trabalha o texto de novo e, na página em frente destas duas linhas no fólio 77 datado de 31 de julho de 1986, ele redige duas tentativas de início do romance que se seguem no fólio. Os dois trechos estão rasurados com uma cruz vermelha e uma máscara é desenhada na margem superior, à direita. Na página seguinte, apresentamos a foto bastante legível do fólio[12] e na subsequente, a transcrição integral traduzida e diplomática, respeitando sua disposição no fólio:

O mesmo sétimo caderno da primeira versão contém, logo depois, dois ensaios do início, um novo começo com outra numeração, os fólios 1 a 7, nos quais o escritor desenvolve muito mais os preparativos da saída de Édipo de Tebas: o porquê da expulsão de Édipo, as reações dos habitantes de Tebas, a polícia secreta de Cleon, o cálice de ouro etc. Este início é excluído no dia seguinte, 4 de agosto, com a menção "início revisto".

Resumindo, o tempo da composição e o da invenção são raramente paralelos, eles se cruzam no momento da chegada no manuscrito, para imediatamente se separarem um do outro até serem lembrados pela caneta ou o toque do escritor. Enquanto o primeiro é mais linear, o tempo da invenção progride por saltos e pulos.

---

12 Fólio 77 do 7º Caderno da primeira versão reproduzido com a amável autorização de Marc Quaghebeur, diretor dos Archives et du Musée de la Littérature de la Bibliothèque Royale de Belgique.

26.7. Oedipe à Thèbes. Oedipe qui a — aveuglé depuis bientôt — le maître d'une année. Il est assis sur le sol, au pied d'une colonne, le temps passe avec une lenteur effrayante. Des images passent parfois dans son esprit comme du temps où il voyait.

Oedipe à Thèbes, un an peut-être après le jour où Jocaste s'est pendue et où il s'est crevé les yeux. Les blessures qui ont si longtemps saigné se sont cicatrisées. Oedipe à terre, assis sur le sol dans la salle qui — au pied d'une colonne. Il y a près de lui une cruche d'eau et une coupe.

Oedipe à Thèbes. On peut voir qu'un certain temps s'est passé depuis le jour où Jocaste, sa —, s'est pendue et où il s'est crevé les yeux. De l'— l'incroyable désordre qui a régné au palais a été effacé. Tout est rentré dans son cours habituel sauf que Oedipe ne règne plus et que Jocaste est morte. Les blessures des yeux que la reine est morte et qu'Oedipe ne règne plus. Les blessures de ses yeux qui ont saigné si longtemps se sont cicatrisées. Elles font toujours peur mais elles ne produisent plus ces larmes noires qui inspiraient d'abord une compassion pareil, comme un — c'était — trop, mais —, larmes — et fait vite le dégoût.

On lui a laissé en attendant une décision, une petite salle du palais. Il passe ses journées et ses nuits au pied d'une colonne. Il peut aller en se guidant le long des murs jusqu'à une petite cour

31 7 Édipo em Tebas. Édipo ~~sarado de suas feridas mas~~ cego há quase ~~um ano~~ a metade
de um ano. Ele está sentado no chão ao pé de uma coluna
o tempo passa com um lentidão assustadora. Imagens
passam às vezes na sua mente como no tempo
em que via
Édipo em Tebas, talvez um ano após o dia em que
Jocasta se enforcou e quando ele se furou os olhos. As
feridas que têm sangrado por tanto tempo estão cicatrizadas
na sala que lhe é reservada
        ainda no palácio
Édipo sentado no chão, ao pé de uma coluna
Há perto dele um jarro de água e um cálice
Édipo em Tebas. Pode-se ver que um certo tempo
se passou desde o dia em que Jocasta, [...] se
enforcou e quando se furou os olhos. ~~Os a ordem é~~
A desordem incrível que reinava no palácio foi
    mais ou menos
apagada. Tudo voltou ao seu curso normal, exceto
~~Édipo que não reina mais e que Jocasta é morta~~
~~As lesões dos olhos~~ que a rainha morreu e
Que Édipo não reina mais. As lesões de seus olhos
Que sangraram por muito tempo estão cicatrizadas
Elas ainda dão medo mas não produzem
Mais estas lágrimas negras que inspiravam primeiramente
      o sangue de
compaixão sagrada como se fosse nossas próprias
lágrimas e rapidamente o desgosto.
Deixaram-no aguardando uma decisão uma
pequena sala do palácio. Ele passa os seus dias e suas noites
ao pé de uma coluna. Ele pode ir guiando-se
ao longo das paredes para um pequeno pátio

Versões e Repetições

A segunda questão que o geneticista coloca observando os cadernos, concerne o número de versões. Tanto quanto as rasuras, as versões sucessivas quebram a linearidade inicial da escritura porque supõem também paradas, revisões, supressões ou acréscimos. O número de rasuras em Bauchau é bem magro, comparado com os manuscritos de Flaubert e de Proust, e não justifica *a priori* cinco versões para *Édipo na Estrada*.[13]

Enquanto, para os dois escritores citados, o pesquisador fica raramente seguro de sua leitura, por causa da caligrafia difícil de decifrar e das numerosas rasuras que cruzam os manuscritos, a escritura de Bauchau é muitas vezes entendida no primeiro olhar, como no texto editado, apesar dos acréscimos e das rasuras. Estes foram removidos e recolocados na escritura quando Laura, sua esposa, datilografava os manuscritos, mas ele mesmo relia, rasurava nas versões datilografadas, o que indica outros saltos fora do tempo no caderno recopiado.

A reescritura regular do que já estava escrito para fazer outras versões é parecida com os processos de Flaubert, que também reescrevia, em grandes folhas A5, o que já tinha escrito, mas para rasurar cada vez mais e eliminar a versão anterior com uma grande cruz de Santo André, o que Bauchau faz raramente. Não poderíamos pensar que a reescritura de uma versão possa ser considerada como uma imensa rasura da versão copiada? O fato de iniciar uma terceira ou uma quarta versão substituiria, portanto, a cruz de Santo André de Flaubert.

Por que então cinco versões ou quatro imensas rasuras? A rasura supõe no escritor uma insatisfação que tem múltiplas origens, tanto na doxa literária, respeitando ela ou não, quanto no horizonte de expectativa do público que imagina o escritor, passando pela sintaxe ou música das palavras.[14]

Em 16 de outubro, Bauchau observe no seu diário: "Há dias difíceis. Eis um dia todo dedicado a desenvolver a história de

---

13 Além dos quatorze cadernos de Bruxelas para a primeira e a segunda versões, constam no acervo de Louvain documentos referentes às 2ª, 3ª, 4ª e 5ª versões, e ao romance *La Route de Colone*. Ver supra, parte IV, cap. 1.
14 P. Willemart, Do Manuscrito ao Pensamento pela Rasura, *Bastidores da Criação Literária*, p. 171s.

Narsès, o que é demais longa. Não se trata mais de inspiração, mas remover o que é demais e simplificar o estilo."[15]

Os diversos diários testemunham, por outro lado, não somente o imperativo estilístico de "reduzir" as páginas como se "reduz" um futuro bom molho, mas também da boa vontade e da nobre humildade com a qual o escritor reage aos conselhos e impressões de seus melhores leitores. As razões dadas no *Journal* para rasurar se justificam quase todas sob o pretexto de fazer melhor ou de uma escuta de um Terceiro. Trata-se para o escritor de responder a um desejo apoiado pelas vozes da sociedade, de uma instituição, de uma editora[16], da esposa[17], de um amigo[18], para, em seguida, reescrever, teleguiado pelo desejo do Outro, como se estivesse procurando um sentido, uma resposta e uma barreira à morte, a arte sendo uma das muitas defesas que o homem levanta contra a morte. Entre o desejo do Outro e desejo ao Outro, surgiu a obra[19] e seu verdadeiro som de voz:

> Dia 5 de agosto: Eu tive que começar de novo três vezes o início de um capítulo que eu estraguei por tentar reduzi-lo demais [...] Ao cortar os ramos do texto não basta diminuir, é preciso dar mais força para o movimento ascensional do leitor. Não é na perfeição do texto, é no leitor, é na força de sua leitura que é preciso pensar no romance.[20]

São apenas dois exemplos, mas eles dão muitas outras razões para ler e reescrever as versões sucessivas, citações que foram deixados no final do texto.

Segundo o diário, quase todos os capítulos foram abundantemente trabalhados: os capítulos três ("Alcion"), quatro ("A Recusa de Antígona"), cinco ("A Onda"), sete ("O Labirinto"), oito ("Calíope e os Pestiferados"), dez ("Constâncio"),

---

15 *Jour après jour...*, p. 376.
16 Os cortes exigidos pelo editor Bertrand Py após a leitura de *A Estrada de Colono*, em junho de 1989.
17 Laure, sua esposa prefere o título *Édipo na Estrada*, em julho do mesmo ano, ao de *A Estrada de Colono*, escolhido em 12 de fevereiro de 1989.
18 O 30 de julho de 1989, Bauchau relata: "Conrad Stein me liga. Ele leu o manuscrito anterior de meu livro e me diz: 'É preciso cortar absolutamente tudo o que é comentário. Seu livro é um grande poema. É preciso, portanto, privilegiar o poema, que não precisa de explicações. Precisa ir diretamente ao alvo.'" *Jour après jour...*, p. 412.
19 P. Willemart, *Além da Psicanálise*, p. 114-121.
20 *Jour après jour...*, p. 413.

onze ("História das Altas Colinas"), treze ("A Rainha Jovem"), quatorze ("A Estrada de Colono"), quinze ("Relato de Narsès a Diótima") e dezesseis ("O Caminho do Sol"). O relato de Diótima, por sua vez, será eliminado e transferido para outro livro.

26 de agosto: Eu mantive a releitura geral do meu manuscrito, eu percebi que o poema sobre Jocasta foi gradualmente reduzido de dez a quinze páginas e foi muito melhorado. Relendo o capítulo "Calíope e os Pestíferos", senti que, nesse capítulo, como no anterior, Diótima se torna essencial e que a história de sua juventude pode ser removida sem danificar o romance.[21]

As sucessivas campanhas de redação permitem comparar a escritura de Bauchau ao escultor paciente que, por força de gesto repetitivo com a goiva ou o cinzel, chega gradualmente ao retrato do modelo. A pedra torna-se a metáfora do texto retomado em cada versão e retrabalhada. Dia 12 de julho de 1988, Bauchau escreve, por exemplo:

Na cena de "A Onda" quando Clio diz para Antígona que ele se sente incapaz da fazer quebrar a onda de volta ao mar, é preciso que eu faça ver mais claramente que ele está com medo. Que ele sabe que a onda é feita da loucura de Édipo e da dele e é grande perigo que se tornar incontrolável.[22]

O leitor do manuscrito encontra alguns trechos do livro já publicados na primeira versão sem acréscimo qualquer e engana o geneticista apressado que acredita ver repetições. É preciso considerar esses trechos como invariantes ou *leitmotivs* que estruturam o conjunto ou repetições que mostram a força do primeiro esboço, demarcações a partir das quais a escrita retoma a corrida, o que não exclui alterações nos parágrafos vizinhos.

Resta a ver a que corresponde o desejo "Bauchau escritor" quando se recopia. A resposta é difícil de dar, ainda mais porque este desejo se transforma no decorrer da escritura, para se tornar o "Bauchau autor", como sua personagem Édipo, esculpindo a onda e na espera da resposta da falésia para continuar[23].

21   Ibidem, p. 421.
22   Ibidem, p. 354.
23   Ibidem, p. 91.

Tanto Bauchau quanto Édipo não sabem ao certo onde estão indo. O que os move é o desejo de responder a um grande Outro, que se manifesta pelo cinzel ou pela caneta, pela resistência da falésia ou da língua. O resultado é o que sabemos. A recepção do romance em países de língua francesa e de onde foi traduzido, prova a exatidão da resposta.

Excluindo esta vontade de melhorar o seu texto, esta necessidade de recopiar não manifesta também um distanciamento ao mesmo tempo das escrituras anteriores e da realidade empírica ou imaginária que ele queria descrever para o leitor? Por quê? Para encontrar uma forma mais coerente tanto com a demanda de seu público quanto com seu ideal de escrever, em grande parte inconsciente.

Inscreverei esse movimento de ida e volta na procura de compromisso entre a pulsão da escritura e o diálogo com um horizonte de espera particular, na "roda da escritura"[24]. Esta visualiza as múltiplas operações e as diferentes etapas pelas quais passam as escrituras literárias e, particularmente, a de Henry Bauchau antes de chegar à versão apresentada à editora.

Finalmente, remeto o leitor à roda de escrever, descrita na primeira parte, que define as operações pelas quais passam as escrituras literárias e, particularmente, a de Henry Bauchau para obter a versão apresentada para a editora.

Levado pelo ritmo e pelo movimento de escrever dos quais o escritor não é mais o único mestre, como o dançarino levado pelo ritmo, o scriptor-narrador escreve embalado, ou melhor, impulsionado pelas pulsões. A roda intervém a cada parada da escritura e a cada rasura, e não apenas no final do romance. Assim, podemos entender como, a cada parada no tempo, a pulsão da escritura forçada pelo gozo ou pelo achado encontrado (*jouis! d'un sens*) que está subjacente, faz avançar a história.

Este capítulo permitiu situar a criação literária fora do tempo em relação à escritura calendária em Henry Bauchau. Um exame de alguns personagens mostra também que não há uma história dos personagens, no sentido metafísico do termo,

---

24 P. Willemart, A Roda da Escritura, *Os Processos de Criação na Escritura, na Arte e na Psicanálise*, p. 37.

mas as histórias individuais que "re-marcam" o personagem e o reintroduzem em outra escritura[25].

Num segundo momento, pude discernir o desejo do Outro, que motiva em parte as sucessivas versões às quais se confronta o geneticista percorrendo a obra.

Finalmente, colocando as operações de escritura numa roda movida pelo gozo inerente ao trabalho nos manuscritos, aponto a intervenção do Outro no terceiro e quarto movimentos e assim enfatizo a distância entre a hora de criação e o momento da escritura.

ANEXOS

Seguem citações do *Journal* que indicam revisões do releitor. As páginas estão entre parêntesis.

24 de abril 1987: "A versão atual, fortemente abreviada, no final, não se desvia do ditado original, ela o define, e talvez o enriqueça." (p. 269)

22 de agosto de 1987: "A dificuldade para a história de Constância, é de mostrar por que é importante para a evolução do Édipo e Antígona. Além disso, em que ele lhe é necessário. Nesse ponto da história, é a necessidade, a necessidade interior que deve prevalecer." (p. 291)

28 de agosto, ele planeja outra versão possível para o Labirinto. (p. 293)

Em 29 de agosto, seus personagens futuros (Édipo e Antígona de Sófocles) o chamam: "Ideia totalmente nova que eu ainda não vivi nem explorei, que encontra em mim uma adesão plena." (p. 294)

Em 31 de agosto, o caráter da jovem rainha continua a mudar: "As coisas que eu não disse ainda, que eu ainda não sei,

25 J. Derrida, *Positions*, p. 82.

devem informar melhor através de alguns de seus comentários depois de sua morte Antiopa relata a Constância." (p. 295-296).

3 de setembro, a escrita sugere mudanças na história: "sempre que escava a história de Constância, que talvez devesse ser chamado de "O Mar Interior", uma ideia veio..." (p. 298)

Em 12 de setembro, muda o enredo: "Mudança significativa, estes dois últimos dias, a cena em que Antígona se recusou a se tornar a Rainha das Altas Colinas. Ela não recusa mais ... Cansado, muito cansado do trabalho duro de *Édipo na Estrada* esta manhã. No entanto, como ele, devo continuar [...] podar, podar em si mesmo." (p. 303)

7 de novembro: "Devo reforçar, complementar, mas esses capítulos estão no movimento geral do livro. Estranhamente, eu tinha esquecido o diálogo de Antígona e Édipo sob as estrelas". (p. 304)

5 de janeiro de 1988: "Estou pensando no final de *Édipo na Estrada*, ele deve ser mais acentuado do que na minha primeira versão. É através de Clio que devemos ver Édipo e Antígona como eles são quando eles chegam em Colono. É através dos olhos de Clio sobre o que aconteceu que o livro deve terminar". (p. 320)

Em 14 de março: "Eu li todo o final que é para refazer sob a forma de uma história um pouco mais circunstanciada de Clio". (p. 329)

19 de março, ele percebe que seus personagens mudam: "Meus personagens evoluem, eles eram muito mais monolíticos, talvez, percebidos demasiado constantemente sob o modo trágico." (p. 329)

6 de abril: "Eu começo a história na qual penso há vários dias, da reunião de Sófocles com Édipo e Antígona." (p. 337)

Em 19 de junho: "Eu acabo de *reler a segunda versão* do Édipo do início à chegada em Colono. Senti impressões muito fortes. Há extensões, passagens inúteis, peças desnecessárias e outros demais escritos também, mas no geral, o livro já estava lá mais perto de conclusão do que eu pensava. [...] Eu ainda estou pensando sobre a introdução dos poemas no livro [...] o pensamento original foi, entretanto, relacioná-los com o texto e a história. Devo provavelmente lhe permanecer fiel." (p. 348)

Em 2 de julho, amigos o aconselharam não manter a história de Sófocles. (p. 354)

26 de julho: "A recusa de Antígona está na terceira versão: Eu aperto, especialmente eu tento fazer essa recusa mais decisiva. Ela marca uma ruptura na evolução do Édipo, também reflete a crescente importância de Antígona na minha mente e no livro [...] No entanto, eu avanço passo a passo na terceira versão de Édipo [...] Eu espero terminar hoje a versão final de 'A Recusa de Antígona'." (p. 355-356)

Em 03 de agosto: "Trabalho duro por dois dias. No entanto, eu retomo 'A Onda', que achava certo. É preciso praticar cortes, eu faço, mas dúvidas contínuas diminuem o ritmo e às vezes me angustiam." (p. 357)

Em 05 de agosto: "A dúvida assalta-me a cada página, os cortes são, sem dúvida, a parte mais difícil do trabalho de um escritor. Eu, principalmente, cortei passagens que parecem comentário, por vezes, repetitivos. O texto parece mais direto agora, mas quantas hesitações no caminho. É claro que, quando das primeiras versões, escrevi coisas inúteis para o leitor, mas que eram necessárias para eu entender o que eu tinha visto ou imaginado. Este livro é um livro de visões, tentei às vezes indevidamente entendê-las, em vez de apenas dizê-las escrevendo." (p. 357-358)

9 de agosto: "Retomei hoje a história de Diótima, há menos cortes para fazer do que eu pensava. O que às vezes é pesado é o que tem pretensão ao pensamento, isto é, o que vem de mim e não dela." (p. 360)

Em 31 de agosto: "Eu queria começar este novo caderno esta manhã, atraído pela sua cor verde [7º caderno, 1ª versão]. Eu chamo-lhe de o caderno verde. O prazer que tenho de começar vem provavelmente da proximidade do novo ano escolar." (p. 364-365)

3 de setembro, ele espera uma reação de um leitor: "Eu me aproximo do final do livro. Fiquei feliz em repetir a passagem da iluminação de Antígona e da reação de Édipo no dia seguinte. Isso interrompe a ação, é verdade, mas naquele momento, aqueles a quem o livro não é apropriado já o abandonaram. Outros encontrarão nessa passagem, espero, uma oportunidade de saber e pensar." (p. 365)

4 de setembro, esquecimento de um caderno em Paris o obriga a refazer a história de Clio: "Vem-me a ideia de que a história final de Clio pode ser contada por Diótima. No momento de iniciá-la, percebo que deixei em Paris o caderno que contém a primeira versão, a única escrita dessa história até o momento. Esse ato falho não é desprovido de sentido. Ele me força recomeçar do zero, seguindo a linha das transformações que minhas personagens sofreram no decorrer das escrituras sucessivas, e não a visão, ainda bem diferente, que tinha delas há dois anos. (p. 366)

Em 12 de setembro, a personagem Narsès conta demais e será preciso cortar sua história: "Continuo nesta manhã a nova versão de 'História de Narsès', o que me preocupa um pouco, porque ela continua a crescer. Será preciso cortar esse texto que, no entanto, traz um elemento novo para a personagem de Clio e define a de Teseu. Calíope também surgiu num momento, tive o prazer de encontrá-la, pois é uma das minhas personagens favoritas. Ela é a encarnação de uma fantasia que eu acredito ter trazido até a realidade imaginária." (p. 370)

Em 1º de novembro: "Completei a terceira versão da última história de Clio. Ainda há muito a ser feito, mas a obra está lá." (p. 379)

12 de fevereiro de 1989: "Eu penso chamar o livro de *A Estrada de Colono*." (p. 387)

11 de março: "L. traz os primeiros exemplares fotocopiados *A Estrada de Colono*. São dois cadernos com capa preta, o conjunto tem 516 páginas [...] alguns cortes podem ser necessários." (p. 389)

Em 21 de junho: "Eu decidi refazer meu livro como foi solicitado pela Bertrand Py. Eu li a primeira parte até o final de Alcíon. Parece ser possível concluir o trabalho no final das férias." (p. 405)

Em 15 de julho: "Durante dois dias, eu comecei a realmente retrabalhar meu romance. Sob o título 'A Recusa de Antígona', eu refiz toda a transição entre 'Alcíon' e 'A Onda'. As preferências de L. voltam para o título inicial: *Édipo na Estrada*. Relendo meus cadernos de 1987 e 1988, percebo que este livro tem sido uma fonte de alegria muito vívida e de uma provação considerável [...] Ao retrabalhar as cento e quarenta páginas primeiro, acabei, pensa L., por encurtar o texto de 28 páginas." (p. 407)

17 de Julho: "eu terminei a revisão de 'A Onda'. Cortei muito no episódio de Ísis, no diálogo entre Édipo e Clio e abreviei radicalmente o final." (p. 408)

27 de julho: "Eu temporariamente mantive em reserva 'A História de Diótima', eu quero refletir melhor. Prossegui com 'Os Atingidos Pela Peste' e 'Calíope'. Fiz grandes cortes em 'Os Atingidos Pela Peste' e três páginas em 'Calíope'. A história toda se torna mais rápido. Eu parei dois dias nos poemas de 'Os Atingidos Pela Peste' que eu fortemente reduzi, me perguntando constantemente se eu não devia removê-los completamente. (p. 410)

6 de agosto: "Três dias que sofro tendo apagado um capítulo, é para escrever a página ou meia página, onde Antígona deve fazer entender a Constância que ela não pode se tornar a Rainha das Altas Colinas. Eu finalmente alcancei hoje um rascunho. Nada mais difícil do que as transições." (p. 414)

9 de agosto: "Um pouco apreensivo antes de retomar o capítulo 'A Estrada de Colono'. É muito longo, mas contém

riquezas que não iria perder. O mais seguro, já que eu tenho tempo, é refazê-lo completamente." (p. 416)

16 de Agosto: "Eu renuncio hoje às conexões para o capítulo 'A Estrada de Colono' e começo a reescrevê-lo completamente." (p. 418)

21 de agosto: "Eu estou perplexo com 'A História de Diótima', que acabei de reler. É certamente uma das melhores partes do livro tal que era, mas ainda tem o seu lugar no livro que está sendo feito." (p. 421)

26 de agosto: "Eu mantive a releitura geral do meu manuscrito, eu percebi que o poema sobre Jocasta foi gradualmente reduzido de dez a quinze páginas e foi muito melhorado. Relendo o capítulo 'Calíope e a Peste', senti que, nesse capítulo, como no anterior, Diótima se torna essencial e que a história de sua juventude pode ser removida sem danificar o romance." (p. 421)

1º de setembro: "Hoje terminei a quarta versão do meu livro. Eu fiz ontem vários rascunhos da cena importante entre Édipo e Diotima, após o canto sobre Jocasta. Eu acabei finalmente um texto de uma página e meia que ainda revi esta manhã [...] O romance, especialmente se ele está fortemente focado em uma personagem principal sempre envolve uma parte de biografia. Este se alimenta de certa forma na autobiografia real, imaginária ou fantasmática, do romancista. No entanto, desde que uma personagem atinge a plenitude da existência imaginária, ele leva aquele que é chamado, não sem equívoco, o autor, na aventura de uma vida nova que ele deve compartilhar com ele." (p. 425)

3. O Que Traz o Romance de Bauchau ao Édipo Contemporâneo?[1]

Analisando a *Escola das Mulheres*, de Molière, já tinha diferenciado o complexo de Édipo do mito e tinha descoberto "parâmetros escondidos"[2] que definem a singularidade da obra pela análise de um significante. Reenvio o leitor a este capítulo[3].

Repito aqui que não pretendo confirmar o que os psicanalistas ou o divã nos ensinam – o amor excessivo da mãe ou pela mãe, a ausência do pai, o desejo de matar o pai, o incesto do filho e da mãe –, mas descobrir novas formas do mito de Édipo, quer para enriquecer a teoria, quer para levantar outras pistas de compreensão.

Com o romance *Édipo na Estrada*, Bauchau preencheu o vazio existente entre as duas peças de Sófocles: *Édipo Rei* e 8, isto é, o longo trajeto percorrido por Édipo, após ter sido expulso de Tebas por Creonte, seu cunhado, e sua chegada em Colono, acolhido pelo rei de Atenas, Teseu.

Entretanto, não se trata somente do espaço percorrido por Édipo e Antígona. Deve ter mais elementos aos quais o

---

1 Intervenção no Departamento de francês da Universidade de Edimburgo.
2 R. Thom, *Paraboles et catastrophes*, p. 83.
3 De Qual Inconsciente se Trata na "Escola das Mulheres" de Molière, *Os Processos de Criação na Escritura, na Arte e na Psicanálise*, p. 215.

narrador faz pensar seu leitor, notadamente, a aparição de novos personagens desconhecidos na obra de Sófocles e a insistência na relação entre Édipo e sua filha, da qual ele é também o irmão maior, já que ambos são filhos de Jocasta.

O que posso dizer, do ponto de vista da psicanálise, isto é, do ponto de vista do inconsciente, que definirei momentaneamente como sendo esta memória esquecida, este não pensamento que está lá, e que nos pega frequentemente sem saber, como os lapsos – o marido chama sua esposa pelo nome da amante, por exemplo, ou inventamos uma palavra sem querer[4] –, embora esse mesmo inconsciente nos ofereça às vezes sonhos bonitos?

Como reparar este não pensamento num romance? É possível? Não equivale a deitar o escritor no divã? Não, se distinguirmos o escritor do autor; quero dizer se não misturamos a instância que começa a escrever, o escritor, e o autor que engajada na escritura, que é resultado e fruto da escritura, como foi descrito na roda da escritura.

Portanto, é a escritura que nos interessa e não a vida de Bauchau e os recortes que poderíamos fazer, e que outros críticos fizeram, entre os acontecimentos vividos por Bauchau e sua escritura.

Se viver hoje seu Édipo, segundo Sibony, consiste em ultrapassar os espaços proibidos ou que dão medo, perguntamos em primeiro lugar quais são as vias abertas pela personagem Édipo em si mesma e nas outras desse romance e, em seguida, se não há outras surpresas.

Tentaremos responder lendo e comentando aos poucos um episódio extraordinário no qual contracenam Édipo, Antígona e Clio, um ex-bandido que, dominado por Édipo, tornou-se seu companheiro.

O episódio "A Onda" foi escrito na sua primeira versão durante quatro meses de setembro de 1984 a janeiro de 1985[5] e já foi analisado por dois críticos[6], mas de um ponto de vista

---

4 "O Witz, é primeiramente isto, uma novidade no dizer [...] [que] acontece somente quando o Outro o reconhece como tal.". J. Miller, apud E. Laurent, *Lost in Cognition: Psychanalyse et sciences cognitives*, p. 112.
5 H. Bauchau, *Jour après jour...*, p. 66s.
6 J. Poirier, Le Rocher et la vague, em: M. Quaghebuer; A. Neuschäfer (orgs.), *Les Constellations impérieuses d'Henry Bauchau*, p. 261; C. Dambean, Paysage

diferente. Entretanto, cruzarei os artigos de Lauriane Sable[7] e de Nadège Coutaz[8] por outras vias, mas me distanciarei consideravelmente do aspecto biográfico defendido por alguns[9].

O cabo forma, ao norte, um prolongamento do rochedo, sob o qual só se consegue chegar por um atalho estreito que, às vezes, serve de abrigo a cabras semisselvagens. Um enorme paredão escuro ergue-se no meio das ondas que aí se entrechocam durante as tempestades e mergulha no mar, num movimento abrupto e ameaçador, Édipo sonhou que esculpia uma falésia. Vem examinar essa, na companhia de Clio. Apalpa a pedra com as mãos, debruça-se perigosamente sobre a parede do rochedo, grudando-se às asperezas da pedra, auscultando-a, estreitando-a com os movimentos pesados, vagarosos de um nadador quase submerso Clio diz: "A rocha parece uma enorme onda que se levanta e, ao cair, devora tudo." Édipo concorda. "É preciso encontrar uma maneira de não sermos arrastados por ela. Isso é impossível para um homem sozinho, é necessário um barco e remadores."[10]

Édipo não encara mais seu sonho como decorrendo do imaginário. Ele se submete e o toma não como uma premonição, mas como uma ordem. Teria ele se dado conta de que a função do sonho consiste em restaurar a pessoa na sua singularidade? Teria ele aprendido desde seu drama a obedecer e levar seus sonhos em conta? A personagem já não é mais o Édipo do mito, mas um novo Édipo construído por Bauchau que seguiria a tese de Tobie Nathan para quem o objetivo do sonho não seria somente a via real para descobrir o inconsciente, mas redefinir a pessoa na sua unicidade: "enquanto o culto do 'qualquer um'

---

suisse et imaginaire minéral chez Henry Bauchau, *Revue Internationale Henry Bauchau*, n. 3, p. 98.

7 Art et figures d'artistes dans le cycle œdipien, *Revue Internationale Henry Bauchau*, n. 2, 2009, p. 54.

8 Le Paradoxe Antigone dans le roman d'Henry Bauchau, *Revue Internationale Henry Bauchau*, n. 3, 2010, p. 145-146.

9 "É que o escritor, que se mostra muitas vezes reticente a uma leitura demais biográfica da obra, parece preferir centrar a análise na criação e no seu objeto do que no sujeito criador e no aspecto factual de seu percurso, assim como ele indica no prefácio de *La Grande Muraille*: 'Os anos sessenta são agora longínquos, este diário não tenta descrevê-los. Os acontecimentos exteriores e os de minha própria vida ocupam pouco lugar. Estas páginas foram escritas para acompanhar a difícil tarefa e o percurso sinuoso de um primeiro romance.'"
I. Vanquaethem, Les journaux d'Henry Bauchau durant ses années suisses, *Revue Internationale Henry Bauchau*, n. 2, p. 48.

10 H. Bauchau, *Édipo na Estrada*, p. 91.

nas sociedades pós-modernas força a apagar as singularidades das pessoas, a função do sonho consiste em restaurar a pessoa na sua singularidade"[11].

Édipo assimila a rocha ao mar e de alpinista se torna nadador lutando contra o mar. Clio completa a metáfora: "A rocha parece uma enorme onda", e Édipo monta o projeto.

É um primeiro ponto. O sonho sugere a Édipo esculpir na falésia apenas, sem especificar o projeto. Nos pés da falésia, ele descobre o motivo e aliando a ordem do sonho à resposta da falésia e à sugestão de Clio, quer começar logo a execução. Ele colabora com o inconsciente, não cegamente, mas escutando a ordem das coisas. Édipo não encara seu sonho como decorrendo do Imaginário. Ele o considera uma ordem. Haveria uma passagem do Imaginário para o Simbólico como se a ordem fosse uma referência e não apenas um sonho?

Podemos pensar que o tempo passado na estrada substituiu o divã quando ele se deixa levar não por seu discurso como em análise, mas por um desconhecido que toma nomes diferentes:

> Tenho que descobrir para onde vou, e descobrir isso quase a cada passo que dou. Para sobreviver, foi necessário perder a visão. Agora, preciso seguir *meu desvario* [*mon vertige*], que me leva a qualquer lugar [*n'importe où*].[12]
> [...]
> Continua sua travessia, seguindo uma estrada invisível no chão, *que no fim do dia, revela-se uma linha reta.*[13]
> [...]
> – Devo obedecer à estrada que não conheço. Hoje, ela me fez passar por aqui.[14]
> [...]
> Como no último sonho que tive, é sempre *o desconhecido* que vem ao meu encontro.[15]

---

11 *La Nouvelle interprétation des rêves*, p. 72.
12 *Édipo na Estrada*, p. 41.
13 Ibidem, p. 44.
14 Ibidem, p. 176
15 Ibidem, p. 259. O escritor Bauchau faz o mesmo. Quando ele não sabe como continuar a escritura, ele espera indicações de seus sonhos. "A resposta que dá a essa pergunta [da esfinge], seguramente, ele não faz ideia de quanto ultrapassa seu próprio drama, mas também de quanto, ao propor uma escolha, ele cai talvez na armadilha da verdade. É o homem – quem sabe o que é o homem? Será que já se diz tudo, reduzindo-o ao processo, tão ambíguo no caso de Édipo, que o faz primeiro andar em quatro patas, depois nas duas

Cego, Édipo precisa dos olhos de Clio para lhe descrever ao que a rocha é parecida, para que possa deduzir o que vai fazer; seu projeto é esculpir uma enorme onda contra a qual lutam três marinheiros num barco.

Édipo procura com o corpo, na confusão natural da falésia, a forma de um barco que deverá aparecer naquela superfície, assim como o lugar dos remadores. Subitamente encontra. Ele é o barco, e o desenha com o corpo na pedra. Quer esculpi-lo. Clio pergunta o porquê. Édipo responde que é por causa do seu sonho. Por causa deles três, levados pelo mar. Clio não acredita que seja possível escapar daquela onda. "É preciso esculpir na falésia, diz Édipo, para ouvir o que ela quer nos dizer. – É um trabalho imenso! – Temos que começar logo. Arranje ferramentas. Antígona nos ajudará, ela sabe esculpir bem corpos e rostos."[16]

Por mais bizarro que o projeto pareça, a personagem cega, mas vidente, identifica-se com o barco. Mas a única maneira de saber o que deve fazer é trabalhar escutando a falésia. Nenhum plano ou projeto de antemão senão uma forma global, e a matéria responderá do resto. O artista deve contar com a matéria utilizada.

Quem escreve não passa pela mesma experiência? Mergulhando na linguagem, surgirão provavelmente novas formas ou reflexões. Não somente mergulhar, mas como Édipo, escutar e deixar tocar a pulsão invocante. A sensibilidade ao escutar determinará a originalidade da escritura.

"Levado pelo mar", é uma expressão altamente simbólica que significa estar nas mãos do destino. Clio não acredita que possam escapar da onda. Édipo, que já caiu na armadilha pelo destino, ao contrário, vê na escultura, o meio de ultrapassá-lo, não somente para ele, mas também para seus companheiros.

Segundo ponto que caracteriza o novo Édipo: escutar, adotar uma atitude dita feminina; e terceiro ponto: grudar na obra

---

de trás – no que, como toda a sua linhagem, Édipo justamente de distingue, como assinalou muito bem Claude Lévi-Strauss, por não caminhar em linha reta –, e depois para terminar, com a ajuda de um bastão que, mesmo não sendo a bengala branca do cego, não deixa de ter para Édipo o caráter mais singular, sendo esse terceiro elemento, para nomeá-lo, sua filha Antígona?"
J. Lacan, *O Seminário, Livro 17: O Inverso da Psicanálise*, p. 113.

16 *Édipo na Estrada*, p. 91.

(*faire corps*). Sair de si mesmo. A arte obriga o escritor, aqui Édipo, a mudar, transformar-se e a cumprir uma promessa: como ele "sonhou que esculpia uma falésia" e quer realizar seu sonho, comprometeu-se. A fidelidade à promessa o colocará fora de si ou de seu eu durante a escultura e, quarto ponto, ela permitirá aos três escapar do destino ou contorná-lo. É nestas condições que Édipo, Antígona e Clio se metamorfosearão: "Édipo, que ficara só, percorre outra vez o rochedo para fazer o reconhecimento da onda. Às vezes escorrega ralando as mãos, e não lhe desagrada deixar a marca de sangue na falésia. A onda está lá e está nele."[17]

Comentarei logo esta aderência de Édipo à rocha, mais já retemos que a onda ou sua forma já está nos dois participantes e que bastaria que um cubra o outro para que haja transmissão entre eles e aderência ponto por ponto. O sonho teria, além de sugerido a onda a Édipo, imprimido sua forma na mente? Teria também o sonho esta função? "Deita-se perto deles, pensando que ao pai ela [Antígona] pode negar esse trabalho assustador, mas poderá fazer o mesmo com o irmão, esse irmão colhido pela desgraça, que ela seguiu e mesmo perseguiu quando ele deixou Tebas?"[18]

Antígona se declara filha e irmã de Édipo, mas não pode resistir ao chamado do irmão. Veremos que a fraternidade parece dominar e deixa a filiação na sua normalidade.

De agora em diante, eles esculpirão a falésia, começando de manhã, parando ao meio-dia para o banho e a refeição, e retomando o trabalho até a noite. A rocha é dura, mas seus braços e suas mãos se fortalecem, e Édipo lembra que não se deve forçar a pedra. A onda já está se delineando, é preciso apenas ajudá-la a aparecer. Clio e Antígona sentem sua presença sob as mãos enquanto não a veem. Quando têm dúvidas, chamam Édipo. Ele apalpa a rocha com as mãos, ouve-a, prova-a com os lábios e com a língua, gruda o corpo contra a ela e diz: "É preciso deixar-se levar, entregar-se a ela." Os outros dois sentem, então, que a onda existe. Ela atravessou brutalmente suas vidas, submergiu-os, talvez ainda os submerja, e isso não impede que estejam vivos.[19]

O artista, como as três personagens, sente que tem algo a fazer, que a obra já está lá, mas precisa descobri-la não por uma intuição súbita, mas por um trabalho lento e frequentemente

17 Ibidem, p. 92.
18 Ibidem, p. 135.
19 Ibidem, p. 93.

doloroso, que supõe deixar correr o tempo. Por quê? Para que o não pensamento ou o inconsciente possa trabalhar; assim o escritor com seus manuscritos, assim Proust sustentando que a obra deva ser traduzida pelo escritor. A sensação vem em primeiro lugar e será seguida da visão, sequência parecida com o que aconteceu com Swann que, escutando a pequena frase de Vinteuil, sentia uma "uma estranha embriaguez [...] em despojar o mais íntimo de sua alma de todos os recursos do raciocínio e fazê-la passar sozinha pelo filtro obscuro do som!"[20].

Não é, no entanto, uma sensação sonora, mas tátil que sentem as três personagens, sensação que os leva no caminho da criação, não necessariamente ao despojamento como Swann, mas a um esquecimento de si mesmo tão ascético quanto o de seu antecessor. A arte os transformará, mas em quê? Em quais sujeitos? Como eles serão reconhecidos pelos outros?

Quinto ponto. A sensação tátil invasora será uma etapa obrigatória para a elaboração da arte, mas exigirá paciência para que o não pensamento possa agir: "Ao esculpir, Édipo pensa na Esfinge, que era, como a onda, infinitamente mais poderosa do que ele. Foi em seu poder que ele hauriu forças suficientes para derrotá-la, mergulhando em seus escaninhos obscuros o punhal das respostas."[21]

A breve lembrança de seu passado mostra a Édipo sua identidade, sua estratégia: ele continua sendo quem ousou enfrentar a Esfinge e, aqui, a Onda, usando a força que vinha delas, mas sua resposta não é mais a mesma. Não mais discursos, mas gestos pacientes, não mais deduções inteligentes, mas um trabalho da mão que se deixam dirigir pela pedra, não mais um passado planejado, mas um futuro que se desenha, não mais uma estratégia, mas a confiança no "só depois". Tanto quanto o crítico que se deixa dirigir pelas palavras lidas, assim se conduz Édipo.

Sexto ponto. A força e a estratégia virão sempre da demanda do Outro que empurra a agir, mas o espaço não é mais preenchido pelo medo de uma profecia, o enigma de uma esfinge, a profecia de um adivinho ou uma imagem de si. Estes ocupantes foram expulsos e substituídos por uma pedra que, de seu vácuo,

20 *No Caminho de Swann*, p. 233-234.
21 *Édipo na Estrada*, p. 94.

chama ao despojamento total marcado pela ignorância do resultado e a tenacidade para perseguir o trabalho no presente.

A Esfinge desapareceu assim como as ondas se dissolvem. Ele acreditou ter sido a causa, e aceitou o triunfo, a rainha, a realeza, sem ver que na sua frente outra vaga já se erguia, bem mais alta, para esmagá-lo. Os homens do barco não serão como ele, saberão que essa onda não é a única, que não basta vencê-la, que, antes de chegarem ao porto, será preciso enfrentar a tempestade com seu incessante torvelinho de vagas.[22]

A comparação continua. No passado, Édipo não teve razão em acreditar-se vencedor após a primeira onda. Os homens do barco saberão que terão que vencer uma tempestade.

Sétimo ponto que diferencia os dois Édipos e, provavelmente, o mito. Mais endurecido, ele não se deixará mais surpreender por uma simples charada ou um adivinho. Ele está à espera de várias lutas e ficará vigilante. O inconsciente, ou o não pensamento, teria sumido? Não, mas ele não consistirá mais em uma memória esquecida pelo sujeito. Pelo contrário, Édipo cultivará uma atitude de espera, pronto para ser surpreendido a qualquer momento por um sonho, um lapso, um acontecimento, aqui, por uma resistência da falésia, e saberá fazer com ou compor com o não pensamento. Ele não lutará mais contra o inconsciente e o reconhecerá como uma parte dele mesmo. Em outras palavras, a memória esquecida abandonará seu estatuto de fora do inconsciente e será relativizada como qualquer memória e submetida, ela também, ao não pensamento.

Entretanto, Antígona tem ainda dificuldade em se aceitar. Ela está esculpindo os três marinheiros do barco, mas não consegue retratar o rosto do segundo marinheiro, que é o dela:

Atrás dele [Clio] vem ela, com um corpo andrógino. Sobre a cabeça, a rocha insinua, com seu movimento natural, uma cabeleira de espuma, que flutua ao vento. Ela não pode esculpir o rosto, pois desconhece quem ela é e o que deseja a pedra. Que Édipo o faça, se puder. Édipo que, em sonho, conseguiu que ela viesse contra a sua vontade até a falésia, chamando-a de irmã de modo tão pungente. Não consegue mais conter-se, junta as ferramentas e foge correndo.[23]

---

22 Ibidem.
23 Ibidem, p. 95.

O sonho lembra a mesma filiação materna de Édipo e Antígona. Mas não sabendo, ou não querendo saber quem ela é, não pode escutar a pedra. O conhecimento de si parece indispensável para poder ouvir o desejo da pedra, que eu leio como sendo o do grão de gozo amarrado à fabricação da obra.

O grão de gozo ou o pedaço de Real, de Lacan, conduz o escritor sem ele saber e desaparecerá quando passará ao registro do Simbólico pela escritura.

Não sendo aberto inteiramente ao não pensamento, o que eu traduzo como a relativização do pensamento ou do que acredito como sendo a verdade, Antígona não se sente capaz de esculpir seu rosto. Ela o fará, mas não será seu verdadeiro rosto de irmã e de filha de Édipo, mas somente o de filha de Édipo e de Jocasta. Ela se reconhece somente assim, e não de outra maneira, embora tenha respondido ao chamado de Édipo por amor ao irmão mais velho. Quando Édipo a chama de "minha irmã", ela se angustia e a entendemos. Imagine seu pai, caro leitor, chamando você, de "meu irmão" ou "minha irmã". Entretanto, quando chamamos a mãe ou o pai pelo nome, não é no fundo, querer esquecer a maternidade ou a paternidade?

Mas Antígona se dá conta de que é somente chamando-a de "minha irmã" que Édipo a convenceu a colaborar. Ela não pode fugir de seu ser de irmã; é o ponto de partida de sua participação na obra, a paternidade viria no segundo plano.

No entanto, ela já tinha sonhado com esta maravilhosa confiança entre um irmão e uma irmã: "Antígona vê em sonho uma criança, com pequenas ferramentas, ao pé da imensa falésia. É Édipo que chama alguém, com uma infinita confiança. O vento provoca um grande tumulto, mas ela consegue ouvi-lo dizer: minha irmã, minha irmã!"[24]

Clio lembra-lhe também: "Eu obedeço ao patrão, sobretudo se ele nada diz a respeito, mas tu, a filha dele, a sua irmã mais moça!"[25]

Mas ela não quer saber. Por quê? Édipo melhorando seu rosto a esculpe como andrógina[26], mulher e homem ao mesmo

---

24 Ibidem, p. 92.
25 Ibidem, p. 100.
26 "A aparência andrógina é mais difundida. É um fenômeno mais fluido, e antes de tudo uma questão de *look*: escolhido, reivindicado, ou sentiu por outros.

tempo? É somente uma aparência de homem recobrindo uma mulher? Ela é Édipo e Antígona ao mesmo tempo, Édipo porque parece seu irmão e Antígona porque parece sua filha?

O narrador responde à pergunta: "A pedra quis esse rosto iluminado e firme, como o corpo, que ela própria esculpiu e que revê, com espanto. O corpo, em que Édipo acentuara uma linha audaciosa, apresenta ao mesmo tempo os traços de um rapaz forte e os de uma moça esguia, mais arrojada que as moças de Tebas."[27]

Ressaltemos que Édipo é cego e esculpe sem modelo senão interno ou querendo responder à pedra como se o modelo fosse a resposta. Sabendo e assumindo quem é Antígona, ele consegue dar-lhe uma aparência andrógina. Ele lhe dá também, sem saber, uma parte de seu rosto que faz que ela pareça tanto "um moço vigoroso [como ele] quanto uma moça esguia [que ela é]?" Ele sabe, ou age empurrado por um não pensamento que ele não recusa?

Pelo contrário, como Antígona não se reconhece como irmã de Édipo, ela não consegue esculpir o Édipo de agora, mas apenas

> quer esculpir aquele Édipo de outrora, aquele rapaz aguerrido, habituado a conquistar e a vencer. Aquele que venceu a Esfinge graças ao seu espírito vivo mas de curto alcance, que, se demonstrou perícia ao dominar a primeira onda, falhou na onda seguinte e sucumbiu. Aquele que, graças ao esforço comum, deve agora evitar o naufrágio[28].

Oitavo ponto. Aceitar ser o irmão de Édipo permitiria a Antígona aperfeiçoar sua arte. Da mesma maneira, o artista está limitado na sua arte se não está em pleno acordo com ele mesmo ou com seu passado. Mas para sair desta, deverá contar com uma força senão coletiva, pelo menos com outro, que o ajudará a libertar-se de seu passado.

> Também pode ser algo involuntário: as crianças pré-adolescentes são todos mais ou menos andróginos, mesmo que os pais ou o ambiente se esforcem para masculinizar os meninos e feminizar as meninas; às vezes, a androginia na adolescência está relacionada com uma puberdade tardia. [...] Ela é raramente índice de homosexualidade, ainda que seja interpretada assim na faculdade ou na escola". Verbete "Androgynie", disponível em: <http://www.cestcommeca.net/definition-androgynie.php>.

27 *Édipo na Estrada*, p. 98.
28 Ibidem, p. 100.

Antígona somente se libertará contando com o pai e irmão que conseguiu desenhar seu rosto: "Ela envolve com os braços o sorriso invisível e presente que Édipo lhe atribui na pedra, reconcilia-se um pouco consigo mesma, sente que um dia poderá, talvez, como lhe dissera Diótima, tornar-se Antígona."[29]

Nono ponto. O peso do incesto ou a partilha da fraternidade com seu pai diminuirá com o excesso de fraternidade com seu irmão Polinice?

Clio confessa:

"Não posso fazer a crista da onda, não vou conseguir", ele prossegue. Uma decepção cruel invade Antígona, e ela não consegue dissimulá-la. Felizmente, ele não percebe. Está aborrecido, lhe pega o braço, provocando dor e medo: "A onda é a loucura de Édipo, e a minha loucura também. Consegui erguê-la, agora é preciso que ela se curve, se quebre no mar. Mas eu não consegui, não poderei contê-la, compreendes? Ela vai estourar no cabo, vai engolir-nos a todos. — Mas a onda é de pedra, Clio. — Não acredite nisso, Antígona, a onda é feita de delírio, nada mais do que delírio."[30]

Texto curioso. Enquanto Antígona chama Clio de volta à realidade – a onda é de pedra –, Clio responde em outro plano: o do psíquico. Querer esculpir a onda é evidentemente a loucura dele e de Édipo, não terminar resultaria em serem submersos e afogados.

Sem esta obra, os dois homens estariam ultrapassados e voltariam à situação de Édipo Rei em que não conseguiu superar a segunda, a da profecia de Tirésias. Édipo voltaria a ser o banido de Tebas e Clio provavelmente o bandido temido.

Se a onda está em delírio, é preciso "*dé-lire*" ("des-ler") a onda, como sublinhava Shoshana Felman falando de Flaubert[31] e, mais tarde, Henri Mitterand de Zola[32], isto é, está na hora de emancipar a onda de seus estereótipos e descobrir o que ela esconde.

Décimo ponto. O artista não pode parar nos rascunhos. Sua loucura deve ir até o fim, até "*dé-lire*" completamente a

---

29 Ibidem, p. 99.
30 Ibidem, p. 104.
31 *La Folie et la chose littéraire*.
32 Cf. P. Assouline, Ne l'appelez plus jamais "naturaliste"!, *Le Monde*, 5 mar. 2009. Disponível em: <passouline.blog.lemonde.fr/2009/03/05/ne-lappelez-plus-jamais-naturaliste/>.

obra em curso e, por que não, desligar a obra de sua gangue na qual está enclausurada. Como medir o delírio completo e saber se o escritor foi até o fim? O que vai determinar o fim da obra e colocar o ponto final?

É um ponto de vista diferente do trabalho de Picasso[33].

> Como é bonito, cego, radiante, quase saltitante. Como é poderoso, quando, com um gesto largo e negligente, deixa cair suas enormes ferramentas no mar. Ele está diante dela, de braços abertos. A boca, a testa, os olhos cobertos pela venda branca irradiam uma bondade e uma alegria soberanas. [...] Através da fumaça e da névoa que se vão tornando mais espessas, adivinha a presença de Édipo. Ele se mantém parado a uma certa distância com as roupas encharcadas e sua estatura habitual. Tem um ar de esgotamento e, no entanto, em sua fisionomia de gigante ainda se notam vestígios de ternura, de uma felicidade extasiada.[34]

Fora de sua obra, separado da Onda, Édipo mantém ainda alguns traços de seu gozo quando estava grudado com a pedra. Tanto quanto o *Moisés* de Michelangelo voltando da montanha do Sinai, ainda iluminado pelo gozo divino entrevisto, tinha impressionado Freud e, sem dúvida, o próprio escultor, assim Édipo aparecia a Antígona, não somente como um deus, mas também "timbrado" por sua obra. A obra de arte tinha absorvido Édipo e o reenvia agora ao mundo, coroado de um resto de glória. Esta "felicidade extasiada" confirma com certeza que estava então fora, possuído, em êxtase e inteiramente mergulhado na sua obra.

Entretanto, Antígona goza também, mas não confunde a obra com seu autor, como pensava no início; está surpresa pela transformação do pai que encarna alguns traços de sua obra; ela está transtornada. Não é mais o pai ou o grande irmão que ela admira, mas o escultor que ultrapassa a filiação e a consanguinidade fraterna.

Neste ponto, concordo com Nadège Coutaz que, analisando *Antígona* do mesmo autor, acentua a filiação artística da personagem[35].

---

33 Ver o já abordado filme de Clouzot, disponível em: <http://www.youtube.com/watch?v=EBTF8OP-WXG>.
34 *Édipo na Estrada*, p. 109.
35 "Ela consegue todavia reconstruir um novo laço filial passando pelo reconhecimento de uma pertença comum à família dos artistas. Antígona se apresenta

Chegariam ao gozo do artista Édipo que terminou sua obra e ao gozo de Antígona que o contempla como se fosse um deus. São gozos diferentes.

Um do artista, fruto de sua obra, que se descobre outro, mas sobretudo instrumento de um Outro, que lhe permitiu criar uma diferença, uma etapa a mais na contemplação do mundo, ou um véu a mais para esconder o horror do mundo, ou melhor ainda, um Outro que lhe permitiu arrancar um sentido a mais do Real.

O segundo gozo, o do público, representado por Antígona, que vê seu pai-irmão além e fora da paternidade-fraternidade, fora do cotidiano e do tempo-espaço, marcado por sua obra que deu um sentido a mais à beleza do mundo e lhe permitiu uma vibração gostosa diante da obra, parecida com o "*zut alors*" de Proust, que não quer dizer nada, mas que diz o inter--dito sem palavra para dizê-lo[36].

É um gozo místico caracterizado por um salto no desconhecido quando, esquecendo todos seus enraizamentos, o público ignora sua origem, ou melhor, a transforma ou a reorganiza segundo um critério não linear, o da auto-organização. O gozo é temporário de qualquer maneira porque ligado absolutamente a um olhar fugitivo na obra, ele é somente um momento fora do tempo.

Não quer dizer que o crítico confunde o artista com a obra, mas que o artista foi impregnado por ela, tanto quanto a obra deixa vestígios no leitor ou no espectador.

Resta a ver se isso é averiguável para cada um de nós: a obra deixa realmente vestígios no discurso do artista ou no nosso?

Décimo primeiro ponto. Todos os artistas manteriam na sua maneira de fazer, no seu "*savoir faire*", e às vezes fisicamente, alguns traços de suas personagens ou reagiriam como eles em situações parecidas, consequência do gozo vivido. Isso não quer dizer que o crítico os confunde com sua obra, mas que os artistas estão impregnados dela, tanto quanto, por sua vez, a obra deixa vestígios no leitor ou no espectador.

---

dizendo: 'Meu pai é Édipo, o aedo' preferindo a herança criativa à funesta e incestuoso do ex-rei." N. Coutaz, op. cit., p. 145.

36 "O proibido protege o gozo que angustia." E. Laurent, op. cit., p. 94.

Ela o ouve aproximar-se. Pegou a flauta e toca uma dessas árias singelas, elementares, de que tanto gosta e que fazem lembrar o ruído do mar. Sua voz eleva-se fraca, tímida, hesitante, como a de uma criança. Clio o escuta e, como só ele sabe fazer, dança em círculos, com movimentos elegantes, em volta do fogo e do cantor. Antígona não distingue nem frases nem palavras no canto de Édipo, mas, acima de qualquer significação, experimenta um sentimento de triunfo. Gostaria de comemorá-lo dançando, como Clio, mas, coitada, ela é pesada, seus pés estão presos à terra, não é feita da mesma natureza ígnea de Clio e não consegue improvisar passos como ele. Põe-se ali, ao lado do pai e, seguindo as inflexões de sua voz que se diria enrouquecida por um longo inverno, acompanha-a com a sua, e sente-se feliz.[37]

No terceiro capítulo do romance, Clio conta sua juventude a Édipo e Antígona. Quando jovem, Clio conheceu Alcyon, outro pastor como ele, mas os dois pertenciam a clãs inimigos, um de tocadores de flauta e o outro de dançarinos. Os dois moços fizeram amizade sem que os pais soubessem e ensinaram sua arte um ao outro. Vejam o romance para saber o fim da história.

Nesse texto sobre a *Onda*, reaparecem as duas artes, mas a flauta é tocada por Édipo, embora logo abandonada para a canção, e a dança continua com Clio. Entretanto, a canção é irrelevante para Antígona, é como se a melodia sem palavra

---

37 *Édipo na Estrada*, p. 110.

fosse suficiente em si mesma para expressar um sentimento de triunfo. Mas de qual triunfo se trata?

Décimo segundo ponto. A escultura dessa amplitude, que parece uma novidade para Édipo e Clio, está seguida da redescoberta da dança e do canto que, como dois acompanhantes, festejam a obra realizada no rochedo.

> Édipo para de cantar. Clio, levado pelo entusiasmo, grita: "A onda está vencida, conseguiste dobrá-la!" Édipo ri e Clio ativa-se sobre ele, abraça-o, aturde-o com seus gritos de alegria e acaba caindo ao chão com ele, repetindo: "Tu a dobraste, nos livraste dela!" E Édipo, o cego, o mendigo, responde rindo em silêncio, e com tamanha energia, como Antígona jamais o vira sorrir. Com ciúmes por um momento, logo após ela deixa-se levar pela alegria dos dois, por aquela louca ebriedade sem embriaguez. Joga-se sobre eles, estreita-os, beija-os, abraça-os, soltando gritos de alegria, quiçá de triunfo. Ouve a voz e o riso dos dois e, ao longe, ainda o rumor surdo do trovão, enquanto um pensamento secreto, ainda tímido, lhe insinuava baixinho: Sim, estamos livres, mas só um pouco livres dela.[38]

O que quer dizer "se sentir liberados"? Tendo conseguido dobrar a *Onda*, isto é, esculpir um barco que a transpõe, a estrada está aberta para prosseguir no caminho, simbolicamente, com certeza, e acrescentaria, psiquicamente. Os talentos que eles não se conheciam e que assumem agora significam uma promessa cumprida; a escultura e a pintura, acrescidas ao canto e à dança, podem se desenvolver e, de certa maneira, salvá-los de sua situação de sujeitos errantes.

Décimo terceiro ponto. Eles ultrapassaram o cabo da não volta e entenderam que somente podem avançar, de onde decorre a alegria e os riscos contagiosos. Avançar quer dizer integrar-se de novo na sociedade que tinham abandonado no decorrer da longa caminhada. Somente Antígona ouve uma voz que modera seu entusiasmo, mas ela participa da fraternidade. Sentir-se-ia mais "irmã" numa filiação artística?

Mas qual seria o talento de Antígona?

> Ontem, depois que saíste, tateamos bastante tempo teu trabalho com as mãos, porque já estava escuro, e eu também não conseguia enxergar. Édipo disse: "Antígona é uma pessoa inspirada." Ela fica feliz

---

38 Ibidem, p. 111.

e, ao mesmo tempo, não pode deixar de dizer: "São as minhas mãos, apenas as minhas mãos que são inspiradas. —Tu és as tuas mãos, diz Clio, estás inteira em tuas mãos. Édipo ainda me disse: Antígona não se transporta mais para a pedra, é a pedra que se transporta para ela. Seu piloto é digno de olhar o mar".[39]

Décimo quarto ponto. Antígona parece ter achado sua identidade e o que ela quer ser. Ela está bastante ágil para se deixar levar pela matéria através de suas mãos. Tem uma ideia de como fazer o piloto, isto é, Édipo, mas é seu tocar cavalgando sua memória que a guia. O contato com a pedra que desempenha o papel de significante, lhe sugere o retrato sem forma prévia senão a lembrança.

Descobrimos assim o papel da pedra. Não é que a pedra saiba a forma que ela deve incrustar, mas como forma sem forma, pronta a qualquer forma, ela está disponível tanto quanto o significante fora de uma frase.

Antígona quase terminou a testa e os cabelos, puxados para trás pelo vento. Sonda na pedra a enorme figura que conheceu quando pequenina e que, às vezes, debruçava-se sobre ela. Procura e reencontra a beleza esplendorosa do pai quando jovem, mas deve também traçar, da mesma maneira, os vincos de amargura que a peste, o assassinato do pai e a morte de Jocasta lhe imprimiram no rosto. Os sinais que ficaram marcados nele ao percorrer a longa estrada melancólica para ir a lugar nenhum e, mais ainda, a perda da felicidade vertiginosa que ele havia inventado contemplando o mar. A felicidade à qual ele renunciou por causa dela, que não pôde suportar, aquilo que ela considerava como uma fuga, como uma evasão, e que talvez fosse apenas a travessia do abismo. Ela o fez renunciar e não se arrepende disso; ela exigiu e obteve dele um outro futuro.[40]

O processo de criação está mais claro. Não porque a pedra sabe, mas porque Antígona pressente o traçado do gigante que era Édipo, quando ela era pequena. É um encontro bastante misterioso. Ao mesmo tempo, ela procura o contorno de seu rosto que não é dado, e "reencontra a beleza esplendorosa do pai quando jovem". O procedimento é assaz parecido com o da escritura e ao de muitas invenções.

39 Ibidem, p. 115.
40 Ibidem, p. 116.

Décimo quinto ponto. Procurar e mesmo brincar com a matéria da arte escolhida, as palavras, a pedra ou a cor, e o objeto se desenhará. Todas as lembranças dos sofrimentos de Édipo que Antígona soletra desde a peste até a fuga de Tebas, atravessam sua mão que reunirá a pedra e o rosto que se faz.

O procedimento lembra a fabricação da concha pelo molusco, comentada por Valéry[41] e trabalhada por Petitot. Ele constata que, na concha do molusco, as "formas naturais são sem esquemas matematizados, por falta da existência de uma geometria e de uma física morfológica" ou sem forma preestabelecida.

A arte seria assim profundamente contingente em relação à forma que pode se definir como o "fenômeno da auto-organização da matéria"[42], e não como um elemento a mais que se junta à matéria. Para Valeéry: "Talvez, o que chamamos a perfeição na arte [...] seja somente o sentimento de desejar e de encontrar numa obra humana a certeza na execução, a necessidade de origem interna e a ligação indissolúvel e recíproca da figura com a matéria que a menor concha me faz ver?"[43]

A pura forma, como auto-organização da matéria ou do sentido, segue o tatear de Antígona e se constrói aos poucos. Mas a dúvida continua sobre o motivo do afastamento de Édipo de Tebas. Antígona se pergunta ainda se fora "uma fuga, como uma evasão, [ou se] talvez fosse apenas a travessia do abismo".

Após a análise, perguntamo-nos em que Édipo, mito e complexo confundidos, mudou com a escritura de Bauchau. Em outras palavras, em que o mito se torna uma história compreensível ou, em termos de Sibony ou do complexo, em que a personagem de Bauchau abriu novas portas.

Parece claro que o mito não mudou na sua origem. O Édipo de Bauchau é o de Sófocles, a personagem que matou o pai e teve filhos da mãe, Jocasta. De onde decorre o drama de Antígona, filha e irmã de Édipo, personagem esticada entre

---

41 *Oeuvres complètes*, p. 886-907.
42 J. Petitot, La Vie ne sépare pas sa géométrie de sa physique, em M. Costantini; I. Darrault (orgs.), *Sémiotique, Phénoménologie, Discours*, p. 167-170.
43 Op. cit., p. 904-905.

as duas posições que não pode negar, mas que a incomoda, enquanto Édipo parece ter ultrapassado a situação.

Constatamos que o novo Édipo não depende do primeiro; na medida em que ele avança na estrada, ele é forçado não a esquecer, mas a mudar. A construção da *Onda*, as circunstâncias ou o contexto o transformam. A causa não explica os efeitos. De uma linhagem mítica, ele bifurca e escolhe outra via que relativiza os primeiros laços de parentesco – filiação, consanguinidade e aliança –, os três constituintes do casamento segundo Lévi-Strauss, para ser enxertado numa linhagem artística.

O narrador mostra um Édipo que, deixando-se operar ou transformar pelo vácuo da pedra, relativiza o passado, confirma sua qualidade de escultor e indica uma via para tornar-se artista. Apesar de sua cegueira, ou melhor, por causa dela, ele consegue apresentar ao mundo e aos Atenienses uma obra construída a partir do contato sensitivo com a pedra substituindo a visão pelo tato. Assim, ele é elevado à dignidade de artista e estimado por sua vizinhança. Longe de recusar o passado, no entanto, a personagem se deixa trabalhar pela maravilhosa confiança reinando entre irmãos e persuade Antígona a não somente acompanhá-lo na fabricação da obra, mas a se tornar ela mesma uma artista.

Além disso, a união de Édipo com o rochedo para extrair uma obra, desloca e inverte o ato sexual de Édipo e de Jocasta.

Lembremos que a mãe e esposa de Édipo "representa a mentira encarnada no que concerne o ato sexual [...] é um lugar ao qual tem acesso somente se tiver afastado a verdade do gozo. A verdade não pode se fazer ouvida, pois se ela se fizer ouvir, tudo escapa [*se dérobe*]"[44]. Em outras palavras, o ato sexual com a mãe é possível somente se Jocasta esconder a verdade. O drama de Édipo é provocado pela pulsão de saber que o leva à verdade revelada por outro. O criado, a par do assassinato de Laios, foge desde a posse de Édipo como rei. Forçado em seguida pelo próprio Édipo, ele denuncia a verdade escondida por Jocasta.

Assim, muitas vezes são os casais. O homem encontra a mulher *quoad matrem*, sublinha Lacan. Será que toda mulher

---

[44] J. Lacan, *Le Séminaire, Livre 14: La Logique du fantasme*.

esconde inconscientemente dois segredos como Jocasta: sou sua mãe e você matou seu pai e meu esposo. Quem vai revelar o enigma? Não mais um criado, mas o próprio cônjuge que não mata o representante da lei, mas torna-se seu defensor e a referência como representante do grande Outro ou o a/A. O único meio de escapar ao *quoad matrem*, é passar pela palavra e declarar "você é minha mulher", quando "a mulher se torna metáfora de seu gozo"[45].

É o dizer de Édipo com a rocha?

Édipo não procura mais saber, mas quer fazer, trata-se de um verdadeiro *savoir-faire*; não há mais verdade que preceda a construção artística. A verdade decorrerá da obra feita e não a antecede; ela se constrói ao mesmo tempo em que a obra e surge aos poucos.

Édipo não é mais levado, portanto, pela pulsão do saber, mas pela da escritura que torna-se a pulsão do fazer na construção do objeto artístico, fazer que se desdobra em vários verbos segundo a obra: compor uma melodia, esculpir uma estátua, pintar um quadro, encenar uma peça de teatro, tocar o violão e cantar, dançar um balé etc.

A grande distância do Édipo de Bauchau em relação ao de Sófocles consiste, também, em abandonar a pulsão do saber, e contentar-se do *savoir-faire*. A personagem submete sua inteligência ao fazer, ou melhor, ao *savoir-faire*, que está na base ao mesmo tempo de qualquer construção artística e de nossa convivência com o inconsciente. Em outras palavras, a razão se submete às mãos ou ao corpo considerado como uma força de fora, para descobrir o enigma escondido no rochedo. O gozo do corpo na arte não esconde mais, mas anuncia a verdade artística. Reviravolta total da situação.

Da pulsão do saber ao *savoir-faire* e da filiação dupla à filiação artística, assim se define o novo Édipo de Bauchau.

Eu poderia terminar aqui, mas, referindo-me à história da arte lembrada por Rancière, é possível situar o Édipo de Bauchau num contexto diferente da psicanálise; ou melhor, estabelecer uma relação entre a tradição artística, o nascimento da psicanálise e da crítica genética.

---

45 Ibidem, p. 278.

O gênio não é mais o suplemento verificando o acordo entre as regras da arte e os afetos do ser sensível. Agora, é a ponte arriscada jogada entre duas lógicas heterogêneas, a dos conceitos implementados pela arte e o belo sem conceito. É o poder, obscuro para o próprio artista, para fazer outra coisa do que faz, para produzir algo diferente do que ele quer produzir e assim oferecer ao leitor, espectador ou ouvinte, a possibilidade de reconhecer e combinar de maneira diferente várias superfícies numa única, várias línguas na mesma frase, vários corpos num simples movimento.[46]

Assim, Rancière define a arte celebrada pelo crítico de arte Winckelmann no século XVIII, definição que concorda em vários pontos com o que foi enfatizado nos capítulos anteriores e na análise da *Onda* de Bauchau, ou seja, a criação independente da vontade do artista e dos conceitos de arte, o papel do acaso na criação e seu impacto sobre o leitor ou espectador, graças a seu poder unificador. Nesse sentido, os dois saberes utilizados aqui, a teoria analítica e a crítica genética, retomam os passos da arte de três séculos atrás, embora muitas vezes inconscientemente, para enriquecer a teoria sobre a arte desenvolvida pelo crítico alemão.

---

46 J. Rancière, *Aisthesis*, p. 30.

À Guisa de Conclusão

Discernir como aliar inspiração, tradição, cultura e invenção, por um lado, e grão de gozo, real, rasura e manuscrito, por outro lado, era o objetivo deste livro. A roda da escritura ajuda a entender as relações entre esses conceitos a partir do estudo dos manuscritos. O homem, escritor ou artista continua sendo o centro, mas mais subjugado do que sujeito, mais aberto às descobertas do que planejador, Édipo sendo mais artista e suplicante em relação à linguagem escolhida do que regente de uma escritura instrumental, *scriptor* enfim para se tornar autor. Preocupado ou angustiado na sua escritura, objeto do texto móvel, frequentemente submergido sem saber pela música das palavras ou da frase, a harmonia das cores, uma concepção da beleza interna ou uma lógica subjacente, o escritor ou o artista se reconhecem aos poucos como outro ou Outro, oferecendo aos leitores ou aos espectadores um espelho, segundo o narrador proustiano, permitindo-lhes ir além deles mesmos e de se descobrir também outro do que se imaginavam.

A roda da leitura ilustra esse movimento de audácia que convida o público leitor a sair da repetição cotidiana e de seus hábitos de pensamento, a mergulhar no *Outrora* de Quignard e a questionar sua inserção na comunidade. Trata-se de um convite e não de um caminho já traçado. Cada leitor encontrará seu ganho, diferente de um bem comum, sendo submisso a um tempo lógico singular e fará da arte um meio de transpor o limite entre o sintoma e o sinthoma utilizando, quem sabe, um objeto banal, uma carta como as personagens de Poe, ou um capacho, como o herói proustiano. O amor ou a imaginação amorosa, mas não é a mesma coisa? Serão os motores tanto quanto o discurso amoroso que favorece a permutação de discursos, do mestre, ou da histérica, do universitário ou do analista. A inserção no novo discurso será frágil, todavia, enquanto o leitor não assume sua posição e não se reconhece nela. Não é exatamente o *Soll Ich werden* desenvolvido por Freud, mas um movimento próximo que poderá também ultrapassar o pedaço de real pessoal e seu gozo, encarnar-se num pedaço de real compartilhado por muitos e levantar uma comunidade. Assim, a arte fica de vanguarda e a mola de possíveis progressos na inteligibilidade do mundo.

Quanto ao crítico, leitor ele também, mas mais releitor, deverá passar pela roda da leitura em primeiro lugar e, em seguida, pela da escritura. Entre as duas rodas, no entanto, deverá analisar, comparar, constatar e reler. Tanto quanto o escritor, ele se deixará levar pela escritura em várias versões frequentemente rasuradas. Entretanto, ele será menos levado a se deixar conduzir pela língua utilizada, já que precisa levar em conta o texto e os manuscritos do autor estudado. Todavia, terá, ele também, seus momentos poéticos e poderá ser comparado nesse sentido ao autor que, inventando personagens, sente-se muito mais livre do que quando introduz personagens históricos na narrativa, o que impõe pressões. Desembaraçado do texto ou do manuscrito do outro, ele passará de bom grado de escrevente para escritor, como distinguia Roland Barthes, mas não poderá ser constante. Dois caminhos lhe são propostos neste ensaio: insistir no "só depois", partindo do texto publicado considerado como a causa às avessas e tentar reencontra a lógica subentendida da escritura estudada, o que meus livros sobre *Em Busca do Tempo Perdido* tentaram fazer, ou tentar tirar uma proposta universal difícil por meio da qual o pensamento por detalhes interpretará mil situações da escritura analisada.

Voltando ao conjunto deste ensaio, constatamos a imbricação dos saberes utilizados, a teoria psicanalítica revista à luz das rodas da escritura e da leitura, elas mesmas, movidas pelo texto móvel, a crítica genética relida com o "só depois" freudiano e a dessubjetivação inerente do escritor ou do artista para tornar-se autor do quadro, do texto ou do objeto criado, e, enfim, a crítica literária que, enriquecida consideravelmente pelos dois outros saberes, pode apresentar uma interpretação inédita das obras analisadas.

Bibliografia

LIVROS E ARTIGOS

ALLOUCH, Jean. *Freud, et puis Lacan*. Paris: Epel, 1993.
AMMOUR-MAYEUR, Olivier. *Les Imaginaires métisses: Passages d'Extrême-Orient et d'Occident chez Henry Bauchau et Marguerite Duras*. Paris: L'Harmattan, 2004.
_____. *Henry Bauchau, Une Ecriture en résistance*. Paris: L'Harmattan, 2007.
ANSERMET, François; MAGISTRETTI, Pierre. *A Chacun son cerveau: Plasticité neuronale et inconscient*. Paris: Odile Jacob, 2004.
ARTAUD, Antonin. *O Teatro e Seu Duplo*. São Paulo: Martins Fontes, 2006.
ASSOULINE, Pierre. Ferveur et viole de gambe autour de Pascal Quignard. *Le Monde (Livres)*, Paris, 25 jun. 2010.
BARTHES, Roland. *Le Neutre*. Paris: Seuil, 2002. [Trad. bras.: *O Neutro*. São Paulo: Martins Fontes, 2003.]
_____. *Aula*. São Paulo: Cultrix, 1978.
BAUCHAU, Henry. *L'Enfant rieur*. Arles: Actes Sud, 2011.
_____. *Déluge*. Arles: Actes Sud, 2010.
_____. *Poésie complète*. Arles: Actes Sud, 2009.
_____. *Le Boulevard périphérique*. Arles: Actes Sud, 2008.
_____. *La Grande muraille, Journal de la déchirure: 1960-1965*. Arles: Actes Sud, 2005.
_____. *L'Enfant bleu*. Arles: Actes Sud, 2004.
_____. [1992]. *Jour après jour: Journal d'Oedipe sur la route (1983-1989)*. Arles: Actes Sud, 2003.
_____. *Édipo na Estrada*. Rio de Janeiro: Lacerda, 1998.
_____. *Antigone: Roman*. Arles: Actes Sud, 1997.

_____. *Diotime et les lions*. Arles: Actes Sud, 1991.
_____. *Œdipe sur la route*. Arles: Actes Sud, 1990.
_____. *L'Écriture et la circonstance*. Louvain-la-Neuve: Faculté de Philosophie et Lettres de l'Université Catholique de Louvain, 1988.
_____. [1973]. *Le Régiment noir*. [S.l.]: Les Éperonniers, 1987.
_____. [1966]. *La Déchirure*. [S.l.]: Labor, 1986.
BENKIRANE, Réda. Autopoïese et émergence: Entretien avec Franscico Varela. In _____ (org.). *La complexité, vertiges et promesses: 18 histoires de science*. Paris: Le Pommier, 2005.
BRANCION, Marie-Magdeleine Chatel de. Diálogo Com o Sintoma. *Escola Letra Freudiana*. Rio de Janeiro, n. 17/18, 1996. (Do Sintoma... ao Sinthoma.) Disponível em: <http://www.escolaletrafreudiana.com.br/UserFiles/110/File/artigos/letra1718/019.pdf>.
BRAVO, Federico (org.). *La Signature*. Pessac: Presses Universitaires de Bordeaux, 2012.
CALLIGARIS, Contardo. Entrevista. *Lançamentos*, São Paulo, abr 2011.
COHEN, Patricia. No Meio do Cérebro, o Enigma da Criatividade. *Folha de S. Paulo* (texto selecionado do *New York Times*). São Paulo, 17 mai. 2010. Disponível em: <http://www1.folha.uol.com.br/fsp/newyorktimes/ny1705201001.htm>.
CONDILLAC, Abbé de. [1754]. *Traité des sensations*. Paris: Fayard, 1984.
COUTAZ, Nadège. Le Paradoxe Antigone dans le roman d'Henry Bauchau: Figuration d'exil. *Revue Internationale Henry Bauchau*. Louvain-La-Neuve, n. 3, inverno 2010-2011.
CURTIUS, Ernst. *Marcel Proust*. Paris: La Revue Nouvelle, 1928.
CYRULNIK, Boris. *Parler d'amour au bord du gouffre*. Paris: Odile Jacob, 2007.
DAMBEAN, Corina. Paysage suisse et imaginaire minéral chez Henry Bauchau. *Revue Internationale Henry Bauchau*. Louvain-La-Neuve, n. 3, inverno 2010-2011.
DAMOURETTE, Jacques; PICHON, Edouard. *Des Mots à la pensée. Essai de grammaire de la langue française: 1911-1940*. Paris: d'Artrey, 1932-1951. 7 v.
DE MAN, Paul. *Allégories de la lecture*. Paris: Galilée, 1989.
DEPELSENAIRE, Yves. *Un Musée imaginaire lacanien*. Bruxelles: La Lettre Volée, 2008.
DERRIDA, Jacques. *La Carte postale: De Socrate à Freud et au-delà*. Paris: Aubier-Flammarion, 1980.
_____. *Positions*. Paris: Minuit, 1972.
_____. *A Escritura e a Diferença*. 4. ed. São Paulo: Perspectiva, 2009.
_____. *La Bête et le souverain. Volume 2: (2002-2003)*. Paris: Galilée, 2010.
DIMITRIADIS, Yorgos. Aristote et les concepts psychanalytiques de "l'effet après coup" et de la répétition, *Recherches en Psychanalyse*, n. 9, 2010, disponível em: <http://www.repsy.org/articles/2010-1-aristote-et-les-concepts--psychanalytiques-de-l-effet-apres-coup-et-de-la-repetition/>.
DYER, Nathalie. D'Hypo-Proust en hyper-Proust? Les "Brouillons" imprimés de l'édition électronique. *Recherches et travaux*. Grenoble, n. 72, 2008. Disponível em: <http://recherchestravaux.revues.org/index103.html>.
ESCOLA Letra Freudiana. Rio de Janeiro, n. 17/18, 1996. (Do Sintoma... ao Sinthoma.)
FELMAN, Shoshana. *La Folie et la chose littéraire*. Paris: Seuil, 1978.
FERRER, Daniel. *Logiques du brouillon*. Paris: Seuil, 2011.

FINGERMANN, Sergio. *Elogio ao Silêncio e Alguns Escritos Sobre Pintura*. São Paulo: BEI, 2007.

FLYNN, Deirdre. La Métaphore sonore proustienne. *Bulletin d'Informations Proustiennes*. Paris, n. 27, 1996.

FREUD, Sigmund. *Essais de psychanalyse appliquée*. Paris: Gallimard, 1975.

_____. *La Naissance de la psychanalyse*. Paris: PUF, 1973.

_____. *L'Interprétation de rêves*. Paris: PUF, 1967. [Trad. bras.: *A Interpretação dos Sonhos*. Obras Completas. Rio de Janeiro: Imago, 1972.]

GADET, Françoise. Le Parlé coulé dans l'écrit: Le Traitement du détachement par les grammaires du XXᵉ siècle. *Langue française*. Paris, v. 89, n. 1, p. 110-124, 1991.

GENETTE, Gérard. *Figures V*. Paris: Seuil, 2002.

_____. *Figures III*. Paris: Seuil, 1972.

GILSON, Jean-Paul. *La Topologie de Lacan*. Montréal: Balzac, 1994.

GOUJON, Francine."Je" narratif, "je" critique et écriture intertextuelle dans le Contre Sainte-Beuve. *Bulletin d'Informations Proustiennes*, Paris, n. 34, 2004.

GOULET, Alain. Des Fractales et du style. In: BOULOUMIÉ, Arlette (ed.). *Le Génie du lecteur*. Paris: École des loisirs, 1998.

_____. *André Gide, Les faux monnayeurs: Mode d'emploi*. Paris: Sedes, 1991.

GRACQ, Julien. *En Lisant, en écrivant*. Paris: José Corti, 2008.

_____. Il n'y a que des cas d'espèce: Entretien avec Bernhild Boie. *Genesis*. Paris, n. 17, 2001.

GRÉSILLON, Almuth. Encore du temps perdu, déjà le texte de la recherche. In: GRESILLON, Almuth; LEBRAVE, Jean-Louis; VIOLLET, Catherine (orgs.). *Proust à la lettre*. Tussot: Du Lérot, 1990.

_____. Avant-propos. *Languages*. Paris, n. 62, mar. 1983.

GUEZ, Stéphanie. L'Anecdote proustienne: Outil d'inscription de l'histoire. *French Studies*. Oxford, v. 4, n. 63, 2009.

HALEN, Pierre et al. (eds.). *Henry Bauchau, Une Poétique de l'espérance*. Actes du colloque international de Metz, Metz, 2002. Recherche en littérature et spiritualité. Berne, v. 7, 2004.

HAWKING, Stephen. *Une Brève histoire du temps*. Paris: Flammarion, 1988. [Trad. bras. *Uma Breve História do Tempo*. Rio de Janeiro: Rocco, 2002.]

HEIDEGGER, Martin. *Qu'appelle-t-on penser?* Paris: PUF, 1983.

HENROT, Geneviève. *Henry Bauchau poète: Le Vertige du seuil*. Genève: Droz, 2003.

IZQUIERDO, Iván. La Psyché humaine. *Multiciência*. Campinas, n. 3, 2004. Disponível em: <http://www.multiciencia.unicamp.br/arto1_3_f.htm>.

JORGE, Verônica Galindez. Descontinuidade e Leitura de Manuscritos. *Manucrítica*. São Paulo, v. 16, 2008.

KELLER, Luzius. *Les Avant-textes de l'épisode de la madeleine dans les cahiers de brouillons de Marcel Proust*. Paris: J-M Place, 1978.

KRISTEVA, Julia. *Introdução à Semanálise*. 3. ed. São Paulo: Perspectiva, 2012.

LACAN, Jacques. _____. *O Seminário. Livro 19: ...Ou Pior*. Rio de Janeiro: Jorge Zahar, 2012.

_____. *O Seminário. Livro 23: O Sinthoma*. Rio de Janeiro: Jorge Zahar, 2005.

_____. *O Seminário. Livro 10: A Angústia*. Rio de Janeiro: Jorge Zahar, 2005.

_____. *Le Séminaire. Livre 19:... Ou Pire*. Paris: Association Freudienne Internationale, 2000.

_____. *Le Séminaire, Livre 14: La Logique du fantasme*. Inédito.

_____. *A Psicanálise e Seu Ensino*. Rio de Janeiro: Jorge Zahar, 1998.

_____. *Escritos*. Rio de Janeiro: Jorge Zahar, 1998.

_____. *O Seminário. Livro 20: Ainda*. Rio de Janeiro: Jorge Zahar, 1996.

_____. *O Seminário. Livro 11: Os Quatro Conceitos Fundamentais da Psicanálise*. 2. ed. rev. Rio de Janeiro: Jorge Zahar, 1995.

_____. *O Seminário. Livro 8: A Transferência*. Rio de Janeiro: Jorge Zahar, 1995.

_____. *O Seminário. Livro 2: O Eu na Teoria de Freud*. Rio de Janeiro: Jorge Zahar, 1995.

_____. *O Seminário. Livro 17: O Inverso da Psicanálise*. Rio de Janeiro: Jorge Zahar, 1992.

_____. *O Seminário. Livro 7: A Ética da Psicanálise*. Rio de Janeiro: Jorge Zahar, 1991.

LAPEYRE-DESMAISON, Chantal. [2004]. Genèse de l'écriture, In: BONNEFIS, Phillipe; LYOTARD, Dolorès (orgs.). *Pascal Quignard, figures d'un lettré*. Paris: Galilée, 2005.

LAURENT, Eric. *Lost in Cognition: Psychanalyse et sciences cognitives*. Paris: Cécile Defaut, 2008.

LE CALVEZ, Eric. *Genèses flaubertiennes*. Amsterdam: Rodopi, 2009.

LEFORT, Régis. *L'Originel dans l'oeuvre d'Henry Bauchau*. Paris: Honoré Champion, 2007.

LERICHE, Françoise. Musique. *Dictionnaire Proust*. Paris: Honoré Champion, 2004.

LÉVINAS, Danielle. [2004]. Les Icônes de la voix. In: BONNEFIS, Phillipe; LYOTARD, Dolorès (orgs.). *Pascal Quignard, figures d'un lettré*. Paris: Galilée, 2005.

LÉVY-STRAUSS, Claude. *Les Structures élémentaires de la parenté*. Paris: PUF, 1949.

MALLARMÉ, Stéphane. Proses diverses. *Oeuvres complètes*. Paris: Gallimard, 1945.

MANDELBROT, Benoît. Formes nouvelles de hasard dans les sciences. *Economie appliquée*. Paris, v. 26, 1973.

MAURON, Charles. *Des Métaphores obsédantes au mythe personnel*. Paris: Corti, 1962.

MEISSALLOUX, Quentin. *Le Nombre et la sirène*. Paris: Fayard, 2011.

MILLER, Jacques-Alain. Théorie de la lalangue. *Ornicar*. Paris, n. 1, 1975.

MILLY, Jean. Phrase. *Dictionnaire Marcel Proust*. Paris: Honoré Champion, 2004.

_____. Phrases, phrases. *Marcel Proust: Nouvelles direction de la recherche proustienne*. Paris: Minard, 2001.

_____. *Proust dans le texte et l'avant-texte*. Paris: Flammarion, 1985.

MILNER, Jean-Claude. *Clarté de tout*. Paris: Verdier, 2011.

MOURA, Mariluce. Visões Íntimas do Cérebro. *Pesquisa Fapesp*. São Paulo, n. 126, ago. 2006.

NATHAN, Tobie. *La Nouvelle interprétation des rêves*. Paris: Odile Jacob, 2011.

NICOLAU, Roseane; GUERRA, Andréa. O Fenômeno Psicossomático no Rastro da Letra. *Estudos e Pesquisas em Psicologia*. Rio de Janeiro, v. 12, n. 1, 2012. Disponível em: <http://www.e-publicacoes.uerj.br/index.php/revispsi/article/view/8317/6100>.

NOBLE, Denis. *La Musique de la vie*. Paris: Seuil, 2007.

ØSTENSTAD, Inger. Quelle importance a le nom de l'auteur? *Argumentation et analyse du discours*. Tel-Aviv, n. 3, 2009. Disponível em: <http://aad.revues.org/index665.html>.

PACCAUD-HUGUET, Josiane. Pascal Quignard et l'insistance de la lettre. *Transferts littéraires, Savoirs et clinique*. Toulouse, n. 6, v. 1, 2005. Disponível em: <http://www.cairn.info/revue-savoirs-et-cliniques-2005-1-page-133.htm>.

PASSOS, Cleusa Rios Pinheiro. *O Outro Modo de Mirar: Uma Leitura dos Contos de Julio Cortázar*. São Paulo: Martins Fontes, 1986.
PEETERS, Benoît. *Trois ans avec Derrida: Les Carnets d'un biographe*. Paris: Flammarion, 2010.
PETERSON, Michel. Coup d'envoi. *Oeuvres et critiques*. Tübingen, v. 34, n. 2, 2009.
PETITOT, Jean. La Vie ne sépare pas sa géométrie de sa physique. Remarques sur quelques réflexions morphologiques de Paul Valéry. In: COSTANTINI, Michel; DARRAULT, Ivan (orgs.). *Sémiotique, Phénoménologie, Discours: Hommage à Jean-Claude Coquet*. Paris: L'Harmattan, 1996.
_____. *Physique du sens*. Paris: CNRS, 1992.
PICARD, Timothée. La Littérature contemporaine a-t-elle retrouvé un modèle musical? *Europe*. Paris, v. 976-966, ago.-set. 2010.
PINO, Claudia Amigo; ZULAR, Roberto. *Escrever Sobre Escrever*. São Paulo: Martins Fontes, 2007.
POIRIER, Jacques. Le Rocher et la vague. In: QUAGHEBEUR, Marc; NEUSCHÄFER, Anne (orgs.). *Les Constellations impérieuses d'Henry Bauchau*. Bruxelles: AML/Labor, 2003.
PRIGOGINE, Ilya. *Les Lois du chaos*. Paris: Flammarion, 1994.
PROCHIANTZ, Alain. *Machine-Esprit*. Paris: Odile Jacob, 2001.
PROUST, Marcel. *O Caminho de Guermantes. Em Busca do Tempo Perdido*. São Paulo: Globo, 2007.
_____. *No Caminho de Swann. Em Busca do Tempo Perdido*. São Paulo: Globo, 2006.
_____. *À Sombra das Raparigas em Flor. Em Busca do Tempo Perdido*. São Paulo: Globo, 2006.
_____. *Carnets*. Paris: Gallimard, 2002.
_____. *A Prisioneira. Em Busca do Tempo Perdido*. São Paulo: Globo, 2002
_____. *O Tempo Redescoberto. Em Busca do Tempo Perdido*. São Paulo: Globo, 1995.
_____. *À la recherche du temps perdu*. Paris: Gallimard, 1987-1989, 4 v.
_____. *Correspondance*. Paris: Plon, 1985. V. 13.
_____. *Contre Sainte-Beuve. Précédé de Pastiches et mélanges et suivi par essais et articles*. Paris: Gallimard, 1971.
PUGH, Anthony. *The Growth of "À la recherche du temps perdu": A Chronological Examination of Proust's Manuscripts from 1909*. Toronto: University of Toronto Press, 2004.
PUSKAS, Daniel. L'Atelier d'écriture à la Libre Association de psychanalyse de Montréal. *Oeuvres et critiques*. Tübingen, v. 34, n. 2, 2009.
QUAGHEBEUR, Marc; NEUSCHÄFER, Anne (orgs.). *Les Constellations impérieuses d'Henry Bauchau*. Bruxelles: AML/Labor, 2003.
QUIGNARD, Pascal. *Lycophron et Zétès*. Paris: Gallimard, 2010.
_____. *La Barque silencieuse*. Paris Seuil, 2009.
_____. *Boutès*. Paris: Galilée, 2008.
_____. *Sur le jadis*. Paris: Grasset et Fasquelle, 2002.
_____. *La Haine de la musique*. Paris: Calmann Lévy, 1996.
_____. *Le Nom sur le bout de la langue*. Paris: Gallimard, 1993.
_____. *Petits traités I*. Paris: Maeght, 1990.
_____. *Petits traités II*. Paris: Maeght, 1990.
_____. Lettre à Dominique Rabaté. *Europe*. Paris, n. 976-977, ago.-set. 2010.
RABELAIS, François. *Pantagruel. Oeuvres complètes*. Paris: Gallimard, 1955.
RANCIÈRE, Jacques. *Aisthesis. Scènes du régime esthétique de l'art*. Paris: Galilée, 2011

ROUDAUT, Jean. *Les Trois anges: Essai sur quelques citations de "À la recherche du temps perdu"*. Paris: Honoré Champion, 2008.

ROUDINESCO, Elizabeth. *Histoire de la psychanalyse*. Paris: Seuil, 1986. V. 1.

SABLE, Lauriane. Art et figures d'artistes dans le cycle Œdipien: Une Transposition? *Revue Internationale Henry Bauchau: L'Ecriture à l'écoute*. Louvain--La-Neuve, n. 2, 2009.

SALLES, Cecília. *Gesto Inacabado*. São Paulo: Annablume, 1998.

SANDRAS, Michel. *Proust ou l'euphorie de la prose*. Paris: Honoré Champion, 2010.

_____. Proust et le poème en prose fin de siècle. *Bulletin d'Informations Proustiennes*. Paris, n. 40, 2010.

SILVERMAN, Kaja. *The Acoustic Mirror*. Bloomington: Indiana University Press, 1988.

SONCINI, Fratta (org.). *Henry Bauchau: Un Écrivain, une oeuvre*. Actes du colloque de Noci, 1991. Bologna: Clueb Bussola Beloeil, 1993.

SPITZER, Leo. *Études de style*. Paris: Gallimard, 1970.

STAROBINSKI, Jean. *As Palavras Sob as Palavras: Os Anagramas de Ferdinand de Saussure*. São Paulo: Perspectiva, 1974.

TESNIÈRE, Lucien. [1959]. *Éléments de syntaxe structurale*. Paris: Klincksieck, 1988.

THOM, René. *Paraboles et catastrophes*. Paris: Flammarion, 1980.

_____. Halte au hasard, silence au bruit. *Le Débat*. Paris, n. 3, 1980.

VALÉRY, Paul. *Oeuvres complètes*. Paris: Gallimard, 1960. V. 1.

VANQUAETHEM, Isabelle. Les journaux d'Henry Bauchau durant ses années suisses: Socles d'une quête identitaire. *Revue Internationale Henry Bauchau*. Louvain-La-Neuve, n. 2, 2009.

VILLERS, Guy de. Litter – letter – littoral. *Quarto*. Paris, n. 92, abr. 2008.

WAJCMAN, Gérard. *L'Oeil absolu*. Paris: Denoël, 2010.

WATTHEE-DELMOTTE, Myriam. *Bauchau avant Bauchau: En Amont de l'oeuvre littéraire*. Louvain-la-Neuve: Bruylant-Académie, 2002.

_____. *Parcours d'Henry Bauchau*. Paris: L'Harmattan, 2001.

_____. *Henry Bauchau: Un Livre une oeuvre*. Bruxelles: Labor, 1994.

WEBER, Jean-Paul. *Genèse de l'oeuvre poétique*. Paris: NRF, 1960.

WILLEMART, Philippe. Le Temps de l'imaginaire et le temps de l'écriture. *Revue Internationale Henry Bauchau*, Louvain, n. 5, jan. 2013.

_____. Comment se construit la signature. In: BRAVO, Federico (org.), *La Signature*, Pessac: Presses Universitaires de Bordeaux, 2012.

_____. *Os Processos de Criação na Escritura, na Arte e na Psicanálise*. São Paulo: Perspectiva, 2009.

_____. *De l'Inconscient en littérature*. Montréal: Liber, 2008.

_____. *Crítica Genética e Psicanálise*. São Paulo: Perspectiva, 2005.

_____. *Educação Sentimental em Proust*. São Paulo: Ateliê Editorial, 2002.

_____. *Bastidores da Criação Literária*. São Paulo: Iluminuras, 1999.

_____. *A Pequena Letra em Teoria Literária: A Literatura Subvertendo as Teorias de Freud, Lacan e Saussure*. São Paulo: Annablume, 1997.

_____. *Além da Psicanálise: A Literatura e as Artes*. São Paulo: Nova Alexandria, 1995.

_____. *Universo da Criação Literária*. São Paulo: Edusp, 1993.

ZORZETTO, Ricardo. O Buraco Estava ao Lado. *Pesquisa Fapesp*. São Paulo, n. 159, mai. 2009. Disponível em: <http://revistapesquisa.fapesp.br/2009/05/01/0-buraco-estava-ao-lado/>.

TESES E DISSERTAÇÕES

MORETO, Bruno. *Desejo e Escritura num Flaubert de Juventude*. Dissertação de mestrado, São Paulo, FFLCH-USP, 2009.
SILVA, Guilherme Ignácio da. *Marcel Proust Escreve "Em Busca do Tempo Perdido" ou da Arte de Erguer Catedrais de Sorvete*. Tese de doutorado, São Paulo, FFLCH-USP, 2003.

FILMOGRAFIA

CLOUZOT, Henry-Georges. *O Mistério de Picasso*. Paris: 1956.

REFERÊNCIAS NA INTERNET

ANDROGYNIE. Definição disponível em: <http://www.cestcommeca.net/definition-androgynie.php>.
ASSOULINE, Pierre. Ne l'appelez plus jamais "naturaliste"! République des Livres. Paris, 05 mar. 2009. Disponível em: <*passouline.blog.lemonde.fr/2009/03/05/ne-lappelez-plus-jamais-naturaliste/*>.
BAUCHAU. Sobre os acervos. Informações disponíveis em: <http://bauchau.fltr.ucl.ac.be/>.e <http://www.aml-cfwb.be/aml/acces.html.>.
NICOLELIS, Miguel. Sabatina. *Folha de S. Paulo*. São Paulo, 10 jun. 2009. Disponível em: <www.folha.com.br/091601>.
PETITOT, Jean. Modèles dynamiques en sciences cognitives. Disponível em: <http://www.crea.polytechnique.fr/JeanPetitot/JPmodeles.html>.
MONTAND, Yves. La Petite note de musique. Disponível em: <http://www.vagalume.com.br/nana-mouskouri/trois-petites-notes-de-musique.html#ixzz1JuJd9oM1>.
SCHEDEL, Hartmann. *Liber chronicarum*. Nuremberg: 1493. Disponível em: <http://www.wdl.org/pt/item/4108/>.

OUTROS

CHANGEUX, J.-P. et al. *Le Cerveau*. Emissão da France Culture. Paris, 4, 11, 18 e 25 mar. 2004.
ORAIN, Cédric. *Le Chant des Sirènes*. Folheto da peça. Disponível em: <http://www.latraversee.net/wp-content/uploads/2011/02/Le-chant-des-sir%C3%A8nes.pdf>.

Índice Onomástico

Allouch, Jean 89n.
Ammour-Mayeur, Olivier 162n.
Ansermet, François 92
Assouline, Pierre 20n., 205n.

Barthes, Roland 43, 45, 47, 106, 216
Bauchau, Henry XIV, XV, 5, 13, 43, 48, 85, 161-175, 177-194, 195--214
Benkirane, Réda 72n.
Boie, Bernhild 60n.

Clouzot, Henry-Georges 79, 206n.
Condillac, Abbé de 62
Coutaz, Nadège 197, 206, 207n.
Curtius, Ernst 140, 141, 147
Cyrulnik, Boris 54n.

Dambean, Corina 196n.
Damourette, Jacques 88
De Man, Paul 90n.
Depelsenaire, Yves 44
Derrida, Jacques XII, 9, 10, 51, 189n.
Dyer, Nathalie 86n.

Felman, Shoshana 205
Ferrer, Daniel 69

Fingermann, Sergio 11, 23n.
Flynn, Deirdre 143, 144, 146, 148n.
Freud, Sigmund XI, 5N., 9, 16, 18, 21, 26, 41, 45, 46, 66, 83, 84, 89, 90, 93, 94, 113, 114, 206, 216

Gadet, Françoise 139
Genette, Gérard 94, 143
Gilson, Jean-Paul 36
Goujon, Francine 94, 118
Goulet, Alain 85n., 150n.
Gracq, Julien 60, 131
Grésillon, Almuth X, 61, 150, 155n., 158
Guez, Stéphanie 6n., 85n.

Halen, Pierre 162n.
Hawking, Stephen 4n.
Heidegger, Martin 88n.
Henrot, Geneviève 162n., 163

Izquierdo, Iván 65, 68

Jorge, Verônica Galindez 152

Keller, Luzius 150
Kristeva, Julia 57, 58, 141, 143

Lacan, Jacques x, xi, xiv, 3, 4, 7, 9, 10, 14n., 15, 16, 19, 22, 25, 26, 27, 29n., 31, 32, 33, 34, 35, 36, 37, 38, 39, 41, 42n., 43, 44, 53n., 62n., 73n., 87, 89, 93, 99n., 107n., 113, 114, 140, 143, 146, 199n., 203, 212
Lapeyre-Desmaison, Chantal 20n.
Laurent, Eric 196n., 207n.
Le Calvez, Eric 69
Lebrave, Jean-Louis 61, 150n.
Lefort, Régis 162n.
Leriche, Françoise 143, 147

Magistretti, Pierre 92
Mallarmé, Stéphane 6n., 12, 78, 87, 93, 94, 128
Mandelbrot, Benoît 86
Mauron, Charles 78n.
Meissalloux, Quentin 87
Miller, Jacques-Alain 32, 53n.
Milly, Jean 141, 143, 146, 147, 148, 150
Milner, Jean-Claude 93
Moreto, Bruno 43n.
Moura, Mariluce 67n.

Nathan, Tobie 197
Noble, Denis 67

Østenstad, Inger 60

Passos, Cleusa Rios Pinheiro 31, 45n.
Peterson, Michel 9n., 125
Petitot, Jean 11, 18, 27n., 115, 211
Picard, Timothée 150n.
Pichon, Edouard 88n.
Pino, Claudia Amigo 61n.
Poirier, Jacques 196n.
Prigogine, Ilya 91
Prochiantz, Alain 61n.

Proust, Marcel xiv, xv, 6n., 8, 13, 15, 22, 26n., 27, 28, 31-39, 44, 45n., 46, 48, 59, 61n., 62, 63, 68, 70, 71, 77, 81n., 85, 86, 91, 92, 94, 95, 99-109, 111-125, 127-138, 139-146, 147-158, 161, 163, 165, 185, 201, 207
Pugh, Anthony 103
Puskas, Daniel 12n., 14n.

Quaghebeur, Marc 162n., 182n., 196n.
Quignard, Pascal 149, 150, 156n., 157, 215

Rabelais, François 8
Rancière, Jacques 125, 213, 214
Roudaut, Jean 157
Roudinesco, Elizabeth 89n.

Sable, Lauriane 197
Salles, Cecília 61n.
Sandras, Michel 157, 158
Silva, Guilherme Ignácio da 45n., 99n., 108n.
Silverman, Kaja 148
Soncini, Fratta 162n.
Spitzer, Leo 140, 141, 147
Starobinski, Jean 52n., 54n., 56

Tesnière, Lucien 62
Thom, René 86, 195n.

Valéry, Paul 56, 61, 211
Vanquaethem, Isabelle 197n.
Villers, Guy de 26n.

Wajcman, Gérard 12n., 24n., 77, 78
Watthee-Delmotte, Myriam 162n.
Willemart, Philippe 4n., 5n., 7n., 11n., 61n., 69n., 70n., 92n., 130n., 180n., 185n., 186n.

Zular, Roberto 3n., 5n., 61n., 139, 149

OUTRAS PUBLICAÇÕES DO AUTOR

1996. *Psicanálise e Pedagogia ou Transmissão e Formação*. Conferência proferida no Programa de Pós-Graduação em Educação da Universidade Federal de Pernambuco, em Recife. Publicada na *Revista USP*, São Paulo, 1996, n. 31.

1996. *Um Conflito de Memórias: A Memória Singular em Luta Com a Memória Cultural*. Leitura de *Escola de Mulheres* de Molière. Publicado na *Revista da ANPOLL*, São Paulo, 1996.

2005. *O Eu Não Existe*. Conferência proferida no Simpósio Internacional Escrever a Vida: Novas Abordagens de uma Teoria da Autobiografia, na Universidade de São Paulo. Publicada em *Autobiographie: Texte*. Toronto: Paratexte, 2006.

2005. *Será que Ainda Podemos Pensar Sem um Romance Como a Recherche e Fora da Psicanálise?* Posfácio (trad. de Guilherme Ignácio da Silva). Marcel Proust. *Em Busca do Tempo Perdido*. V. 3. *O Caminho de Guermantes*. São Paulo: Globo, 2007.

2005. *Como Entender os Processos de Criação Vinte Anos Depois?* Conferência de abertura no VIII Congresso da APML realizado na Universidade de São Paulo. Publicado em *Manuscrítica*, n. 14.

2007. *Esquecer ou Conservar uma Obra?* Palestra proferida no Seminário Internacional Memória e Cultura: Amnésia Social e Espetacularização da Memória. Sesc-SP, 27- 28 de setembro.

2007. *Por Que Ler Proust Hoje?* *Cult*, São Paulo, janeiro.

2007. As Ciências da Mente e a Crítica Genética. São Paulo, *Ciências e Cultura* (SBPC), v. 59, n.1, março.

2007. *Além da Crítica Literária, a Crítica Genética?* Palestra proferida na abertura do Seminário Internacional de Pesquisadores do Processo de Criação e Poéticas da Criação, em Vitória (ES), e na abertura do Colóquio

Internacional: Crítica Textual e Crítica Genética em Diálogo – Texto e Manuscrito Modernos (Séculos XVIII, XIX e XX) na Universidade do Porto (Portugal).

2007. *Onde Está o Sujeito na Rasura do Manuscrito?* Conferência proferida no Seminário de Formações Clínicas do Campo Lacaniano, em São Paulo.

2008. A Crítica Genética Hoje. *Alea: Estudos Neo-Latinos*, Rio de Janeiro (UFRJ), v. 10.

2008. O Tecer da Arte Com a Psicanálise. *Literatura e Sociedade* (Departamento de Teoria Literária e Literatura Comparada da FFLCH-USP), n. 10.

2008. *A Circunstância na Construção de* Em Busca do Tempo Perdido. Palestra proferida no Colóquio Brépols, abril, no Centro de Estudos Proustianos da FFLCH-USP.

2009. L'Autofiction en finit-elle avec l'autobiographie? In: ERMAN, Michel (org.). Champ du signe. Toulouse: Editions Universitaires du Sud, 2009, v. 1.

2009. *A Carta de Poe e o Capacho de Proust.* Conferência proferida para o grupo Crítica Literária e Psicanálise da Faculdade de Filosofia, Ciências e Letras da Universidade de São Paulo

2009. *Uma Lógica Subjacente à Escritura dos Fólios Proustianos.* Intervenção no Colóquio franco-brasileiro Où en est le projet Brépols na Universidade de São Paulo.

2009. *Os Processos Cognitivos e a Rasura nos Cadernos 20 e 21.* Intervenção no seminário da equipe proustiana no Institut des Textes et Manuscrits Modernes (Item) do Centre National de la Recherche Scientifique (CNRS), Paris, França.

2009. *Como Caracterizar uma Literatura Nacional?* Conferencia proferida na Faculdade de Letras da Universidade de Porto para o colóquio Literatura Nacionais: Continuidade ou Fim. Resistências, Mutações & Linhas de Fuga.

2010. *Como Entender o Tempo Lógico na Roda da Escritura?* Palestra proferida na disciplina de pós-graduação Dito e Feito: Questões de Oralidade e Escrita no Brasil, do Departamento de Teoria Literária da Universidade de São Paulo.

2010. *A Literatura, Sintoma ou Sinthoma?* Conferência proferida no Forum Lacaniano de São Paulo.

2010. *O Falado Fluindo na Escritura: Em Busca da Sonoridade na Escritura Proustiana.* Intervenção no colóquio internacional Proust écrit un roman, em outubro de 2010 na Universidade de São Paulo.

2010. *A Virtualidade dos Rascunhos e a Realidade da Obra: Relações Estranhas Entre o Virtual e a Realidade.* Conferência proferida no X Congresso internacional da Associação dos Pesquisadores em Crítica Genética (APCG) na PUC do Rio Grande do Sul, em Porto Alegre.

2010. *A Traição da Cronologia ou o Sentido Real do "Só Depois".* Intervenção no colóquio Rencontre franco-brésilienne autour de l'édition des Cahiers de Proust, no Item-CNRS, no âmbito do projeto temático Brépols e do convênio Item-Fapesp.

2010. Primeiras Aventuras de um Crítico Percorrendo os Manuscritos de Henry Bauchau. Primeiro relatório da pesquisa sobre os manuscritos do autor

2011. *Á Procura de um Ritmo no Início de Combray.* Intervenção no congresso internacional Proust 2011 na Faculdade de Filosofia, Ciências e Letras da Universidade de São Paulo encerrando o Projeto temático Brépols I com o apoio da Fapesp.

2011. *A Memória da Escritura e o Impensado da Língua*. Conferência proferida na 3ª Jornada de Critica Genética: Memória da Escritura / Memória e Escritura / Memória do Escrito, na .PUC-RS, em Porto Alegre.
2012. *Dois Modos de Ler o Manuscrito:O Só Depois e o Pensamento Por Detalhes*. Desenvolvimento da arguição na tese de doutoramento de Samira Murad elaborado a partir do projeto pós-doutorado da candidata.
2012. Um Nouvel Oedipe chez Henry Bauchau?: Qu'apporte le roman de Bauchau à l'Oedipe contenporain? (Um Novo Édipo em Henry Bauchau?: O Que Traz o Romance de Bauchau ao Édipo Contemporâneo?) Intervenção no Departamento de Francês da Universidade de Edimburgo.

Este livro foi impresso na cidade de Cotia,
nas oficinas da Meta Brasil, para a Editora Perspectiva.